JN189309

心理療法家の人類学

The making of psychotherapists:
An anthropological analysis
by James Davies

こころの専門家はいかにして作られるか

ジェイムス・デイビス［著］
東畑開人［監訳］中藤信哉・小原美樹［訳］

誠信書房

THE MAKING OF PSYCHOTHERAPISTS by James Davies
© James Davies 2009
First published by Karnac Books Ltd., represented by Cathy Miller Foreign Rights Agency, London, England.
Japanese language edition © Seishin Shobo Ltd., 2018

Japanese translation rights arranged with Karnac Books Ltd
c/o Cathy Miller Foreign Rights Agency, London through Tuttle-Mori Agency, Inc., Tokyo

謝辞

本の執筆はとても困難な過程である。ここに記すのは、とりわけ苦しいときに私を助けてくれた人たちである。

最初に、デイヴィッド・パーキン（David Parkin）教授からいただいた親切や貴重な助言に感謝したい。学者がいかに仕事をすべきかということだけでなく、（教授は私がこう感じていることをご存知ないだろうが）学者がいかに**あるべきか**についても、誰にも代えがたい手本を示してくれた。その手本は、どれほど貴重だっただろう。また、マチアス・スペクター（Matias Spektor）医師との議論にも負うところがとても大きい。彼は最良の友であり、いつも陰ながら、私が前に進むための力を与えてくれた。

私の意欲をかき立ててくれたり、助けてくれたりした大切な人たちにもお礼を申し上げたい。特に、ベン・ヘバート（Ben Hebbert）医師（彼は真の同僚である）、オードリー・カンタイル（Audrey Cantile）医師、エリザベス・シュー（Elisabesh Hsu）医師、ウェンディ・ジェイムズ（Wendy James）教授、ロジャー・グッドマン（Roger Goodman）教授、マリア・ルカ（Maria Luca）医師、タニヤ・ラーマン（Tanya Luhrmann）教授、アンドリュー・サミュエルズ（Andrew Samuels）教授、ピーター・フォナギー（Peter Fonagy）教授、ジョー・ヤーブロー（Joe Yarbourgh）、ロブ・ウェイグッド（Rob Waygood）、ローランド・リトルウッド（Roland Little-wood）教授、エイドリアン・ベイカー（Adrianne Baker）医師、サイミハ・ブルックス（Simeha Brooks）医師、リチャード・ショルツ（Richard Sholzt）教授、マーク・ナイト（Mark Knight）、ナンシー・ブラウナー（Nancy Browner）、直近ではジェイムス・ウィルキンソン（James Wilkinson）先生に、深く感謝する。

最後に、カレム・ロイトマン（Karem Roitman）医師に特別の感謝を述べたい。彼女は綿密に文章を読み込み、有益なアドバイスや鋭いコメントをくれた。また根気強く私を励まし、支えてくれた。

訓練機関のスタッフや訓練生、調査協力者の方々は、本研究のために貴重な時間を割いてくださった。彼らへの調査を許可してくれた訓練機関にも感謝したい。加えて、リージェンツ大学心理療法・カウンセリングスクール、精神分析インスティテュート、オックスフォード大学、セネート・ハウス（ロンドン大学）、ケンブリッジ大学の図書館員の方々の支援にもお礼を申し上げたい。そして、ローハンプトン大学の私の同僚と生徒にも感謝する。特にデル・ローウェントホール（Del Lowenthal）教授には、いつも支えられ、励ましてもらった。

本書はエクイティ信託ファンド（ジョン・フェルナルド奨学金）とセント・クロス大学、オックスフォード大学のさまざまな財源から助成を受けており、これらの後援に非常に負うところが大きい。セント・クロス大学、オックスフォード大学のスタッフやメンバーは、（しばしば昼食をともにした）親切で、刺激をくれた仲間であり、研究がうまくいかないときの苦しさを和らげてくれた。

最後に、私を支え、励まし、愛を注いでくれた両親と家族に感謝したい。本書が誰かに捧げられるものだとすれば、彼らをおいてほかにない。

目次

第5章　疑念のマネジメント……149

第6章　スーパーヴィジョンで起こること……175

第7章　精神分析の病因論と訓練生の感じやすさ……209

イントロダクション

どのようにして心理療法家は作られるのか。本書は精神分析の訓練について人類学的研究を行うことで、この問いに答えてみたい。

心理療法は臨床実践やクライエントの生き方に寄与するだけではなく、心理療法家集団の独特な文化をかたち作るものでもある。心理療法家集団の価値観や文化が、いかにして時代を超えて継承され、再生産されるのかを明らかにするために、この文化が継承される場所である訓練機関がいかなるところであるのかを問うてみたい。

本書では、精神分析の実践と知の体系を再生産するために、訓練がいかなる仕掛けによってなされているのかを明らかにしようと思う。なぜ、どのようにして、どのような仕掛けが用いられているのか、それによって何が生じるのか、さらにはその仕掛けが訓練生や心理療法家たちの世界の見方をどのように変えてしまうのか、そして最終的にその仕掛けがいかにして心理療法家集団を発展させてきたのか。これらの問いを本書は解き明かす。

そのために、読者の皆さんを訓練が行われている場所の一番深いところへとお連れしよう。そこで訓練生が何をし、何を話し、何を感じているのかをつぶさにみてみよう。すると、訓練が訓練生をただ臨床家に育て上げるというだけではなく、あるタイプの人間へとかたどっていくということが理解できるだろう。そうやって、彼らは心理療法家集団が存続していくための重要な役割を担うようになり、さまざまな見返り（新しい人生のあり方、社会的地位、たしかな帰属感など）を得ることになる。

このようなありようは昔の政治運動や宗教運動を思い起こさせる。実際、訓練機関は専門家集団という顔のウラで、社会に対する権力を有している。

本書で私は、そのような心理療法の訓練機関を**自己肯定 affirmation の機関**と呼んでいる。というのも、そこで創り出される心理療法家たちは、精神分析がもつ価値を保全し、他学派に対する精神分析の優越性を維持するために、働くようになるからだ。ただし、訓練機関がそのことに成功しているかどうか、実際にはむしろ訓練機関の地位を低下させるような帰結をもたらしていないかを吟味するのもまた、本書の目的の一つである。

というわけで、本書は、「専門職的社会化 professional socialization」（専門家養成の機関がいかに社会構造を**創り出す**のか、そしていかにして個人や社会的実践を変容させるのかについての研究分野）という新しい分野に関心のある人類学者だけに向けられたものではない。心理療法家集団がどのように分裂しているのか、そして医学やアカデミズムという外部のより強固な組織にどのように対抗しようとしているのかを理解したい心理療法家も、読者として想定している。

それだけではない。訓練機関が及ぼす強い影響力を理解したい訓練生たちもまた、読者として想定している。訓練機関は、訓練生の臨床実践だけでなく、彼らの内面にも深く影響を及ぼすのだ。

最後に、心理療法に関心のある一般の人たちにも、本書を読んでもらえたらありがたい。心理療法家たちの世界について、本書が刺激的な入門書になるのなら、こんなにありがたいことはない。

（訓練のための機関か否かを問わず）力をもった組織が、そこに参与する個人の主観性を変容させることは、人類学にとってつねに重要な関心事であった。したがって、本書はすでに確立された分野の研究に属するものであるため、はじめに先行研究を概観し、それらが心理療法家の訓練とどのような関連性をもっているかを示そう。そのうえで、本研究の方法と目的を明確にしようと思う。

専門職的社会化の人類学

初期のアメリカにおける「文化とパーソナリティ学派」（Bateson & Mead, 1954; Benedict, 1934; Kardiner & Linton, 1939）から、最近のイギリスにおける学習と認知の人類学（Tyler, 1969; Dougherty, 1985; Bloch, 1998）に至るまで、所属している集団の文化的信念と実践に、個人がどのように適応するのかという問題は、人類学にとってつねに関心の的であった。そのような文化的信念が個人の人生をかたち作っていくからである。このとき、ほとんどの先行研究が、子どもがいかにして自分の属する集団において社会化していくのかという問題に焦点を合わせてきた。しかし、「大人」の社会化（例えば、転向・変身・「認知的再構成」[*1]）を研究した人類学者も少なからず存在する（Heelas, 1996; Luhrmann, 1989, 2001; Goffman, 1961; Gusterson, 1996）。

そのなかに、私が「専門職的社会化」と呼んでいる専門家養成の訓練についての研究がある。これらの研究は、訓練生を専門家集団において社会化していくという目的のもとに、個人の主観性がいかにして専門的訓練のなかでかたち作られ、変形していくかという問題に取り組んでいる。さらには、そのような専門的訓練によって生み出された「変容した人間」が、いかにして専門家集団の既存の制度を支え、永続させようとするのかを、それらの研究は扱っている。

これらの研究者は、専門家が生産ないし再生産しているものとは何か、ということだけを問うているわけではない（例えば、個人がいかなる言語的・象徴的・物質的な人工物を残すかということ）。それだけではなく、社会的要因や訓練組織のなかにある教育的な仕掛けが、いかにして個人の主観性をかたち作るのかに関心を向けている。だから、精神分析的社会化を探求するために、組織と個人、つまり訓練機関と訓練生がいかなる相互作用をなすのかを明らかにしてみたい。さらには、その訓練機関が自らの存続のためにとっている生存戦略も取り上げてみようと思う。

専門職的社会化の人類学的エスノグラフィー

社会的現実を構築し、保全するために、個人がいかなる変容を遂げるのかという問題は、「専門職的社会化の人類学」という分野全体に共通する問題設定である。シンクレア（Sinclair, 1997）による「医学教育の人類学」はまさにその点をついている。

シンクレア（1997, p. 16）は医師の教育が「公的」な「表舞台」でのみ行われるのではなく（例えば、セミナーや講義室、あるいは病棟回診）、多くの「非公式」の「裏舞台」で行われることを示している（バーなど、さまざまな社交場面など）。学生たちの生活は、そのようにして訓練機関の影響を受けていく。訓練がプライベートにまで浸透することよって、学生たちは専門家としての「ディスポジション（専門的な思考・感情・行動の習慣）」を得ることになる。このディスポジションは既存の専門家として期待される像と「合った fit」ものであり、それを「身にまとう fit」ことで専門家としての基本的な価値観の伝達がなされるのである（p. 32）。

シンクレアは同書の最後で、医学教育の改革を呼びかけている。現在の医学システムの問題が、そのような「ディスポジション」によって維持されることになっているという理由からだ。しかし、厳しい訓練を受けることで、システムを改革しようとする訓練生の意欲はそがれてしまうわけだから、システムの変化は外部からもたらされるしかないと、シンクレアは結論している。そのような変化をもたらしうる手段として、医師たちが「自分たちが何をしているか、そしていかにそれをしているのか」に対してより自己省察的になり、社会学的な自己認識をもつことが挙げられている。そうすることで、若い医師たちが医学教育の副作用——それは医者や医学の専門家に対してだけではなく、社会全体にも及んでいる——を認識することが可能になる。シンクレアは、当たり前のものとして受け取られている医学文化の規範や実践に対して批判的な目を向けるよう啓発することが、生物学的医学の負の側面を改革する第一歩になると主張しているのである。

精神科医の訓練について人類学的研究を行ったラーマン（Luhrmann, 2001）は、専門的訓練が専門家や社会に与える影響を明らかにした。シンクレアと違って、ラーマンは専門職的社会化が訓練生に伝達するもののことを「ディスポジション」ではなく、「道徳的技術的本能 moral and technical instincts」という用語で表現している。それは専門家集団に参入するために身につけなければならない、ある種の性質のことである。シンクレアと同様のアプローチではあるが、ラーマンの場合は精神医学の実践や理念が、どのようにして医学生の感じ方や振る舞い方、考え方に影響を与えるのかを研究している。具体的には、アメリカの精神科医の訓練をフィールドワークし、精神科医たちが特定のやり方で考え、診断し、実践を行うようになるのがなぜなのかを明らかにしたのである。

ラーマンは、精神医学がここ数十年で生物学的精神医学と力動的精神医学という二つの大きく異なる学派によって分断されており、それぞれがまったく異なる道徳的技術的本能を生み出すことを明らかにした。その差異は、病むこと illness について、疾患 disease について、予後について、そして治療について、それぞれに異なる理解をもたらすことになる。訓練というローカルな次元における社会化を研究することによって、彼女は臨床家と医学そして社会の相互作用に注目し、生物学的精神医学が製薬会社と深い関係を結んでいることや、古い力動的精神医学が衰退していることを明らかにした。その結果、現在の精神医学的社会化は保険会社や製薬会社の要請に従うものとなっていることが示されている。だから、新たに医学生となる者は製薬会社の複雑な利益の網の目のなかで社会化していくことになる。そのことで、精神科臨床における権力が確立されるだけではなく、それに適した新しいタイプの臨床家が生み出されることになるのだ。

多くの点で、これらの研究はゴフマン（Goffman, 1961）による精神病院などのアサイラムの研究で示された、組織（実はそれらも外部の権力から圧力を受けているのだが）は「自己に向ける直接的な力」によって個人を変容させる、という知見に基づくものである。服従によってもたらされる安心感などの見返りを求めて、個人が組織の期待や要求に適応しようとするあり方をゴフマンは描き出している。そのような「適応」による予期しない結末として、個人に対する組織の命令が「正常」なことだと受け取られてしまうことが挙げられる。人々は不服従がもたらす困難をこうむるよりも、周囲の環境におとなしく従うことを好むのである。それが「自然なこととされる naturalized」とき、服従は組織から承認されるような行動を正当化することになる。そのようにして、個人とシステムとの間に権力関係が打ち立てられることになるのである。

ベッカーら（Becker et al., 2002［1977］, p.437）やシンクレア（1997, p.327）が医学的社会化について主張してきたのと同じように、精神分析の訓練機関は訓練生たちが訓練機関の意向に従うことを望み、訓練機関に抗して訓練生たちが作る自律的文化に圧力をかけてきた。[*2] 大なり小なり、訓練機関は訓練生たちが指導者の意向に対して従順であることを好む。

訓練機関のやり方に対する訓練生の抵抗は、私が「排除」「二次工作」と呼んでいる教育上の仕掛けや、訓練機関に親和的な「想像力」や「ディスポジション」を訓練生に植えつけることで、食い止められる。これらの仕掛けは訓練生による改革を承認せず、彼らの抗議を病理による症状とみなし、和を乱すような訓練生たちの考えを私的な過ちだとする。さまざまな戦略によって、訓練生たちの知性や生き方は訓練機関の期待に沿うものに変容していくことになる。

このようにして、伝統に「挑戦」するのではなく、伝統を「継承」していくようなディスポジションを繰り返し教え込むような教育がなされることになる。訓練機関の側からみれば、このような教育は「真理の体制」を脅威から守るものだといえよう。

それでは、権威に忠誠を誓うことで、訓練生がなぜそういった自己矛盾を抱えるようになり、そして（根拠のあるなしにかかわらない）自己確実感、新しい視点・実践・想像力を獲得するようになるのか。そしてそれは、いかにしてなされるのか。それらは人類学が長く関心を抱いてきたテーマである。[*3]

例えば、ガスターソン（Gusterson, 1996）は、科学の人類学についての著作で、核科学者たちが専門家としての訓練を進めるなかで、いかにして道徳的な変容を遂げていくのかを明らかにしている。彼は、核兵器の拡散に消極的だった政治的にリベラルな若い科学者たちが、訓練を通じていかにして熱心な兵器科学者へと変容していくかを記述している。とくに彼らの変容の契機となるのは、研究活動だ。彼らは研究を進めるなかで成長するのだが、そのとき機密情報を共有する集団に参入すること、その仕事をよりよく理解すること、技術に精通する感覚を身に着けることが、彼らの変容の強い動因となっている。ガスターソンによれば、これらの感覚を身に着けることによって、核の専門家になることについての彼らの葛藤は和らいでいく。それどころか、自分が習熟しているという感覚が与えてくれる魅力は、彼らが以前には反感をもっていたことを合理化してくれるのである。

物理学者になるプロセスと同様に、心理療法家になることにも見返りがある。つまり、所属感や新たなアイデンティティ、そして新しい力を手に入れる感覚である。それらはある種の社会学者が得るような経済的・社会地位的な見返りと同じくらい望ましいものだ（Rustin, 1985 を参照）。

さらには、専門家集団はつねに新たな参入者を必要とする。だから、新入者が訓練を受ける動機を明らかにすることは、何が専門家集団を維持しているのかを明らかにすることでもある。私が本書で明らかにしたいことは、心理療法の訓練が、訓練生の「認知的過程」を変容させ、「臨床的な専門技術」を習得させるだけでなく、訓練生をある道徳的な集団に参入させ、そこに同化させるということだ。学ぶというのは単なる「知識の習得」や「技術的・認知的な習熟」のプロセスではなく、「何者かになる」プロセスでもある。つまり、集団への十全な参入を達成し、メンバーとして受け入れられ、最終的にはその道の人になることを意味しているのだ。[*4]

ピエール・ブルデューについて――彼の理論とはいかなるものか

精神分析の訓練をいかなる理論のもとで分析するのかを明らかにするために、ここでブルデュー(Bourdieu, P.)の社会学的で人類学的でもある理論について簡単に触れておこう。このとき、とくに精神分析的社会化のみえにくい部分を明るみに出すのに有効な概念を取り上げる。

実はブルデューの理論は、理解するのが難しいことで悪名高い。それは彼の使う用語が難解であることによる(Jenkins, 1992; pp.162-172)。それでも一度「ハビトゥス」とか「ディスポジション」とか「界」といった彼の用語を理解してしまえば、それらは精神分析の訓練を分析するうえで非常に有効な手立てとなる。

まずはブルデューの「ハビトゥス」概念から始めよう。この概念が意味しているのは、社会的・文化的に望ましい振る舞いができるよう個人をかたどる思考や感情、行動の習慣の集合体といったことである。

例えば個人主義的で資本主義的な社会のハビトゥスを身に着けた人は、その社会の価値や目的と調和した行動・思考・感情を示す。彼は勤勉で、競争的で、利益を得るのに熱心だろう。彼は市場の動向次第では、それまでの人間関係を断ち切ることも躊躇しない。こういったハビトゥスを形成する特別な思考や行動といった習慣のことを、ブルデューは「ディスポジション」と呼んでいる。

情を具象化したものである。

「ディスポジション」とは、その人が住まう「界」にうまく「適合する」ための存在の仕方、行動の仕方のことを指す。いってみれば、ディスポジションとは共同体が期待し、見返りを与えるような行動・思考・感情を具象化したものである。

では、ブルデューはどういう意味で「界」という用語を使っているのだろうか。彼がここで語っているのは、国や市などの地理的に限定された具体的な空間のことではない。そうではなく、実践や行動を共有する人々や組織が活動しているような範囲のことを、ある種の比喩として指示するためにブルデューは「界」という用語を用いている。だから、我々は「学術集団」「メディア」「政治」そして「心理療法」の界について語ることができる。そのような界は、地理的な境界によって確定されるのではなく、共有された価値・知識・信念といった関心のありようによって境界づけられるものだといえよう。[*5]

まとめるならば、「ハビトゥス（生き方の方向性）」は一連の「ディスポジション（行動や感情）」から構成され、それが特徴的な「実践（社会的行為）」を生み出し、人々が調和して過ごすことができるようなダイナミックな「界（例えば学問や政治の）」を生み出すということだ。

これらの用語を用いて心理療法の訓練について分析するための第一歩は、教育学者たちがそれらを使ってほかの教育課程や訓練について論じた研究を参照することであろう。[*6] 例えば、「あからさまになされる」にせよ、「ひそやかになされる」にせよ、学習を行うことで、生徒たちはある種の考え方や行動（いわゆるディスポジション）を発達させる。[*7] つまり、組織が訓練生を専門家へと変容させていく戦略や「仕掛け」は、誰がみても明らかになされるものではない。それどころか、それらはしばしば隠ぺいされていて、ひそやかで、そして「意図されず」に用いられる。そのような教育的仕掛けは、教えられる側にも教える側にも気づかれないように機能しており、ただ詳細な分析的探究によってのみ明るみに出される。

心理療法の訓練におけるそのような隠された仕掛けを明るみに出すに際して、レイブとウェンガー（Lave

& Wenger, 1991, p.40）による「学習」と「意図された指示」の区別に従ってみようと思う。人々は何かを学ぶときに、あからさまに、あるいは意図されて教えられていることを超えて学んでしまうということだ。つまり、意図された指示のみによって、学習を説明することはできない。いわば、人々はウラから漏れ出てくるものによって、意図せず学んでしまうのである。

ここまでみてきたように、心理療法の訓練生はあからさまな教育的「仕掛け」からも学びはするが、より重要なことは彼らにも指導者たちにもみえず、隠されていて、気づかれなくなっている仕掛けによっても学習を行っているということである。そのみえなくなっている仕掛けとは、「想像力の変形」「環境によって誘発される不安と不確実性」「パーソンフッドの感覚の変化」「臨床技能の習熟の感覚」などである。必ずしも訓練生や訓練機関に認識されているとは限らないこれらの仕掛けによって、訓練生たちは提示される専門家的リアリティを真実のものとして受け入れるようになっていく。実際のところ、みえていて意図されているものよりも、隠されていて気づかれていない教育法こそが、心理療法家の養成にとって最も強力な要因となるのである。

心理療法を研究するうえでのブルデュー理論の限界

たしかにブルデューの概念は便利なものではある。しかし、本書の関心は、訓練生がいかにしてディスポジションを**習得していくのか**にあるので、ブルデューの理論を乗り越えていくことが必要である。

シンクレア（1997, p.22）が指摘していたように、ブルデューの研究は主に大人によるディスポジションの**実践**（いかにしてディスポジションが行動をかたち作るか）を研究したものであり、そのディスポジションがいかにして次の世代に伝達されるのかを扱っているわけではない。だから、組織の規範や意向に適応していて、組織を永続させるような新入者をかたち作るためのディスポジションが、いかなる仕掛けによって訓練生に教え込まれていくのかについては、ブルデューはあまり注意を払っていない。

例えば、すでに確立されたディスポジションがいかに行動を変容させるかに注目したという点で、ブルデューの関心はゲルナー（Gellner, 1985）の著作『精神分析運動』に似ている。精神分析の理論がいかにして自己防衛的な「組織化された信念 anatomy of belief」をかたち作るのかをゲルナーは明らかにしている。それは、外部による批判と内部の異議申し立てから、精神分析を守るように機能するシステムのことだ。ブルデューの場合、これらのシステムがいかなるやり方で世代を超えて伝達されていくのかにはあまり注意を払っていない。そのかわりに、それらのシステムによって、組織が自らの権益をいかにして保持しようとするのかのほうに焦点をあてているのである。

本書の関心が訓練生の変容過程にあるのに対して、ゲルナーはすでに変容した臨床家に焦点をあてている。しかし、専門家たちがなぜ今あるような実践を行っているのか（例えば、弁護士、医者、学者、俳優、心理療法家などがみな、それぞれの専門職固有の規範に従ったやり方を保持しているのはなぜか）を本当に理解したいのであれば、専門職としてのディスポジションが伝達される局面を明らかにする必要があるだろう。そのような学習を可能にする教育的仕掛けを明るみに出すことを通じて、精神分析の訓練機関が修了生に求める人間の「タイプ」がいかなるものかを明らかにしようと思う。それは、現にある訓練機関の構造や利益と共謀しており、訓練機関を維持するように機能する。しかし、訓練生が従うことを強いられるそういった構造や価値は心理療法家集団の崩壊を防ぐものであると同時に、実はその専門職としての活力を腐食させるように働くものでもある。言葉をかえると、訓練機関の見解とは違って、彼らは実は心理療法家集団を衰退させるための種をまいているということもあるのではないか、と問うてみたいのである。

心理療法の訓練生に自己決定は可能か

訓練生たちが訓練機関や社会の手にその命運を握られているとするなら、それはどの程度のことなのかという問題もこの研究の重要なテーマである。訓練生は「専門家」になっていくプロセスにおいてある程度は自分自身でその舵取りを行うわけだが、一方で既定路線に乗せようとする訓練機関や社会の圧力から完全に自由になれるわけではない。

例えば、フレディ（Furedi, 2004）、セネット（Sennet, 1976）、ゲルナー（1985）そしてヒーラス（Heelas, 1996）などの社会学者は、近代社会において伝統的な「信念の共同体」が崩壊していったことによって、多くの人々が新しい意味のシステムに安全感を求めるようになったと論じている。心理療法という仕事は伝統を引き継ぎ、新たな道徳を指し示すものとなったのである。

だから、心理療法家たちにとって、訓練機関で教えられる心理療法のシステムの何が真に魅力的であるのかというと、それが純粋で、きちんと分別されていて、それでいて論理的な整合性をもった理念でできているというところである。それらは自己や社会、その他を理解するうえで包括的な説明を与えてくれる知の体系として教えられる。精神分析的世界観によって示される「近代的」なありようというのは、ポストモダンという時代に特徴的な不確かさや「言説への懐疑 the doubt in discourse」を減じてくれるのだ。

こうして、伝統的社会（例えば、国家、共同体、教会など）から疎外された人たちにとって、精神分析がもたらす包括的な説明はきわめて魅力的にうつる。つまり、精神分析は失われてしまった参照枠に取ってかわるような新しい概念体系として機能する。しかも、それは権威をもった象徴と組織に支えられている。

もし伝統的共同体や信念の崩壊が、精神分析のディスポジションに同化することをより魅力的なものにしていて、伝統的価値に取ってかわる働き方や生き方への移行を円滑にしているといえるのであれば、近代社会における伝統的共同体の没落がまずは心理療法家をかたち作る第一の重要な要因になるといえるだろう。第二の要因は訓練機関にある。それは精神分析という運動を支え、それを再生産する心理療法家を創り出そうとする。

しかし、訓練生がそういった外部の力から影響を受けてかたち作られるからといって、自らの変容に対して何の決定権ももっていないということを意味しているわけではない。実際のところ、多くの訓練生が精神分析的な世界観に全面的に同化することに対して抵抗を示す。

パーキン（Parkin, 1995, p.145）の洞察を思い起こそう。人は以前に所属していた意味体系が全面的に否認されることに抵抗し、新しい世界における再統合のために以前のものを再利用しようとする。だから、人がまったく新しい意味や思考のモードに転向することは難しい。そういう洞察のことだ。

しかし、精神分析的知に同一化することに抵抗し、自分自身のものの見方を保持し、それを反論として主張しようとする訓練生たちは、しばしば訓練機関からの反対に直面することになる。そのような訓練生にとって、彼らが適応するようにと教えられている訓練機関の公式見解と彼らのなかで統合された私的な見解との間には葛藤が生じることになる。彼らは、精神分析の知に完全に同化するかわりに、しばしば既存の知識を括弧に入れ、そして統合することで、まったく新しい知を創造しようとするのである。訓練生がもともと抱いている古い知は完全に否定されてしまうことに抵抗し、新たに訓練機関から教えられることを自分なりに咀嚼しようとするということだ。このような影響によって、訓練機関が求めるような純粋な同化は不純なものとなる。

訓練機関は訓練生たちができるだけ純粋な変容を遂げることを望んでいるわけだが、それはしばしばうまくいかない。精神分析を革新する可能性もある（訓練機関の知に対する）反論や異議が提示されることがあるからだ。いってみれば（そしてシンクレア［1997, pp.321-327］による、硬直した訓練制度はシステムを変更できないような専門家を生み出すという意見を借りれば）、訓練が型どおりになり、硬直化すればするほど、異議や亀裂、そしてときには反抗的で創造的な革新が現れる。

皮肉なことに、硬直した訓練機関は究極的には彼らが生み出した反乱分子によって、自らを変容させざるを得なくなることがある。このようなことを主張すると、「文化リテラシー」（つまり、自分が住んでいる世界についての自覚のことだが）から生まれる主体に関するブルデューの語りから離れなくてはならなくなる。つまり、反対したくなるような硬い構造こそが、これらの反抗的な主体を生む温床なのであり、硬い構造はしばしば組織や構造の崩壊を招き寄せる源泉となるということである。[*8]

最後に、心理療法の訓練について議論しようとするとき、心理療法の理論や概念が真実を記述するものなのか、虚構なのかという問いに答えておく必要があるだろう。本書のような人類学的研究においてその問いが意味をもつのは、人々が信じていること（共同体の内外を問わずして）が共同体の社会的現実を支えるものであるという観点からのみである。[*9] 心理学者、主知主義者、哲学者の理論や信念が客観的真実であるかどうかという関心は、「真実」であると捉えられている信念が有する社会的意義についての現象学的関心に取ってかわられるということだ（Krapferer, 1983: p.xix）。

モースとフバートは「信念が存在するのは、それが社会的事実として客観的に存在しているからである」（Mauss & Hubert, 1981［1964］, p.101）と指摘している。この言葉が意味しているのは、信念の客観的真理性と真実だと信じられていることによる社会的帰結とは違うということである。本書では、真実だと信じられている信念が有する社会的影響力には関心を寄せるが、それらが正しいか否かについての認識論的な議論に関心はない。[*10] 実際のところ、もし本書が批判的なコメントを行うとすれば、専門家が信じたり解釈したりしている概念の内容についてではなく、それらの概念を伝達し、司り、守ろうとしている訓練機関に対してなのである。

本書の意義

本書では、古いが洞察深い人類学理論を心理療法という現代的現象に応用する。伝統的な人類学的アプローチと断絶するのではなく、むしろそれらの有効性を活用してみたい。それは異国ではなく自国で行う人類学の試みといえる（Gusterson, 1996, p.3）。しかし、その前に、まずは私がこの本で何を示したのかを、簡単に章ごとに紹介する。

第1章では、イギリスにおける心理療法の発展史を紹介したい。そのとき、とくに現代の心理療法家集団に影響を与えてきた三つの流れに着目する。すなわち、①心理療法が二〇世紀を通じてその領土を拡大してきたこと、②それに伴い訓練機関もまた激増し、そのなかで階層化されてきたこと、③二〇世紀の最後の二五年で精神分析的心理療法が攻撃されてきたこと、である。

第2章と第3章では、精神分析的社会化の最初の段階をみることになる。つまり、**訓練が始まる前に行われる心理療法**のことである（それを候補生全員が訓練機関に入る前に経験する）。そこで、まずは心理療法が、ほかの宗教儀礼と同様に、空間的・時間的・人間関係的に限定された「精神分析的枠組み」のなかでなされることを示す。さらにそういった枠組みのなかで、訓練生がいかにして自分自身と世界について今までと違ったように想像するようになるのかをみてみたいと思う。この「心理療法的想像力」の培養がうまくいったか否かによって、訓練生が正式に訓練機関に入門できるかどうかが点検される。

第4章では、「心理療法的想像力」がいかにして、訓練でなされることを正当化するのかを明らかにしたい。具体的にみてみるのは**セミナー**である。そこでは訓練機関内での地位の格差が、教えられている分析理論そのものによって正当化されている。そして、「教科書の知」、「秘密の知」、「パーソナルな知」という三つの知識が、いかにして訓練機関の知的体系を批判から守るのかをみてみたい。セミナーは批判を許容する雰囲気ではなく、あくまで精神分析の知の体系を肯定する雰囲気のなかでなされるのである。それは学問的というよりもある種の閉じた知のありようなのである。

そのうえで、第5章では、訓練生による反対意見や異議申し立てを訓練機関がいかに扱うのかを明らかにしたい。つまり、疑いの目を訓練機関や精神分析概念に向けるのではなく、ほかの方向（患者や外部の人、あるいは競合する人たち）に向けるよう訓練生が教え込まれるところをみてみよう。そのためにいくつかの事例を示す。それは、訓練生の疑いを精神分析から逸らすことに失敗し、訓練機関のパラダイムそのものに向けられることになった事例である。そういうときに、その異議申し立てを訓練機関がいかに扱ってきたのかの歴史をみることで、現在の心理療法家集団になぜ分裂や亀裂が存在しているのかを明らかにしよう。

第6章では、訓練の次の段階である**スーパーヴィジョン**に光をあてる。このとき焦点となるのは精神分析的な病因論である。アーリヤの事例のスーパーヴィジョンを取り上げ、また、フロイトの初期の思想が社会・歴史的な影響をいかに受けていたのかを検討することで、精神分析的病因論の限界がいかなるものかを明らかにし、そのような病因論がスーパーヴィジョンを通して訓練生にひそやかに受容され、彼らがそのようなやり方で患者を扱うようになっていくところをみてみようと思う。

第7章では、訓練生たちがいかにして訓練機関の意向をくむようになっていくのかをみてみたい。それは訓練生が指導者に対して従順になるような圧力や仕組みがあることと関係している。それらによって訓練生は指導者が望むようなある種のあり方を体現するよう心を砕くことになる。

最後に、第8章では、精神分析的なハビトゥスが心理療法の実践に関わるだけでなく、訓練生の生き方そのものに関わっていくことを明らかにしよう。みてみたいのは、心理療法家の倫理性、政治性、そして共同体の三つの面で、精神分析的な「神話」が機能していることである。本章では精神分析的訓練に内在する価値観を分析し、そして個人セラピーが訓練生にもたらす深い影響を分析することで、精神分析的訓練がもたらすものの背景をあらわにしたい。そこでなされているのは、「自己救済」のイニシエーションなのであり、さらにはそれが社会政治的な運動となっていくということだ。

本書を通じて、人類学理論を用いて心理療法の訓練の核心を明らかにしていく。その意味で、本書は既存の人類学の限界を示すための事例研究ではなく、むしろ既存の理論がいかにして心理療法という社会的現象を解明しうるのかの実例となるものである。マックランシー（MacClancy, 2002, p.11）の言葉を借りるならば、共同体の社会構造を支えたり、そして変質させたりするような意味体系において、いかに個人が社会化されていくのかを、人類学の理論を用いて「調べ上げよう」と思う。つまり、共同体の社会構造を支え、再生産していくために、訓練機関が何を行っているのかを明らかにするのが目的である。

最近の専門職的社会化の民族誌的研究に基づき、人類学的想像力を心理療法に応用することによって、私は心理療法の専門家を悩ませているある種の問題に新たな光をあてる。多くの心理療法家はこれまでにも精神分析的概念を用いることで、自分たちの共同体に入った亀裂やそのなかでのライバル関係を理解しようと努めてきた。ニーダム（Needham, R.）の言葉を借りるならば、心理療法家は理論的「心理主義」に基づいて、自分たちの共同体の力動を分析しようとしてきたのである。つまり、個人を分析するための心理学的概念を用いて、心理療法家たちは社会や訓練機関を分析してきたのであり、社会や共同体の力動を分析するための社会学や人類学の理論を、彼らは無視してきたのである。

例えば、クレメリウスは専門家たちを悩ませている学派間の対立についてエディプス的競争という語で説明している。「それらが未解決にとどまっている程度に応じて、知性はむしばまれ、憎しみや嫉妬、そして男根的な対立が組織の人間関係を規定するようになる」（Cremerius, 1990, p.125）。

あるいはロウサダ（Lousada, 2000, p.470）は、心理療法の異なる学派同士が協力しあわないのは、彼らの**リビドー備給**が不全であるせいだと述べ、もしそれが可能であるならば、協力関係が形成されるだろうとしている。

フラッタロリ（Fratttaroli, 1992, pp.132-142）は分派と派閥主義に彩られた心理療法の歴史について、フロイトが解決できなかった神経症の原因についての矛盾した見方――精神内界的 intra-psychic 理論（抑圧された欲動説）と関係的 inter-psychic 理論（満たされなかった関係性説）――が組織の水準で展開された**内在化された分裂** internalized split の所産だとしている。もしこの理論的な分裂に和解がなされるならば、現在の組織の分裂は消失するだろうと述べている。

またブルッツォーネら（Bruzzone et al. 1985, p.411）は、訓練生がセラピーで経験する退行が、訓練過程でも起きるとしている（彼らはセラピストを「ママ」とか「パパ」とか呼ぶようになり、よい訓練経験を「ごちそう」と言ったりする）。つまり訓練生は、個人セラピーにおける退行で経験するような迫害感や妄想を、訓練機関のなかでも体験するとされている。

それから最後に、フィグリオ（Figlio, 1993, p.326）は訓練生が自分の治療者や訓練機関といった重要な対象を内在化することで、異なる対象（それはしばしば学派的に対立関係にある対象である）を内在化している他者と出会うときには敵意が引き起こされると主張している。

心理療法家たちがいかにして心理療法家集団の力動を精神分析の概念で説明しているのかについては、さらなる例を積み重ねることができる。[*11] そのことから分かるのは、心理療法家集団がいかなるものであるのかということだけではなく、いがみあい、分裂状態にある自分たちの世界について、心理療法家たちが深い憂慮を抱いているということである。実際、共同体が分断され、ライバル関係が発展することで、心理療法に関わる国の規制や法的整備が遅れるというだけではなく、理論的発展や革新、そして臨床実践の改善に不可欠な他学派間交流は妨げられてきた。

もちろん、すべての心理療法家が共同体の力動を説明するために精神分析理論を用いたわけではない。訓練生がいかに選抜され訓練されるか（Cremerius, 1990; Kleinman, 1998）、訓練生の創造力がいかにして訓練機関によって抑制されるか（Kernberg, 2006, 1996）などについて、分析的ではなく、実際的な論じ方をしてきた人たちもいる。今世紀に入ると、精神分析的訓練の改革を提案するような今までと毛並みの異なる意見が多く出されるようになった（Gazaguerrero, 2002a, 2002b; Kernberg, 2006; Levine, 2003; Mayer, 2003）。

これらの文献は、現在訓練機関が直面している問題について（創造力の不全、強まる保守主義、そして学派間のライバル関係）、組織を挙げて取り組むべきだという主張で一致している。

例えば、以下のような提言がなされている。自己保身的になっている訓練機関から正統な実践を定義する権限を剥奪すること（Whan, 1999, p.312）、オープンな態度や、多元主義、真正性を訓練機関に導入すること（Samuels, 1993）、訓練生がより共感的かつ自己省察的になるようなカリキュラムの多様化と拡張（Berman, 2004; Samuels, 1993）、あるいは訓練機関の指導者層の権力を弱体化させるような仕組みを作ること（Kernberg, 2006）。伝統的に行われてきた訓練分析の廃止（Mayer, 2003）、過去重視の理論の改変（Garza-Guerrero, 2002b）、訓練における評価の客観的基準の策定（Tuckett, 2003）、そして精神分析教育における学術的研究の強化（Auchincloss & Michels, 2003）。それらすべてが訓練機関における創造性の不全や、異なる学派間のライバル関係の固定化に対する処方箋になるとされている。

本書は直接的にこれらの訓練機関が抱えている現代的問題を明らかにしようとするわけではないが、精神分析的社会化の人類学は、従来の常識的理解を拒むことで、これらの古くからある問題に新しい光をあてることになると私は思っている。

人間のなすことが、所属している環境の要請や圧力によってかたち作られるものであることに、人類学者は長らく関心を寄せてきた。もし、訓練機関が訓練生の専門家としての立ち振る舞いのあるべき像をもっているならば（例えば、他学派に対してオープンであるべきか、相互に反感をもつべきか）、それは訓練生に深い影響を与えるであろう。さらには、それは心理療法家集団が創造的な多元主義に向かうか、あるいは現在の分裂した状況にとどまるのかにも影響を与えることになる。

実際のところ、もし心理療法家集団に変化を起こそうとするならば、変化はまず環境や状況の側に起こらなければならない。もしこれらのことがなされるならば、訓練生は異なる環境に適応し、そしてこれまでとは違った視点を獲得していくことになるだろう」とベッカーは指摘している（2002, p.442）。ベッカーやサミュエルズ、シンクレア、ラーマンらは、心理療法家集団の改革はまず何よりもその共同体の価値や実践、信念が継承され、保全される場である訓練についての自己省察から始められなくてはならないと主張している。本研究もまたそのような探求をしようとする以上は、これらの社会的な問題を明らかにする必要があるということだ。

精神分析的／力動的心理療法について

本研究のフィールドワークの方法について説明する前に、まずは本研究で焦点をあてるのがいかなる種類の臨床家であり、いかなる訓練であるのかを明らかにしておきたい。最もよくある混乱だと思われるのは、心理学者と精神科医、そして心理療法家の役割の違いについてである。

心理学者というのは、専門家として心理学の研究とその応用を生業としている人のことである（そのなかには教育や法医学、あるいは刑務所などさまざまな領域があるが）。心理学理論は認知（記憶、知覚、学習）と行動（社会と個人）のような精神生活の特定の側面に関わるものである。だから、心理学者は臨床家ではない。もしも彼らが患者をみようとするのであれば、彼らはまた別に臨床心理学の博士課程か修士課程を修了しなければならない。そうすることで彼らは「臨床心理士」と呼ばれることになる。[*12]

あるいは、精神科医の場合、彼らは医師であり、そのなかでも精神疾患を診断し治療することを専門とした人たちである。彼らは主に薬物療法を行っている。心理学者のように、精神科医のなかには心理療法についての訓練を独立した訓練機関で受けようとする者もいるが、多くは精神科レジデントの際の初歩的な教育を受けるのみである。どの程度心理療法について学び実践するかは、個々の精神科医とそのスーパーヴァイザーの意向にかかっているわけだが、医学教育の現状としてはレジデントでいる間に心理療法についてきちんと学ぶことを求めているにとどまっている。[*13]

さて心理療法家に目を向けよう。通常彼らは、主要な二つの認定機関のいずれかに公認された訓練機関のメンバーである。その一つがＢＰＣ（British Psychoanalytic Council）で、もう一つがＵＫＣＰ（United Kingdom Council for Psychotherapy）だ。心理療法家というのは精神科医や心理学者である必要はなく、実際彼らの多数派はそのどちらでもない。とはいえ、彼らはみな修士号をもっているか、それに「相当」する経験をもっていなくてはならない（例えば、看護、ソーシャルワーク、教育など）。

イギリスにおいて、心理療法の世界は広く、多様化していて、変化が激しい。だから、そこには無数の学派があり、それらが対立しあうという伝統がある。そのため、「心理療法家」という言葉はまったく捉えどころのないものになっている。実際、「精神分析家」から「認知行動療法家」あるいは「人間性アプローチの心理療法家」「実存的心理療法家」はいずれも「心理療法家」と称している。ＵＫＣＰによれば、イギリスには八つの心理療法の流れがあり、さらにそれぞれがその内部に多様な学派を抱えている。

現在、心理療法はこのような混乱した状態にあるため、本研究でどの心理療法に焦点をあてるのかを明確にしておくことが必要だろう。大ざっぱにいえば、私が焦点をあてたいのは、イギリスにおいて最も大規模で確立された心理療法である**力動的**、あるいは**精神分析的心理療法**の訓練と実践である。

本書で「力動的 psychodynamic」心理療法という語で記述されているのは、フロイトを源流とする心理療法のことである。「力動的心理療法」という言葉には、「**精神分析的心理療法家**」と「**精神分析家**」が含まれる。したがって本書では、基本的に「力動的」と「精神分析的」は互換性のあるものとして使われている。

ただし精神分析家は、「**精神分析インスティテュート** Institue of Psychoanalysis」で訓練を受けたという点で、ほかの力動的心理療法家とは区別される。今日のイギリスにおいて「精神分析家」という呼称は、単にほかの力動学派と区別される心理療法家の一種というより、権威ある訓練機関に認定されたメンバーという意味があるのである。精神分析家とほかの心理療法家の区別は、ほかの精神分析的・力動的な訓練が週三回かそれ以下の面接しかもたないのに対して、訓練生が（そしてしばしば患者も）週に五回の分析を行うというところにある（それは「深い」分析を可能にするとされている）。その区別の社会的意義はいろいろあるが、のちに触れることにしたい。

力動的、あるいは精神分析的心理療法の主流派とはフロイト（Sigmund Freud, 1856–1939）、ユング（Carl Gustav Jung, 1875–1961）、クライン（Melanie Klein, 1882–1960）、ホーナイ（Karen Horney, 1885–1952）、ウィニコット（Donald Winnicott, 1896–1971）、ラカン（Jacque Lacan, 1901–1981）、そしてエリクソン（Erik Erikson, 1902–1994）といった偉大な先駆者たちの流れを汲む人たちである。それは組織のうえでも、理論のうえでもつながりをもった多くの学派によって構成されている。組織的なつながりについてはのちに論じるので、ここでは簡単に理論面について紹介しておきたい。

力動あるいは精神分析学派（それは人間性アプローチや認知行動療法とは分かたれている）全体に共通しているのは、それらが心の働きを「力動的 dynamic」（「強さや力をもつ」という意味のギリシア語 *dunasthi* に由来している）な現象だと捉えている点にある。

そこでは、心は相互に浸透可能な階層によって構造化されているとみなされている（例えば、自我や無意識など）。そして、適応的であるにせよ病理的であるにせよ、それらの階層の相互作用が思考、感情、行動に影響を及ぼすと考えられている。

フロイトは、私たちが自分でもまったく気づいていなくて、気づかないように必死に抵抗しているような欲望や感情、あるいは願望をもっていると考えた。それはもしそのようなことを感じたり表現したりすると、集団からの承認を失ってしまいかねないからだ。こういった社会的に受け入れられない事柄の「抑圧」が幼少期に起こることから、子どもの時期というのは人間の一生にとって重要な時期だとされ、精神分析では「子どもは大人の父である」と言われたりする。

欲望が抑圧されているというのは、それらが存在することをやめるということではない。それどころか、そのエネルギーは保持され続け、うまいこと昇華されない場合には、歪んだかたちで姿を現すことになる。このようにして、神経症の症状とは抑圧された欲望が歪められたかたちで表面化したものだと、フロイトは説明する。抑圧によって生じる症状の苦しみは意識できるわけだが、そのそもそもの起源や意味については人は気がつかない。心理療法家の仕事とは、そのような力が心のなかで動いていて、そこに意味があることを患者に意識させることにある。そのようにして患者は自分自身のパーソナリティに潜んでいる破壊的な衝動から自由になれるのである。

学派が違えば、強調する精神力動の位相も異なる。それらを明確化するために、現代イギリスの心理療法家集団における諸学派を整理しておきたい。それは大きくは**分析的力動的心理療法家** analytical psychodynamic psychotherapists（欲動理論を強調する古典的なフロイト派の精神分析家が含まれる。例えばフロイト、ジョーンズ〈Jones, E.〉、アブラハム〈Abraham, K.〉など）と**対人関係的心理療法家** interpersonal psychotherapists（「対象関係論」として知られる「クライン派」と、例えばウィニコット、ガントリップ〈Guntrip, H.〉、フェアバーン〈Fairbairn,

W.R.D.〉などの「独立学派」が含まれる）に区別される。しかし、それらはＢＰＣでは「精神分析的」という大きなカテゴリーに包括されている。

本書の対象

本書は力動的あるいは精神分析的心理療法の訓練機関に焦点をあてる。とはいえ、実はそれらの多くは現在では統合的なものとなっている（実際、多くの訓練機関では分析的アプローチも対人関係アプローチも両方教えられている）。ただし、現在イギリスでの精神分析的訓練は統合的なアプローチが主流になっているが、一方で一つの学派にこだわって訓練を行っている訓練機関も存在する（リンカーンセンターはクライン派に重きを置きながら統合的な訓練を行っているし、精神分析インスティテュートは分析的アプローチに重点を置いている）。

今回のフィールドワークでは精神分析的な訓練機関に焦点をあてるわけだが、このとき精神分析家を輩出できる唯一の訓練機関である精神分析インスティテュートを対象とすることには、どのような有効性があるのだろうか。

第一に、本書が明らかにしようとしている精神分析的心理療法の訓練モデルが、そもそもこの訓練機関の方針に基づいているということである。ほとんどの訓練機関の運営委員を務めているのも、教師を務めているのも実際のところ精神分析家たちである。私がインタビューを行い、友人となった人たちのほとんどが精神分析家から教育を受けていた。そもそも、そのインタビュー自体が精神分析家か、精神分析家から訓練を受けた人たちの助力と承認のもとで可能になったものだ。

さらにいえば、精神分析の各学派はその世界における地位を確保しようとするものなので（だから各訓練機関はＩＰＡ、つまり「国際精神分析協会 International Psychoanalytic Association」に加入し、そのことにより卒業生たちは「精神分析家」と呼ばれることになる）、彼らは精神分析インスティテュートでなされているやり方を標準として訓練を行うことになる。

最後に、主要な訓練機関はＢＰＣという訓練機関の認定組織に参加しているので、精神分析インスティテュートも含めて訓練の基準はそこで定められることになる。したがって、構造的にそれぞれの機関で行われている訓練は似通ったものとなる。そういった理由から、厳密には本書は精神分析的社会化のエスノグラフィーということになるが、そのことで精神分析そのものを理解する一助になると考えられる。[*14]

フィールドワークとその方法論

精神分析的な訓練機関でフィールドワークを行うことの難しさについて、ここで述べておく必要がある。これまでにもこのことに挑戦しようとした人類学者はいたが、彼らはみな拒絶されることになった。例えば、ゲルナーは英国精神分析協会（British Psychoanalytic Society）にエスノグラフィーを書くための研究を行いたいと願い出たのだが、許可が与えられることはなかった。[*15]

当時の会長であったウィニコットの方針で、訓練機関はのちになってようやく研究者に対して門戸を開くようになったのだが、許可を得ることができたのは自ら研究をしたいと申し込んだ研究者たちではなく（結局彼らの研究はいまだ公刊されていない）、協会が認めた社会科学者だけであった。

カンテル（Cantile, A.）の申し込みもまた、その数年後に同じような理由で拒絶された。訓練機関はまたもや、研究の行く末によっては自らの敵対者になるかもしれない非心理療法家を信頼することができなかった。[*16]

しかし、自身社会学者でもあり心理学者でもあるキルスナー（Kirsner, D.）のときには事情は変わっていた。

彼はアメリカやオーストラリアの訓練機関にアクセスすることに成功した。とはいえ、それは彼が臨床心理士だったからかもしれない。しかし、そのキルスナーでさえもイギリスの訓練機関からは拒絶されていたのである。そのような事情から、彼がその後に刊行した『不自由連想法』（2000）からは、残念なことにイギリスに関する内容が欠けている。

精神分析的な訓練機関の扉が以上の研究者たちに対して閉ざされていたのと同様、私が問い合わせたときにもすげない対応をされることになった。[*17] しかし、この事実そのものが重要な問いを提起している。つまり、精神分析の訓練機関が外部からの研究に対して門戸を開かないという事実、そのこと自体が興味深い社会学的事実であり、どうすればそれを開くことができるのかという問いがここに生まれる。

その答えは、私がのちに許可を得たプロセスからもたらされる。それは私が以前にロンドンの訓練機関で、力動的心理療法の公式の訓練を実際に受けていたことで可能になった。そう、私は二年間、訓練を受けたことがあったのだ。その訓練を修了する段になって、私は心理療法に関心をもっていたし、さらなる訓練を受けたいとは思っていたが、自分がまさか人類学的な研究のためにここに戻ってくるとは思っていなかった。にもかかわらず、結局私はその門をふたたびくぐることになったのである。

すでに私が心理療法の専門家として認定されていたという事実が、私が修了した訓練機関の調査を可能にし、ほかの訓練にアクセスすることを可能にしてくれた。それは私が訓練機関で調査を行うことに倫理的な問題がまったくなかったということを意味してはいない。それは実際にはたしかにあった。しかし、私が以前に訓練を受けていたという事実が、ほかの人には閉ざされていた門戸を開くのに役立ったのである。だから訓練機関で参与観察を行うことをめぐる倫理的問題について検討する前に、まずはどのようにして調査を行ったのかを概観しておきたい。

私の行ったフィールドワークにはロンドンの訓練機関における二年間の公式な訓練が含まれている（訓練

を始めるための事前学習については含めていない）。それは訓練機関で毎週行われるセミナーへの出席と、二〇〇時間を超えるスーパーヴィジョンを含む。それらに加えて、私は全部で三年間の個人セラピーを受けた。

以上の訓練機関での教育と同時並行で、フィールドワークの二年目からは実際に患者との心理療法も行った（三人の患者に対して外来の精神分析的心理療法を国民保健サービスにて行った）。国民保健サービスでは毎週行われるスーパーヴィジョングループに加わり、そこの指導者（精神分析家）から頻繁に一対一のスーパーヴィジョンを受けた。

さらにその後のフィールドワークのために、一〇カ月ほど私はロンドンに移り住んだ。そのことによって、所属している訓練機関の公的活動に参加できるようになっただけではなく、ほかの訓練機関のセミナーに「ゲスト」として参加することもできるようになり、さらには訓練生とプライベートに多くの話をすることができるようになった。

この時点から、私は訓練生およびすでに資格を得た臨床家に対する公的なインタビュー調査を開始し、最終的にはイギリスで活動する二〇〇人を超える臨床家に対して、調査を行うことができた。

そのような参与観察に加えて、BPCとUKCPという二つの精神分析的訓練の認定機関について、包括的な調査を行った。そこで訓練がいかなる構造でなされ、そこでいかなる体験が生じているのかについて、訓練生と指導者に対してインタビューを行った。カリキュラムや評価基準、組織の歴史、理論的選好、そして訓練機関同士の関係について調査を行い、さらには訓練生たちが自分の受けている訓練をどう感じているのかについてもインタビューを行った。

このような調査を通じて、私はかならず調査意図を相手に伝えるようにしてきた。[*18] 私がインサイダーでもあり、アウトサイダーでもあるという事実は、同僚たちからすると私をひどく曖昧に位置づけざるを得ないようであった。私を専門家であり、「インサイダー」として受け入れてくれた人たちは（彼らとは一緒に働いたり訓練を受けたりした)、私に対してオープンであり、さまざまに助けてくれた。

しかし、私のことを知らない人たちは、私に対してかなり慎重であった(最悪の場合には、質問紙には回答してもらえず、インタビューは許されず、要望や質問については却下されるか無視されるかであった)。当然のことながら、アウトサイダーに対する猜疑心はさまざまなことから生じているのだろう。自分の役割(研究者であるのか、あるいは専門家の一員なのか)についていかに説明するかで、人々の反応は大きく変わり、どう受け入れられるかは決定的な影響を受けた。

名前の取り扱いについて

本研究の調査協力者を守るために、彼らの名前と彼らが所属する訓練機関については守秘義務を守りたいと思う。彼らは同僚や指導者との関係を危うくさせ、組織のなかでの立場を難しくさせかねないような自己開示をしてくれたからだ。

もしもこの研究がジャーナリズム的な関心で行われるものであれば、(少なくとも指導者たちのことを)「暴露する」ことは当然かもしれないが、私の目的は人類学という学問的なものであり、彼らが心理療法家集団について語ったことの理解を何よりもめざしている。

だから、そのようにして名前を伏せることは、この研究の深いところにある狙いを阻害するものにはならないだろう。また、匿名性を確保することが調査協力者を守ることになるから、彼らにそれを約束することで安心してさまざまなことについて語ってもらうことが可能になる。そのような約束を守るために、必要であれば仮名を使うことにしたい。

さまざまな訓練機関に関していえば、フィールドワーカーとしての立場でないときに限ってはその名称を明らかにしておきたい。例えば、歴史的な事柄について触れるときには訓練機関の名称については明示することにする。心理療法家集団において、訓練機関がいかに発展してきたのかについて文献などによって述べる際には、名称を明らかにしておくこととする。しかし、自分がフィールドワークを行った場所については明かさないことにする。

繰り返しておこう。訓練機関やそこの人々にインタビューをするにあたっては、守秘義務の約束をすることとは調査を始めるうえでの前提であり、それは人類学的な調査にとって不可欠なことなのである。

第1章 精神分析的心理療法の興隆と没落

心理療法の世界に深く踏み入っていく前に、二〇世紀イギリスで、心理療法が広く普及していった歴史をみておこう。そうすることで、現代の精神分析の訓練機関がいかなる歴史的背景を背負っているのかを明らかにし、心理療法家が現在直面している苦境がいかなる歴史的要因から生じているのかを示したい。

心理療法家集団が現代社会にあっていかなる存在なのかを歴史的に理解することで、精神分析的社会化についての理解を深めることが本章の目的である。このとき、三つのテーマについて分析を行う。一つは二〇世紀を通じてなされた心理療法の拡大であり、二つ目はそのような拡大に付随した訓練機関の増加であり、三つ目は二〇世紀の終わりの二五年における精神分析的心理療法への批判の高まりである。

心理療法の普及

なぜ心理療法が二〇世紀にあって大いに普及したのかという問いに、厳密な答え方をするのは難しい。心理療法それ自体の要因だけでなく、外部のさまざまなプレイヤーによる影響力も大きかったので、心理療法の拡大がいかなる要因によって生じたのかを特定するのが難しいのだ。心理療法の拡大が「なぜ」生じたのか、そしてそれが「いかに」なされたのかを問おうとするならば、多くの要因を考慮に入れる必要がある。

それらのなかのいくつかのテーマについては、先行研究が存在している。多くの社会学者たちが、宗教と伝統そして政治の衰退が、心理療法の拡大の重要な背景だと指摘している（Lasch, 1979; Gellner, 1985; Berger, 1965; Sennett, 1976; Furedi, 2004）。これらについては第8章で詳細に検討することにして、ここではそれらの社会学者たちが重視した社会的要因が多様であったと指摘するにとどめておく。ただ、心理療法の拡大が間違いなく起こったという点では、彼らが一致していることは重要だ。そこで、現代に至る心理療法の拡大のプロセスをみていくことにしよう。

イギリスにおける心理療法の誕生と普及

イギリスにおいて最初に設立された訓練機関から、最も新しくできた訓練機関までをみていくと、心理療法の歴史には際立った特徴があることに気づかされる。それは二〇世紀における華々しい成長だ。

この成長の起源と呼べるのは、おそらく一九一〇年のことだ。それは、アメリカにおける精神分析の成功から刺激を受けた分析家たちのグループが、初めて精神分析の訓練機関をウィーン以外で設立した年である（Freud, 1986［1914］, p.102）。この初期の運動はフロイトのカリスマ性にひかれて、新しい治療法を学ぶために集った若い医師と心理学者によって担われた。彼らの目標は、自らの集団としての存続とこの世界における指導的地位の獲得にあった。そして、一九一〇年三月のニュルンベルク会議においてそれは成功した。

この年に精神分析を守り、拡大していくための組織である国際精神分析協会（International Psychoanalytic Association：IPA）が生まれた（Freud, 1986［1914］, p.103）。アブラハム（Abraham, K.）はベルリングループの、アドラー（Adler, A.）はウィーングループの会長になり、ユング（Jung, C.）はチューリッヒグループを束ねた。

一年後にはセイフ（Seif, L.）によってミュンヘングループが発足し、同じ年にブリル（Brill, A. A.）を会長としてアメリカで最初のグループができた。さらに一九一三年には新たに二つのグループが発足した。ブタペストではフェレンツィ（Ferentzi, S.）の指導のもとにグループができ、イギリスでもフロイトの最も近しい盟友であり、弁護人でもあったジョーンズ（Jones, E.）によってグループの結成がなされた。一九一三年の時点でロンドンの精神分析協会には八人のメンバーがおり、イギリス最初の訓練機関が発足した。最初の訓練機関が発足したあと、戦争が終わるまでの間、大きな進展は生じなかった。ジェイコブスは以下のように記している。

分析心理学協会（Society for Analytical Psychologist）とタヴィストック（Tavistock）の設立［一九二〇年］、……そして一九三九年のポルトマンクリニック（Portman Clinic）の設立以外に、二〇世紀中盤における心理療法の発展として挙げられるのは、子どもの心理療法家協会（Association of Child Psychotherapists）が一九四九年に設立されたことと、……心理療法家協会（Association of Psychotherapists）の設立によって訓練を受けやすくなったこと（実際、多くの市民に心理療法を受ける機会が開かれたこと）くらいである。

(Jacobs, 2000, p.456)

実際、一九三六年には、現在は精神分析インスティチュート（Institute of Psychoanalysis）と呼ばれている英国精神分析協会（British Psychoanalytic Society：一九一三年）、タヴィストック・クリニック（一九二〇年）、そして現在は分析心理学協会と呼ばれているアナリティカル・クラブ（Analytical Club：一九三六年）などの主要な心理療法の組織が出そろっている。

第一次世界大戦以前と両大戦の戦間期、心理療法の成長は緩やかなものだったが、そこには英国精神医学会の影響もあった。精神医学はこの新しい「お話療法」に対して反感を抱いていたのである。というのも、医学教育には懐疑的実証主義の伝統があり、科学的根拠をもたない方法は敬遠されたし、加えて精神医学者たちは身体に対する介入によって治癒をめざす伝統的精神医学を好んでいたからである（Holmes, 2000, p.389）。[*19]

精神医学と精神分析的心理療法が手を結んだのは第一次世界大戦後のことである。和解をもたらしたのは戦争だった。シェルショックや戦争神経症の治療のために、心理療法に公的資金が投入されるようになったのだ。神経症の治療を求める中間階級の患者のために、多くの外来クリニックが開設された。一方で精神病は精神病院で治療されることになった（Pines, 1991）。ロンドンでは、一九二〇年にタヴィストック・クリニックが、一九一九年にキャッセル・ホスピタル（Cassel Hospital）が心理療法のための施設として開設された。

それと同時に、心理療法は今までと違ったやり方で、精神医学に深い影響を与えるようになった。精神分析的集団療法が軍病院において実施されるようになり、そこで働く精神科医たちが精神分析的な技法を学ぶようになったのである。

この時期、精神医学における精神分析的心理療法の浸透は遅々としたものであったのに対して、医学の外側では急激に人々の関心をひくものとなっていった。

一九二〇年代には、アインシュタインなどの科学者のように、フロイトはアメリカとイギリスの新聞や週刊誌で取り上げられるようになった。人間の本性についての革命的な理解をもたらしたカリスマ科学者として紹介されたのだ（Forrester, 1994, p.183）。

一九二〇〜三〇年代に、フロイトがスターであったことについては、初期精神分析についての歴史的研究によって実証されている。エレンベルガー（Ellenberger, 1970）はヨーロッパとアメリカで起きたことを広く紹介しているし、ラップ（Rapp, 1988）は一九二〇年代イギリスでの心理療法の興隆がフロイト派の人気によるものであったとしている。

ギャバードとギャバード（Gabbard & Gabbard, 1987）は、一九三〇年代から八〇年代にかけて心理療法家がハリウッド映画に登場するようになったことを指摘し、一九三〇年代初頭より精神分析が中間階級の関心をひくようになったと論じている。フォレスターは、心理療法が映画で多く取り上げられたことを「相互的な夢工場」と表現している。つまり、心理療法の普及によって映画で取り上げられるようになり、そのことでまた心理療法は拡大していったということだ（Forrester, 1994, p.184）。

当時の著名人たちから認知と承認を得ることで、精神分析的心理療法の地位は向上していった。一九二〇〜三〇年代のイギリスでは、有名な作家や学者たちが心理療法を褒めそやした。バートランド・ラッセルやT・S・エリオット、そしてトーマス・マンは精神分析を激賞したし、W・H・オーデンはその詩「ジグムント・フロイト追悼」で、フロイトを現代のモーセだと持ち上げている。

捨てられていた多くのものは
挫折を知らぬ彼の才能でみがかれ
その本当の姿をあらわし
われわれの手にとりもどされ、ふたたび貴重なものとなる——
大人になったらやめねばならぬと思っていた遊び、
思い切って笑ってしまうことのできぬ小さな音、
だれも見ていないときの自分の表情、など

（Auden, 1950, p.59）

また、ある研究では、心理療法の爆発的な広がりは二〇世紀中旬のことだとされている。『セラピーにおいて信じる――アメリカ的強迫としての自己実現』で、著者のモスコヴィッツ（Moskowitz, 1990）はアメリカにおいて精神分析が本当の意味で根を下ろしたのはこの時期だとしている。ローズ（Rose, 1990）は、第二次世界大戦後に、心理療法の考え方が政策立案者や経済関係者にも影響を与えるようになった歴史的経緯を明らかにしている。彼らが心理療法の経済的基盤を整備することに尽力した。

以上のように認知度が上がっていくことで、心理療法はほかの学術領域でも支持者を得るようになっていった。例えば、アメリカの人類学では、ベネディクト（Benedict, 1934）やカーディナーとリントン（Kardiner & Linton, 1939）、そしてミード（Mead, 1943）といった著名な学者に率いられた「文化とパーソナリティ学派」が、精神分析に基づいて、それぞれの文化にはそれぞれの子育てがあり、そのことでそれぞれに固有のパーソナリティが生み出されることを示し、人間は文化に適応する存在だと主張するようになった。このような文化分析にイギリス人類学は異を唱えてきたが、一方でリヴァーズ（Rivers, W. H. R.）からヒールドとドリュズ（Heald & Deluz, 1994）に至るまで、多くの学者が精神分析に賛意を示してきた。

第二次世界大戦後の拡大

第一次世界大戦後に心理療法の好意的な受け入れが起こったのと同様、第二次世界大戦の終わりごろには、精神分析に対する精神医学の反感は減じていった。これはアメリカ精神医学において力動的心理療法が広く受け入れられ始めたことに影響されている。[*20] 二回の世界大戦を経て「障害・罪悪感、そして計り知れない破壊の経験を、精神科医たちが考える必要」が生じたのだとロウサダ（Lousada, 2000, p.471）は指摘している。第二次大戦前には英国精神医学は力動的心理療法に強い反感をもっていたわけだが、戦後から一九五〇年代を通して、状況は変わった。
一九六〇年代の初めまでに、いくつかの大学の精神医学関係の部署で、心理療法とコンサルタントのポストが用意されるようになり、若い精神科医たちは、伝統的な医学訓練と並行して精神分析的技法の訓練を受けるようになった。[*21]
次の一〇年には、心理療法関係の部署がイギリス全土で設立されることになった。なかでもノッティンガムやオックスフォード、マンチェスター、バーミンガム、ニューキャッスルなどでは中核となる病院ができ、さらにエディンバラやブリストル、ロンドンではそれはより整備されることになった。[*22]
心理療法は一九六〇〜七〇年代を通じて広く受容されていったが、それは既存の心理療法家集団の内部と外部の両方で生じたことである。このことは、この時期に心理療法を受けた人の統計からもみてとれる。力動的心理療法に限定した資料ではないが、何らかの心理療法を求める人の数は急激な割合で増加している。ラフロンボイズ（Laframboise, D.）によると、アメリカの場合、一九六〇年代には国民の約一四％が何らかの心理療法を人生を通じて一度は受けており、一九九五年には人口の半分が心理療法的な介入を受けたことがあったそうだ。そして二一世紀初頭には、その数は八〇％にまで達していると推計されている。[*23]
イギリス社会でも同じことが生じていた。フレディ（Furedi, F.）が指摘しているように、一九八〇年代以降（この時期のイギリスにおいて、カウンセリングは数少ない成長産業の一つになっている）、心理療法家およびクライエントになる人の数は急増している。例えば、認定された心理療法家の数は近年劇的に増加しており（UKCPに認定された心理療法家についていえば、一九九七年には三五〇〇人だったのが、一九九九年には五五〇〇人にまで増加している。表1参照）、実践されている心理療法の総時間も同様の伸びを示している。CAMP（Counselling, Advice, Mediation, Psychotherapy, Advocacy Guidance）によって行われた研究によれば、イギリスにおいてひと月になされている心理療法面接はおおよそ一二三万一千回であり、初期の精神分析家たちが行ってい

表1　心理療法家・カウンセラー・心理学者の人数比較 *24

	1960年 (Halmos, 1978)	1976年 (Halmos, 1978)	1999年 (Jacobs, 2000)	2005年 (資料複数)
心理療法家および精神分析家	400	903	6,900	7,800
臨床心理学者（認知行動療法家を含む）	150	1,500	3,004	4,340
プロカウンセラー		800	1,700	5,000 *25
計	550	2,203	11,604	16,149

た面接数と比べると隔世の感がある（Furedi, 2004, p.9）。

以上のような心理療法の普及は、新しいタイプの心理療法が生まれてきたことにも影響を受けている。グリュンバウム（Grunbaum, 1984）が記しているように、一九五九年の段階では心理療法は三六種類に過ぎなかったが、その後に行われた研究では二〇〇を超える心理療法の存在が報告されている（Gellner, 1985, p.8）。本研究の調査協力者に至っては、現在心理療法はおよそ四〇〇種類ほどあると話していた。これらの「心理療法」のうち公的な援助を受けているものは少数でしかないのだが、それでも心理療法の種類がこれだけ増殖していることは、心理療法への関心が増大していることの証左といえよう。

第二次世界大戦後の心理療法の成長のなかで、流行するようになったのが「自分で自分に行うdo-it-yourself心理療法」である。「バーン（Berne, 1964）の『人生ゲーム入門』のように、ポップ・フロイト主義は人々の自己理解を助けるものとして広がっていった」とポーター（Porter, 1996, p.388）は指摘している。ほかにも、フロム（Fromm, 1972 [1942]）の『自由からの逃走』や、ホーナイ（Horney, 1942）の『自己分析』、そして最近ではペック（Peck, 1978）の『愛すること、生きること』などが、古くからある葛藤を理解するための新しい方法を提供してきた。「過去の宗教や道徳、あるいは唯物論が心理学的なものに置き換えられたわけだが、その代表が精神分析の受容なのである」とポーター（1996, p.336）は指摘している。

社会科学者、とくにマルクス主義者からは批判を受けたわけだが、早くて一九四九年頃から、イギリスにおいては、社会的問題や宗教的問題が心理学用語に置き換えられていくようになった。

クライトン王立病院（Crichton Royal Hospital）の臨床研究部長であったメイヤー＝グロス（Mayer-Gross, W.）は以下のように述べている。「過去三〇年の間に、精神医学は、統計的にはそれほど多くは生じない精神病から、正常から少しだけ逸脱したような「軽症」で「境界線上にある」ようなケースへと関心を移していった」（Porter, 1996, p.360より引用）。

精神疾患と呼ばれてきた「異常」な人たちを対象としてきた精神医学は、今までは病理的とみなされてこなかった人たちを対象として含めるようになり、精神的な異常を正常のバリエーションとして理解するようになったのだ（Porter, 1996, p.360）。つまり、人々が病気を定義する基準がこの数十年で大きく敷居を下げたことで、心理的不調の訴えが急増したのである（Shorter, 1997, p.289）。心理療法が社会に普及するにつれ、従来は経済的、社会的、あるいは道徳的問題とされてきた事柄は、心理学的に解釈されて、神経症などの心理的問題として語られるようになった。

リトルウッドとリプセッジ（Littlewood & Lipsedge, 1987［1982］）やフレディ（2004, p.6）のような社会学者たちは、うつ病の増加について、実際にそのような病理の人が増えたのではなく、過剰診断が生じているせいではないかと指摘している。[*26] 現代の文化は多くの物事を「トラウマ」として捉えるような社会的構築を行っており、その結果さまざまな精神状態がトラウマや心理学的な事柄に起因するとされるようになっていった。[*27]

不調を「医療化」したり「心理学化」したりする最近の流行は、製薬会社の利益に与するように推し進められているものでもある。苦しみというものが以前にも増して心理学用語で表現されるようになったことで、苦悩はますます人間内部の問題として位置づけられるようになっている。

その結果、主観を変化させるための方法として、向精神薬による介入が推奨されるようになっている。薬物療法の成功が喧伝され、処方箋を求める人が激増することで、製薬会社の権力は強まっている。ある批評家は、製薬会社が急激に市場で力を得たことによって、精神医学の診断基準が歪められ、病気のカテゴリー自体が増加することになったと指摘している。「それに対する治療法があると製薬会社が主張するまでは、ほとんど気づかれないある種の障害が、主張後には流行するようになる」（Shorter, 1997, p.319）。

心理療法にせよ薬物療法にせよ、ある「問題」の治療が可能になることで、その「問題」の社会的認知は広がっていく。このようなかたちでその問題が普及すると、そのための市場が創り出され、そしてその治療法は政治的権力を得ることになる。

心理療法は以上のようにして拡大していったわけだが、このとき興隆したのは精神分析に限られなかったため、フロイトなら不満を抱いたかもしれない。一九七〇年代までは、心理療法はごく少数の個人開業で行われているものに過ぎなかったのだが、今では心理療法やカウンセリングは大学、刑務所、軍、外来クリニック、学校、そして大企業など、イギリスの至るところに浸透している。これらの「新しい」心理療法の多くは力動的なものではない。そのことを保守的な心理療法家は嘆いたわけだが、それでもそれらの心理療法は拡大し続けた。

一九七〇年代以降、新しい心理療法はそれまで精神分析的心理療法が独占していた個人開業に進出していった。統合的心理療法家やカウンセラー、そして臨床心理士が個人開業を始め、現在では力動的心理療法家のオフィスの数をはるかに上回るほどになっている[*28]。

競合する心理療法が増えることによって、訓練機関もまた増加した。そして、増え続ける訓練機関同士には、新たな緊張関係が生まれつつある。そこには複雑なネットワークが生じ、それぞれの訓練機関は序列化されていった。各訓練機関が自らの利益を追い求め続けた結果、現在そのネットワークは混乱した様相を呈している。

中心と周縁――心理療法の訓練の拡大

リーフ（Rieff, 1966）のいう「セラピーの勝利」に付随して、一九六〇年代以降、イギリスでは心理療法の訓練機関が激増した。それに伴い、そこには複雑なネットワークが生じるようになった。このとき、それぞれの「訓練機関」は世間のさまざまな社会的組織と連携しようとし、さらにはほかの訓練機関とも関係を結ぼうとするので、それらはすべてネットワークで結ばれるようになった。

ネットワークが広がったのは一九七〇年代から八〇年代にかけてのことであり、それぞれの訓練機関はその心理療法の学派（例えば、力動系、行動系、人間性アプローチ系）のなかに自らを位置づけていった。そのようにして、学派間には境界が形成され、それを侵犯することは重大な問題とされたのだ。

これらの境界は国から公認された二つの認定機関によって管理されている。一九八九年に設立されたUKCP（United Kingdom Council for Psychotherapy）と、一九九二年に設立されたBPC（British Psychoanalytic Council〈以前はBritish Confederation of Psychotherapistsと呼ばれていた〉）である。そのようにしてすべての訓練機関が、所属する学派を通じて、より上位の認定機関とつながりをもつようになった。これを図式化したものを次頁に掲載している。[*29]

訓練機関も、各学派も、そして二つの認定機関も、互いに対してだけでなく、それらを超えたところにあるさまざまな社会的組織との間でも、同意と葛藤のダイナミクスに巻き込まれることになった。

このとき、各学派がどのような連合を築いているのかを明確化しておくことは、その構造的なパターンを

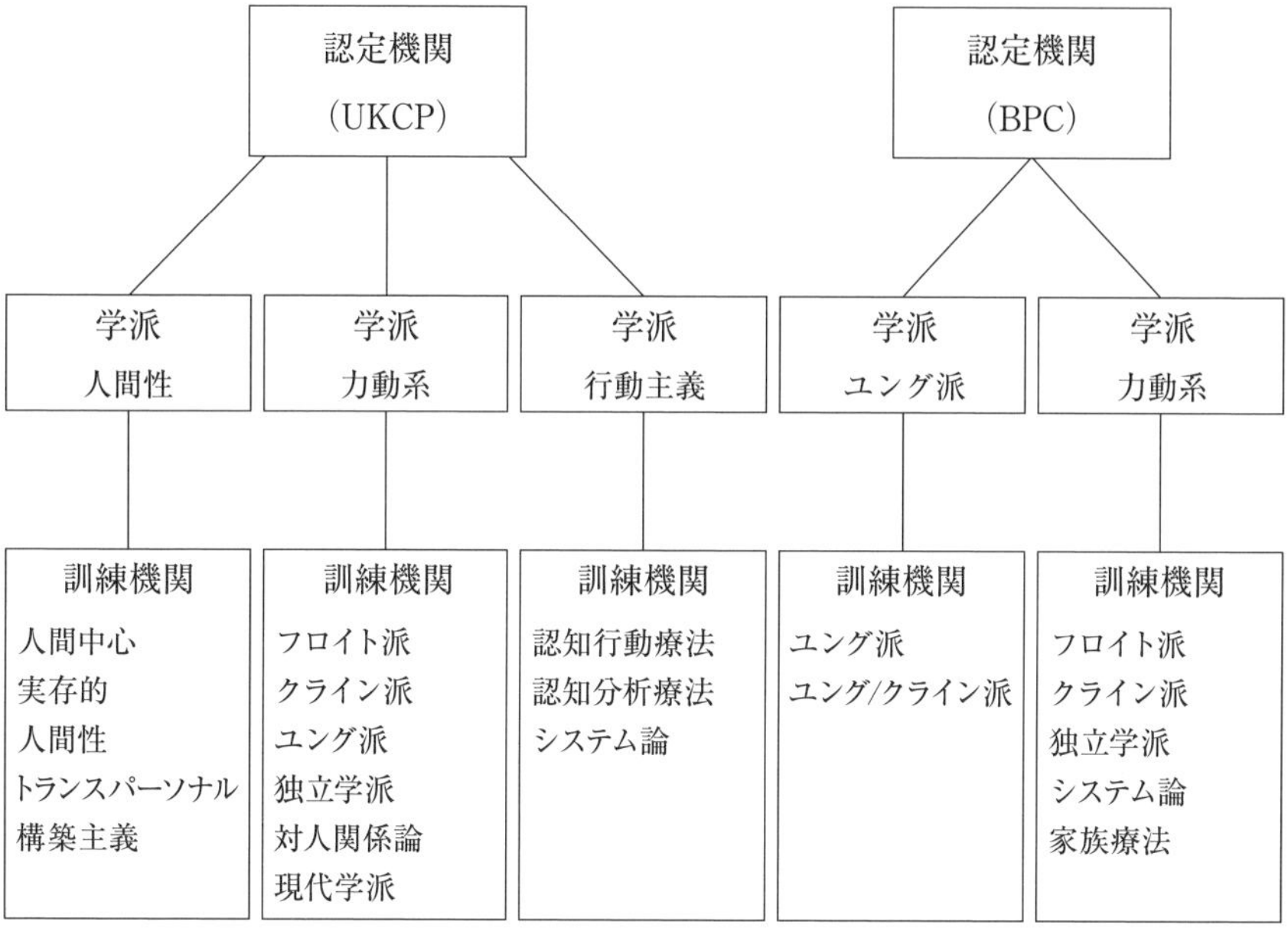

理解するうえで有益である。この構造を描くことによって、一見無秩序な個々の訓練機関の隠された序列を明るみに出すことができるだけではなく、この序列がそれぞれの訓練機関にいかなる影響を与え、そしてひいては個々の訓練生にいかなる影響を与えるのかを明らかにすることができるだろう。

系譜的構造

以上を明らかにするために、心理療法の訓練機関がいかなる歴史的経緯で広がってきたのかをみることが有益である。実際、新しい訓練機関の設立はその時々の歴史上重要なタイミングでなされてきた。このことを具体的に理解するために、現存する訓練機関がどのように開設されたのかを、逆三角形のピラミッドとして描いてみる。

下方の頂点は最初に設立された訓練機関を意味している。ここから系譜が広がっていき、さまざまな訓練機関が生まれてきた。このとき、それぞれの学派が、自らがたどってきた歴史によって、他学派に

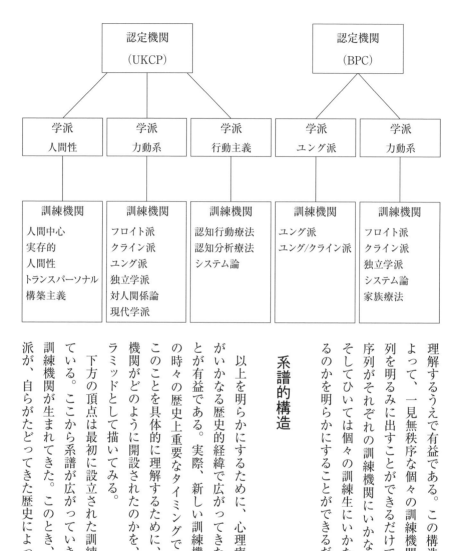

対する優越性を主張しているのは興味深いことだ。つまり、その訓練機関を創始した人物に名声があることが、優越性の根拠とされているのである。

比喩的にいえば、それは親族システムに似ている。それぞれの訓練機関は、(その創始者を媒介とすることで)より古い訓練機関とつながっていく。同時に、その訓練機関はより新しく設立された訓練機関を子孫として扱う。もちろん、それを「子孫」と認めるか否かは、その母にあたる訓練機関の判断次第ではあるが。

蜘蛛の巣のように中心があり、その周りに網が伸びていくような関係性のなかで、それぞれの訓練機関が相互に参照しあうことで、序列化がなされていく。

この系譜的構造のもう一つの重要な特徴は、そこに権威と地位のヒエラルキーが存在しており、それぞれの訓練機関がより高い地位を得ようとして葛藤を生じることである。例えば、自らを起源の位置にあると主張することによって地位を確立している精神分析インスティテュートや英国心理療法家協会(British Association of Psychotherapists)のような訓練機関は、精神分析がいかに他学派に比べて有効で、卓越しているのかを強調する。一方で、後発の訓練機関は、(例えば、人間性あるいは統合的アプローチのような)新しい学派に所属していて、創始者もそれほど有名とはいいがたいのだが、それでも系譜的構造のなかでより高い地位を獲得しようとして必死になっている。

後発だろうが、すでに評判を確立していようが、すべての訓練機関は心理療法家集団を超えて、社会におけるより高い権威から認定を受けられるよう働きかけている。そのようにして社会的権威を獲得した訓練機関は、系譜的構造のなかで高い位置を占めることになる。彼らは心理療法界の外側の組織(医療、政治、あるいは大学)と連携し、地位を獲得しようとするのだ。社会的地位を保証する「象徴資本」を得ようとする努力には見返りがあるからだ。ただしそれは、その訓練機関が、より権威があり公に受け入れられている組織とうまく提携できれば、ということではあるのだが。

精神分析インスティテュートについて――典型として

本書で私が系譜的構造と呼ぶ訓練機関のネットワークのなかで、精神分析インスティテュートという訓練機関はその権力と名声において最も中核に位置している。それはフロイト本人によって設立された、イギリスにおける最初にして唯一の訓練機関であり、イギリスにおいて最も古く、規模が大きく、そしてよく知られており、高い象徴と重要な人物によって彩られている。

ここの修了生だけが自らを「精神分析家」と名乗ることができるので（法的な規制があるわけではないが）、専門家のなかで精神分析インスティテュートは特別なものとなっている。精神分析インスティテュートは系譜的構造において、特別な名声を備えた象徴として機能しているのである。精神分析インスティテュート以外で訓練を受けた心理療法家は「力動的」あるいは「精神分析的」心理療法家を名乗らねばならず、そこには「精神分析家」という名称に備わった恐るべき響きが欠けている。

このように、大多数の心理療法家、とくに力動学派にとって、精神分析インスティテュートは権威という意味で最高峰に位置しており、そこに所属したり、そこから認証されることには魅力がある。そしてこの権威から離れれば離れるほど、その訓練機関の地位は落ちていく。

例えば、心理療法家集団において、精神分析インスティテュートに続く名声があるのは、BPCに属する訓練機関だと一般的に合意されている。それに続くのがUKCPに属する力動的心理療法の訓練機関であり、UKCPの人間性アプローチや統合的アプローチの訓練機関がさらにそのあとに続く。さらなる下位としてUKCPのなかの「代替療法的」アプローチが続き、最後にBACP（British Association of Counselling and Psychotherapy）に属している多様なカウンセリングの訓練機関が続く。[*30]

表2　系統図的構造における三つの学派の訓練機関の広がり [*31]

	1950年	1980年	2005年
認知行動的	0	2	30
人間性／統合的	0	9	22
力動／精神分析的	3	21	44

系譜的構造における階層構造は以下のとおりになる。

(1)　BPCの精神分析家
(2)　BPCの力動的、あるいは精神分析的心理療法家
(3)　UKCPの力動的、あるいは精神分析的心理療法家
(4)　UKCPの人間性あるいは統合的アプローチの心理療法家
(5)　UKCPのそれ以外の心理療法家
(6)　BACPのカウンセラー

このリストで下位に位置している学派はしばしば新しく生まれてきたものであり（表2参照）、古くからある学派に備わっている権威を欠いている。そして、多くの訓練機関がそうやって低い地位に置かれることを快く思っていない（実際、多くの訓練機関がそのような構造自体が問題だとして、論争を仕掛けている）。

だから、彼らは権威を獲得するために活動する。そのような戦略の一つとして、自分よりも上位に位置する訓練機関から象徴を借りてきて、地位を築くというやり方がある。その例として、英国カウンセラー協会（British Association for Counselor）が二〇〇〇年九月に名称を英国カウンセリングおよび心理療法協会（British Association for Counselling and Psychotherapy）に変更したことを挙げることができる。これは明らかに「心理療法」という言葉が「カウンセリング」に比べて象徴資本が大きいことを利用して、自らの地位を上昇させようとしたものだ。[*32]

周縁に位置している訓練機関が権威を得て、世間から認知されるために用いるほかの方法として、権威のある訓練機関と提携するというやり方がある。ここから理解されるのは、ある集団の名声とは、それがどれだけ名声をもった中核に近いかによる、ということだ。すでに高い地位にある二つの訓練機関でさえ、より高い地位にある国際精神分析協会にアピールを行っている。[*33] もしそれが受け入れられると、これらの訓練機関の卒業生は「精神分析家」と名乗ることを国際精神分析協会から許されることになる。

中核に位置している訓練機関は強力な象徴を所有しているわけだが、どこまでが中核なのかという境界線はしばしば攻防の対象になる。高い地位にある訓練機関は自らの象徴や価値基準を維持するために戦う。これらの象徴をほかの訓練機関が借用し、「乱用」したりすることになると、その力が薄まりかねないからだ。もし、彼らがもっている象徴の力が希釈されることになれば、すでにその訓練機関が得ていた経済的利益や名声が損なわれかねない。だから、寡占状態にある象徴を借用しようとしたり、それを防衛しようとしたりする戦いは、イギリスの心理療法の歴史にあって数限りなく繰り返されてきた。そのことをよく示しているのが、イギリスにおける心理療法の主要な認定機関であるＵＫＣＰとＢＰＣの立ち上げのときのことである。

ＵＫＣＰ vs ＢＰＣ

ＵＫＣＰは一九八九年に発足した。[*34] この組織が誕生したきっかけは、一九七一年に出されたいわゆるフォスター報告書である。この報告書は政府が行った調査の結果を示したもので、心理療法家の活動を管理し、記録に残すために、心理療法家集団は国に登録を行うべきであるという提言を行っていた。報告書に対応するために、一九八九年にＵＫＣＰが設立され、すべての訓練機関とそこでの訓練を完了した心理療法家の全員がここに登録するようになった。

　ＵＫＣＰができるまでは、心理療法の訓練はほぼ野放し状態にあり、多くの訓練機関がプライベートなものとして運営されていた。スタッフはボランティアであり、資金も訓練生たちが支払う料金によって運営がなされていたのである。だから、どの訓練機関も倫理面でも訓練規定の面でも公的な監視を受けることがなかった。[*35] ＵＫＣＰができるまでは、論文を書けて、たしかな臨床実践を行えるようなきちんとした心理療法家を養成しようと思うならば、周辺の訓練機関から承認を得る必要があったのだ。そうすることで、その訓練機関の修了証書の価値は向上する。ＵＫＣＰが設立されると、ＵＫＣＰが訓練の質を保証することで正統性が担保されるようになった。このようにして、認定された訓練を受けて専門家となった心理療法家全員がＵＫＣＰによって登録されることになったのだった。[*36]

　一九八九年から一九九二年の間、ＵＫＣＰはイギリスの心理療法家すべての認定を司っており、同様に最も高名な訓練機関である精神分析インスティテュートから、最も小さくて新しい訓練機関に至るまで、すべての訓練機関の認定を行っていた。しかし、一九九二年以降、認定機関としてのＵＫＣＰの役割は精神分析的な訓練機関の連合体（彼らはＵＫＣＰにおいても高い地位にあったのだが）によって奪われることになった。

　というのは、精神分析インスティテュートを筆頭として、多くの著名な訓練機関が、現在はＢＰＣと呼ばれているＢＣＰを新しい認定機関として設立したためである。この新しい認定機関は、当初は四つの訓練機関しか含んでいなかったものの、それらはイギリスでは最も有名な訓練機関とみなされているところであった。つまり、精神分析インスティテュート（フロイトにより一九一三年設立）、英国心理療法家協会（一九五一年設立）、分析心理学協会（ユングにより一九三六年設立）、そしてタヴィストック・クリニックである。この分裂の原因は、ＵＫＣＰが精神分析インスティテュートに常任委員会の決定に対する拒否権を与えなかったことにあった。本書執筆当時のＢＰＣの会長に尋ねてみたところ、彼女は次のように語った。

「九〇年以上の歴史がある精神分析インスティテュートを筆頭に、独立したのはすでに名声を得ていた訓練機関でした。彼らは自分たちが、いまだしっかりと整備されているわけでもない、歴史の浅い訓練機関と同列に位置づけられていることに気がついたのです。だから、ＢＰＣはすでにきちんと確立されていた精神分析的な訓練とほかの訓練を区別するために存在するといえます」（インタビュー 2004）

ＵＫＣＰの決定に対する拒否権を許されなかったことがきっかけで、精神分析インスティテュートは離脱を決めた。この件についてのＢＰＣの会長の説明は次のとおりだ。

「私たちをひきとめておきたいＵＫＣＰと交渉していましたが、そうするなかでいくつかの訓練機関をそこから**締め出す**必要があることが理解されてきました。というのも、ＵＫＣＰは私たちがやっているような水準での訓練を基準にする必要があったわけですが、そのためには基準に到達していない訓練機関を排除したほうがよいと思われたからです。しかし、ＵＫＣＰはそうはせずに、結果として異なる水準の訓練機関が含まれているような共通分母的なものに成り下がっていたのです」（インタビュー 2004　強調著者）

ＢＰＣの理事会が望んだ訓練機関同士のヒエラルキーは現在のところ正当化されている。あるＢＰＣに所属する精神分析家はこう主張する。

「ＵＫＣＰから離脱した訓練機関はいわばエリートです。つまり、訓練についての評判において卓越していたわけですが、「ＵＫＣＰ認定の心理療法家」というラベルではほかの訓練機関との違いが認識されないのです。しかし、私たちにとっては、それらが同じものだとはとてもいえませんでした」
（精神分析家へのインタビュー2004）

BPCの会長がインタビューで語っていたように、BPCに所属している大多数の心理療法家は、UKCPからの離脱について、訓練の基準を保ち、正常なヒエラルキーを守るためであったと表向きには主張している。

しかし、この離脱の背景に政治的な思惑があったことも指摘されている。つまり、そのような表向きの説明の裏側に「権力、許認可権、経済的利益」（Young, 1996a, p.2）という狙いがあったと指摘されているのである。しかし、私はこの離脱のウラにあったものを以下のように解釈してみたい。

エリート訓練機関が主導したこの離脱が、彼らの所有していた象徴資本を守り、「正しい訓練と実践」とは何かを制定する権利を確保するためになされたことは明白である。BPCのロジックからすると、訓練機関の歴史、それらが推奨する心理療法の種類、そして所属している心理療法家の質、訓練の基準（週に一回、二回、あるいは五回の分析を訓練生に求めるかどうか）などが、ほかの訓練機関との関係にあって自らの地位を規定する重要事項である。BPCにおいては、よい心理療法家はよい訓練から生まれ、そのよい訓練は権威のある訓練機関によって認定されたものを意味すると考えられている。UKCPにおいて拒否権をもてなかったことによって、本来指導的な立場にあった精神分析系の訓練機関は、「正しい訓練と実践とは何か」（つまり彼らが行っている訓練や実践のことを指すわけだが）を規定する権利を失ったと感じたのだ。そして、そのような権利がほかの訓練機関の手に渡ることは、大きな損失と捉えられたのである。

正統性を得るための通時的・共時的アピール

ＢＰＣとＵＫＣＰをめぐる苦闘から目を転じて、さまざまな訓練機関や学派間でなされている論争に目を向けてみるならば、地位を求める闘いが主に二つの局面でなされていることが分かる。

まず地位は通時的なプロセスのなかで獲得される。つまり、輝かしい過去（例えば、聖なるものとされるような歴史的経緯など）に由来する名誉によって、地位は得られる。あるいはそれは共時的にも獲得される。系譜的構造の内外を問わずして、現時点において権威のある組織から象徴を借り受けることがそれに当てはまる。

多くの点で、名声を確立している訓練機関は（それは主にＢＰＣに所属している精神分析的な訓練機関であるのだが）、その創設メンバーや学派、そして前身となる組織が、アカデミズム、とりわけ医学という権威ある社会組織と関係をもつことで、「通時的に」地位を獲得してきた。したがって、現在世間に知られている訓練機関の歴史というものは、ＢＰＣに属するインスティテュートの卓越性を「自然」なものに見せかけるように構成されたものだといえる。[*37]

通時的に正統性を獲得するための十分な歴史をもたない新進の学派（例えば、人間性アプローチや統合的アプローチなど）は、地位を共時的な方法で求めることになる。例えば、新しくできた訓練機関は、系譜的構造内の権威から受け入れられるよう画策するわけだが、最近の傾向としては、系譜的構造の外部にある異なる権威から名声と正統性を獲得できるよう努力する方向へと戦略を切り替えている。例えば、地元の大学と手を組んで、訓練生に学位を与えるという戦略がある。その訓練機関の卒業生は専門家としての修了証を得るだけではなく、提携する大学の修士号やときには博士号を得ることができるということだ。[*38]

ただし、これらの新進の訓練機関が系譜的構造の外側から承認を得ようとすることを、権威のある訓練機関が彼らを承認しないからという理由のみでは説明できない。というのも、新進の訓練機関の多くは、「中核と周縁」という前提そのものに反対するわけだし、実際彼らは権威のある訓練機関がもっている象徴を最小限しか利用しないからである。[*39]

系譜的構造外の権威と結びつくことによって、これらの新進の訓練機関は権威ある訓練機関から承認を得る必要がなくなり、彼らに反抗するようになる。実際、いくつかの訓練機関は、自分たちが従来の権威ある訓練機関が失ってしまった価値の真の守護者だと考えるようになっている。

新進の訓練機関は古い象徴を今までとは違ったやり方で用いようとする。例えば、すでに十分に吟味されてきたフロイト派的な原則を、彼らは自分たちの新しい訓練に必要なものとして歪曲して用いたりする。[*40] このように、彼らは既存の象徴や基準に対して新たな解釈を行うことで、訓練機関同士の序列を変更しようとしているのである。このような正統性をめぐる闘争が、ウェーバー（Weber, M.）いうところの「党派性 anti-groups」を系譜的構造のなかに生むことになる。つまり、彼らは互いに反発しあい、さらには権威ある訓練機関に対して反目するようになるのである。

系譜的構造の分節パターン

人類学者であれば「分節パターン segmentary patterning」と呼ぶであろう系譜的構造のあり方について検討しよう。そのうえで、それがどのように機能しているのかをみてみよう。

訓練機関というものは、ほかの訓練機関との間に絶え間なく同盟を築こうとする。それは以前には敵対関係にあった場合でも同様だ。例えば、ユング派の分析心理学協会とフロイト派の精神分析インスティテュートは、以前は激しい論争をしていたわけだが、今ではともにＢＰＣに参加して友好的な関係を築いている。

実際、過去に難しい関係にあった力動系の訓練機関たちは、ＢＰＣの傘下でうまく共存している。[*41]なぜライバル関係が弱まったのか。その答えは、大きな外的危険が差し迫ったときに同盟関係が生まれるから、ということになる。つまり、古い敵よりも、現在の差し迫った脅威こそが問題だというわけだ。では、その新たな脅威とは何か。

すでにみてきたことからすると、系譜的構造における下位の訓練機関が上位にいる力動系訓練機関に対する脅威になったといえるかもしれない。ＢＰＣとＵＫＣＰの分裂騒動が示しているように、多くの精神分析系訓練機関は自らの地位を担保する重要な象徴を守るために一致団結した。ここでいう地位とは、専門職の社会学で示されているように、経済面と雇用面での利益に加えて、専門職共同体の内部において利益をもたらしてくれるもののことだ。

しかし、下位の訓練機関の脅威だけでは、学派同士の反目の突然の「終結」を説明することができない。というのも、第一に下位の訓練機関はこれまでの絶え間ない分裂を終わらせるほどの脅威を与えたわけではないし、第二に昨今の力動系訓練機関の団結は系譜的構造において「周縁」的な勢力が力を得る以前に始まっていたからだ。したがって、過去の宿敵同士がなぜ同盟関係を築くに至ったのかという問いに答えるために、系譜的構造の外部の社会情勢をみてみる必要がある。系譜的構造はあくまで社会に埋め込まれたものであるのだから、力動学派を脅かす心理療法以外のプレイヤーをみてみる必要がある。

力動学派に対する脅威

二〇世紀における心理療法の拡大期に、力動学派の組織は大きくなったわけだが、その拡大はけっして彼らの地位の向上や心理療法の世界で初期に得た覇権を維持できたことを意味してはいない。精神分析系の訓練機関が系譜的構造で高い地位にあるのはたしかだが、逆風のなかでかろうじてその地位にしがみついてきたというのが実情である。

このことを理解するためには、系譜的構造の外側で精神分析的心理療法がどのように認知されていたのかをみる必要がある。一九七〇年以降、力動学派はさまざまな要因によって、脅威にさらされるようになった。これから、その要因をみていくわけだが、その第一のものは精神医学における力動学派の没落という事態である。

精神医学による承認の撤回

系譜的構造の外側にあって、精神分析的心理療法が自らの正統性をアピールしていた第一の相手が精神医学である。フロイトやユング、アドラーといった力動的心理療法の祖たちはみな精神科医であったし、現在も精神分析の実践には医師の診察室の名残がある。それは力動学派で用いられる術語だけでなく、理論の枠組みそのものにも埋め込まれている。

力動的心理療法は二〇世紀初頭から精神医学に受け入れられようと努力を重ねてきたが、当初それはかなわなかった。しかし、最初は非常に希少であった力動学派に対する賛同者は、第一次世界大戦以降になって増加し、医学は精神分析に対して好意的になっていった。そして、医学の権威を信じていた一般人は医学が支持する治療法のことも信じた。精神分析的心理療法は医学との結びつきによって支持を拡大していったのだ。ロウサダは以下のように語っている。

［医学との結びつきによって精神分析は、精神医学の］最も中核の部分に食い込んだわけではなかったにせ

よ、精神医学との親密な関係という計り知れない利得を得ました。……今世紀の精神分析的心理療法の発展のある部分は、精神医学の庇護によって成し遂げられたということです。……精神分析的心理療法の成長は、イギリス社会の風潮や心理療法の諸組織の働きかけ、あるいは自由な個人開業によるものではなく、……精神医学による包摂によるものだと私は思っています。
(Lousada, 2000, p.471)

精神医学は、心理療法家たちの臨床実践を傘下に収めただけではなく、自らがパトロンのようになって心理療法と提携し、認可を与えた。精神分析と精神医学の強固な同盟はアメリカではより明瞭だった。第二次大戦後から一九七〇年代の初めにかけて、精神分析はアメリカ精神医学を支配していた(Luhrmann, 2001, pp.201-238)。

ブラウン(North America's National Institute of Mental Health のディレクター)によれば、この時期「精神分析家でない者が精神医学の学部長や教授になることはほぼ不可能だった」(Brown, 1976, p.492)。早くも一九五二年には力動的心理療法家はアメリカ精神医学会を代表するような存在となっており、一九六〇年代初頭には重要なポジションにつき、さらには診断委員会の重鎮となっていた(p. 299)。

後者は重要だ。というのも診断委員会とは、何を病気とし、そしていかにそれを定義するのかを決定するところであったからだ。その結果、『精神障害の診断と統計マニュアル』(*Diagnostic and Statistical Manual*:DSM)と呼ばれる診断基準が精神分析的な考え方に基づいて作られた。このように一九五〇〜六〇年代には、アメリカ精神医学と力動的心理療法は蜜月にあったのである。ショーターは以下のように指摘している。

つまりDSM-IIでもその[精神分析の]支配が反映されていた。草案を作る委員会の十人のメンバーのうち六人が分析家か、共感的な組織に属した者たちであった。診断名には、彼らの意向が反映されていた。精神神経症の問題はもはや「反応」ではなく「神経症」と呼ばれた。フロイト学派の用語「ヒステリー」が現れ、「転換反応」と「解離反応」に置き換わったのである。 (Shorter, 1997, p.299)

この時期のイギリス精神医学は、アメリカに比べれば精神分析の影響からは比較的自由であった。だから、精神医学が力動的心理療法に対して距離を置き始めたとき、イギリスの精神分析はそれほど大きく権威を失墜させたわけではなかったが、それでもかなりのダメージを被ることになった。

一九七〇年代後半になると、大西洋両岸の精神分析的心理療法は精神医学のなかで周縁的なポジションに追いやられた。このことが意味しているのは、力動的心理療法が自らの正統性のために求めていた医学からの承認が失われ始めたということだ。

そこにはいくつかの要因がある。第一に、精神医学内外で精神分析の科学性に対する批判が強まったことが挙げられる。ここには、精神医学自身が医学の他分野に対して自らの科学性を証明しなければならないという事情があった。そのことによって、精神医学は「非実証的実践」という批判を退けようとしたのである。第二に、エビデンスを重視する新しい心理療法がこの時期に生まれてきたことが挙げられる。そのような心理療法は医学と親和性をもっていた。

さらに第三に、一九八〇年代頃から、向精神薬が心理療法よりも効果的であるとされるようになり、生物学的精神医学が台頭するようになったという事情も挙げられる。

精神分析の科学的信頼性に対する批判を語るうえで、一九五〇年代に行われた（一九七〇年代になってから精神医学においてもよく知られるようになった）一連の研究が、修復不可能なほどに精神分析を深く傷つけたことを挙げておかなくてはなるまい。そこで明らかにされたのは、力動的心理療法の効果の有無ではなく、行動療法や人間性アプローチ、あるいは実存的アプローチと比較したときに、精神分析がよりよい効果を生み出すわけではないということであった。

実際、モーズレー病院のディレクターであったアイゼンク（Eysenck, H.J.）は、精神分析が成功する割合はほかの治療法に比べて低いという結果を報告している。例えば、アイゼンクの研究（1952, p.321）では、力動的心理療法を受けた患者の四四％だけが分析の終わりに改善を示したのに対し、その他の治療では六四％が改善を示したという結果が出ている。現在多くの精神分析家がこのような結果に対する疑問を呈しているわけだが、逆にほかにもこの結果を支持するような研究が現れており、しかもそれらは多くの精神科医に知られるようになっている。

また、フィールダー（Fiedler, 1950）による影響力のある研究では、経験豊かな臨床家同士は違った学派に所属していても、同じ学派の経験の少ない臨床家と比較すると、技法の次元では同じような振る舞いをすること、そして、異なる治療法が同じような成果を上げることが示されている。

この二つ目の発見は、アイゼンクの研究と同様に、精神医学における力動的心理療法の優位を脅かすことになった。それは「等価パラドックス」として医療関係ではよく知られている。つまり、それぞれの心理療法は理論や技法においてほかの心理療法とは差異があると自認しているわけだが、実際にはそれらの「成果」（何を「成果」と感じるかはいろいろだが）は同じ程度であるということだ。このことはさまざまな研究で確かめられている（Luborsky & Luborsky, 1975; Farrel, 1981; Spitzer et al., 1984）。[*42] そのような研究を受けて、精神保健の専門家たちは精神分析の優位性を問いなおすことになった。

以上を含めたさまざまな研究によって（なかには人類学者によってなされたものもある）、精神分析はたしかに役に立つとしても、それは精神分析家たちが説明してきたような理由によるものではないということも主張されることになった。この点については第２章でふたたび取り上げようと思う。[*43]

いずれにしても、これらの研究に賛同する人たち（精神医学者のなかには多いのであるが）にとって、精神分析が卓越した治療法であるという考えは大きく損なわれることになった。精神分析に反感をもつ人たちは、力動的心理療法家が主張してきたことが正しいかどうかは、彼らのセラピーが他学派のセラピーに比べて高い治療効果を示すかどうかによって分かるはずだと主張するようになった。フォナギー（Fonagy, p.）がインタビューのなかで語ったように、多くの精神分析家はそれに反発した。

「エビデンス系の研究に反発しようとして、力動的心理療法家はそういった研究に対して背を向けることになっています。そのことによって、彼らはますます非実証的な態度をとるようになるという不幸な帰結をたどっています。エビデンスベーストの心理療法によって、イギリス精神医学における精神分析の地位は危うくなっているのです」

（インタビュー 2004）

もしこれらの研究がエビデンスの検証によって、精神分析的心理療法に謙虚さを求めているのだとするなら、より不寛容で攻撃的な人たちもいる。

知識人たちが精神分析の科学性に対して激しい攻撃を始めたのだ。それは当の心理療法家たちにとっては、すでに過去のものとなっているような古くからある批判ではあったのだが、それが蘇って精神分析に対する攻撃となった。

ポパー（Popper, K.）は、精神分析とは反証することができないものであるから科学的ではないと主張した。グリュンバウム（Grunbaum, 1984）はポパーに反論し、精神分析が反証可能なものであることを示し、そのような批判は誤りだと主張した。ヴィトゲンシュタイン（Wittegenstein, 1946-7）はフロイトの象徴論に疑問を呈し、ゲルナー（Gellner, 1985）がそのような批判を乗り越えようとした。

ほかにも、心理療法家のウラ側を扱った大衆受けするような研究がたくさん現れた。ウェブスター（Webster, 1995）は『なぜフロイトは間違えたのか』のなかで、フロイトの初期のケースを再検討し、フロイトが器質的疾患を心理的な病理だと間違った診断を下したのだとしている。

あるいは、マッソン（Masson, 1984）――彼は精神分析の背教者であるが――は、フロイトが幼少期の性的虐待の重要性を故意に曖昧にしたのだといい、患者の訴えを「ニセの記憶障害」の現れとしたことを批判している。

さらに、サズ（Szasz, 1979）――彼は反精神医学に与する偶像破壊者である――は、力動的心理療法を霊的治療と比較することで、精神分析が主張する科学的信頼性を掘り崩そうとした。

精神医学内部にあっても、イギリスのリトルウッド（1982; 1992; 1999）やアメリカのクラインマン（Kleinman, 1988）が、力動的心理療法は文化的なバイアスをもったものであると主張し、文化的な相対化を推し進めてきた。

これらの批判によって、イギリス精神医学は精神分析的心理療法への反感を強めてきた。一九八〇年代には新しい心理療法が現れ、それらは国民保健サービスの求めることと親和性があったので、精神分析に反感を抱く精神医学のなかに普及していくことになった。精神分析家であり国民保健サービスのディレクターでもある人物は私のインタビューに応じてくれた。

「ＢＰＣの訓練を受けた力動的心理療法家は、一九八〇年代から徐々に精神医学における地位を失い始めています。何が起こっているかというと、精神医学のなかでＢＰＣとそれ以外の心理療法家との緊張が高まっているわけです。非ＢＰＣ系の心理療法家は、とくに精神分析インスティテュートで訓練を受けた心理療法家を、エリート主義的でとりつく島もなく、専門化しすぎており、国民保健サービスで適用できないモデルに従っていると攻撃するようになっています。力動的アプローチが保持していた価値が文化のレベルでも、組織のレベルでも、認知行動療法へと移っていっています。認知行動療法はエビデンスに基づく介入と親和的で、患者の待機時間を減らすべきだという医療に対する政治的圧力に応えうるものです。そのことで、認知行動療法のような短期的心理療法が必要とされるようになっています。しかし、力動的心理療法はより長い時間を必要とするものなのです」（インタビュー 2004）

このディレクターのように、力動的心理療法の退潮を、時間とお金を節約できる認知行動療法のようなエビデンスに基づく心理療法の台頭に求める人がいる一方で、力動的心理療法が病院から撤退する流れにあるのを薬物療法の発展によるものだとする人もいる。

英米の精神医学において、精神薬理学は二〇世紀中ごろより発展し始めた。一九五〇年代には、ミルタウンやエクワニルといった薬物が発売され、アメリカの薬物市場に熱狂的に迎え入れられた。ミルタウンとエクワニルの次に来たのが、リブリウム（クロルジアゼポキシド）で、それはアメリカとイギリスで最も処方された薬となった。さらにそのあと、一九六九年にヴァイリウム（ジアゼパム）が発売され、プロザックが一九九〇年代に発売されるまでの間、製薬会社史上最も成功した薬となった。[*44] エクワニル、リブリウム、ヴァイリウム、プロザックは患者の期待に応え、記録的な売り上げを示したのである。

薬物療法的精神医学の興隆は、『精神障害の診断と統計マニュアル』（DSM）の新しいバージョンがいかに構想され、実現したのかによく表れている。「以前のDSM特別委員会が精神分析にとくに好意的であったので、今度の委員会は、それに対抗し、メンバーたちは当時過激な用語は使用しなかったものの、生物学的精神医学を目指した」（Shorter, 1997, p.301）。

新しいDSM-Ⅲは生物学志向の臨床家から歓迎された。彼らは古い精神分析的な考え方に反感を抱いており、検証不可能な精神分析理論ではなく、「症状の分析」に基づいた診断システムを求めていた。DS

M－Ⅲは症状を、記述的カテゴリー（例えば、双極性障害、カタレプシー、感情スペクトラム障害など）に基づいて分類することによって、その症状を緩和する特定の薬物とマッチングすることをめざすものであった。DSM－Ⅲの作成にあたって中心的役割を果たしたスピッツァーは、のちに以下のように述べている。

ウィーンの代わりにセントルイスに知的な根を下ろし、フロイトではなくクレペリンから知的なインスピレーションを受けた特別委員会は、最初から理論と臨床において精神分析的伝統を受け継いでいる者たちの共感は得られませんでした。

(Bayer & Spitzer, 1985, p.188)

アイゼンクもまた、イギリスのモーズレー病院における、当時の雰囲気を振り返って、以下のように述べている。

すべての科学はニセ医者たちによる罠を潜り抜けなくてはなりません……化学は錬金術の足かせを外していったし、脳科学は骨相学から離脱しました。心理学や精神医学もまた精神分析という疑似科学を破棄することになるでしょう。……そうすることで、それらはある種の党派性から脱し真の科学になるという難行を達成するのです。

(Eysenck, 1952, p.207)

当時、多くの精神科医は、新たな精神医学が科学的な方向へと向かうことを告げ知らせる「生物－心理－社会モデル」に対して居心地悪さを感じており、同様にスピッツァーのチームが主導した新しい診断法に対してもて不安になっていた。しかし、それでも最終的には生物学的精神医学の時代がやってくるだろうと彼らは感じていた。

DSM－Ⅲの出現は、力動的な学説から科学的な方向に転換し、そうやって、一九世紀の実証主義的原理を再び採用し、精神疾患の神話に関する反精神医学の学説を否定した。それは、アメリカだけでなく世界の精神医学にとって重要性をもつ出来事になった。

(Shorter, 1997, p.302)

フロイトやフーコー、レイン、ラカン、あるいは反精神医学や精神分析の本に習熟するかわりに、DSM－Ⅲを暗記することが精神科研修生の重要な仕事になったのである。スピッツァーの革命によって、精神科医たちは長いこと脱ぎ捨てられていた科学という衣装をふたたび身にまとうことになった。

このことによって、究極的な治療目標は、患者を治療的介入によって「癒やす」というところから、適切な処方箋を出すことで「症状をとる」ということへと変更されることになった。病院で働いていようがいまいが、精神分析的心理療法家にとっては、この薬物療法重視の流れは痛いことであった。というのも、国民保健サービスにおける非医師の心理療法家の雇用が難しくなり、精神分析が蜜月を築いてきた医学から承認を取り消されることになったからである。タヴィストック・クリニック（系譜的構造の上位に位置している）の成人の心理療法部門の長であるロウサダは、イギリスにおける力動的心理療法と精神医学との今日の関係について、以下のように述べている。

現在その関係は末期的に希薄なものとなっています。それは精神医学の権威が崩れてきているというだけではなく、まだ若くて早熟な兄弟を応援しようとする意志と能力が失われているからです。［精神医学による］庇護は、私のみるところますます弱くなっており、私たちは自分自身で自分のことをしないといけなくなっているのです。競争的でどんどん過当になってきている市場で、自分自身のリソースを使って生き抜いていかざるを得なくなっているのです。

(Lousada, 2000, p.472)

第1章の結論

二〇世紀における心理療法の普及は力動的心理療法の独占的な成長を意味していなかった。それどころか、その成長によってさまざまな学派の間で市場競争が生じたため、力動的心理療法の地位は盤石ではいられなくなった。

それはただ認知行動療法が国民保健サービスに導入されて、力動的心理療法家が握っていたポストを奪ったからという理由だけではなく、系譜的構造にあっては新米の位置にあり、経済的に安価な心理療法であった「統合学派」や「人間性学派」が、精神分析の握っていた覇権を「下」から脅かし始めたことにもよる。これらの学派はアカデミズムにアピールすることで徐々に社会的認知を得てきている。社会のさまざまな中核的組織に組み込まれていったカウンセラーや、個人開業の分野に徐々に食い込んできた新しい心理療法の学派は、ともに心理療法界の外部の機関と同盟関係を築くことで自らの地位を上昇させていった。

医学や科学からの支持を失うことで、伝統的な精神分析的心理療法家の置かれている状況はますます悪くなった。この支持の撤回はさまざまな要因からもたらされたものである。エビデンスについての研究は精神分析の効果が卓越したものであることに疑義を呈したし、薬理学の革命は治療的介入のほかの選択肢を示すものであった。加えて、知識人たちの批判が増加したことも挙げられる。これらすべての要因が精神分析に対する懐疑を広めることになったのである。そして、精神分析的心理療法家はそれでも系譜的構造のなかで比較的高い地位を謳歌している一方で、医学とアカデミズムがその支持を撤回し続けたことによってその地位は脅かされ続けてきた。タヴィストックの成人部門の長は以下のように述べている。

精神分析的心理療法が今、潮の流れに逆らって泳いでいるのは事実です。そして私たちが共同体として現在直面している困難を過小評価してはならないと私は思っています。(Lousada, 2000, p.467)

精神分析の没落によって生じたメリットとデメリットについての問いは、興味深く重要なものではあるが、本書の問いにとっては副次的なものにとどまる。本書の問いとは、これらの変化が心理療法家集団に何をもたらしたのかというだけではなく、それが精神分析の思想や実践を司ってきた訓練機関に何をもたらしたのかというところにある。

もし精神分析の訓練機関の共時的な正統性がつき崩されているとするならば、彼らは正統性を得るために歴史に頼ることになるはずである。この戦略的な保守主義が心理療法家の訓練にもたらす影響こそ、私が明らかにしようとしているものである。したがって、訓練機関と社会動向のマクロな力動についてはここでいったん脇に置いておくことにし、訓練機関が個人にもたらすミクロな力動のほうに焦点を絞ってみようと思う。

第2章 心理療法で起こること

第1章では、系譜的構造内部における組織間の力動と系譜的構造外部の社会的・歴史的力動について概観した。社会的・歴史的状況を把握し終わったので、次に個々の訓練機関の内側をみていくことにしよう。具体的に焦点をあてたいのは、精神分析的社会化の第一段階である事前訓練セラピー（pre-training therapy）である。この事前訓練セラピーを民族誌的に記述し、専門職の「ハビトゥス」の基盤となる「基礎ディスポジション foundational dispositions」がいかにして訓練生に教え込まれるのかをみてみる。このとき、それがいかにして生じるかを理解するために、癒やしについての人類学理論を参照する。

このような作業に取りかかる前に、精神分析的訓練がいかなる段階によって構成されているのかについて概要を述べたい。「事前訓練セラピー」はその第一段階にあたる。

心理療法の訓練にはさまざまな形式の学習が含まれていて、いずれも臨床家の教育に役立つものと考えられている。それらは訓練生をそれぞれの教育的仕掛けの影響下に置く。そして、その一つ一つが、専門職としての発達を引き起こすと考えられている。

以下に挙げる学習の形式が、あらゆる精神分析的訓練の「中核的方法」を構成している。[*45] これらの学習は訓練開始時にすべて同時に始まるのではなく、学年を上がっていくにつれて、段階的に追加されていく。

(1) 事前訓練セラピー（訓練前の〇年目に開始）。訓練機関に入る前に開始され、訓練期間を通して続けられる。

(2) 理論セミナー（一年目に開始）。訓練生に精神分析理論の基礎を教授する。レポートの作成や事例報告も含まれる。

(3) 心理療法の実践（一年目または二年目に開始）。理論セミナーを経たすべての訓練生は、「訓練ケース」を二例引き受けることが求められる。そのうち一人とは一八カ月、もう一人とは二年間心理療法が続けられねばならない。

(4) 臨床セミナー（一年目または二年目に開始）。このセミナーの目的は、理論と実践を結びつけることにある。患者の問題は、理論と臨床技法と関係づけられて検討される。

(5) 乳幼児観察と体験グループ（一年目または二年目に開始）。特定の訓練機関では、上記の中核的学習に加え、半年または一年間の母子の相互作用の観察（通常週に二時間）が訓練生に求められる。この乳幼児観察によって、発達理論の実例が得られると考えられている。

力動的な訓練はだいたい最低でも四年間にわたって行われる。しかし、多くの訓練生が五～六年、あるいはそれ以上の時間をかけて修了要件を達成する。訓練は、公式には「パートタイム」の原則で行われる。しかし、「パートタイム」という表現は、訓練生が実際に訓練にあてる時間の総量をまったく捉えていない。つまり、患者と会い、個人セラピーと理論／臨床セミナーおよびスーパーヴィジョンを受けることに毎週費やす時間の総量のことだ。訓練にあてる時間は到達している訓練段階によって変わるため、訓練生が訓練に費やす時間はさまざまで、すべての訓練について正確な数字を出せるわけではない。しかしながら、平均的には週に一五～二五時間を費やすことが訓練生には求められている。

それでも、訓練機関において、これらの学習が行われる時間の設定は、その学習がなされる空間の設定が雑然としているのに比べると、まだ一貫している。

実際、訓練は訓練機関という場所に限定されて行われることはほとんどなく、むしろ多様な場所で行われる。セミナーやグループスーパーヴィジョンは通常訓練機関内で行われるのに対し、個人セラピーや個人スーパーヴィジョン、患者との面接は、訓練機関の外――個人のオフィスや病院、それぞれの自宅など――において行われる。

この点で、心理療法の訓練機関はゴフマンのいう「全制的施設 total institutes」(Goffman, 1961) とは大きく異なる。「全制的施設」とは、閉じられた物理的空間のことを指し、あらゆる「再社会化」はそこで起こる。心理療法の訓練機関は構造化のされ方という観点からすれば、時間的な構造化はタイトだが、空間的な境界はとてもゆるい。このような形式で構造化されていることが、訓練生の社会化のありように微妙な影響を与えることは事実であり、これについては第3章でさらに論じたい。しかし、まずは訓練の第一段階、つまり事前訓練セラピーについて述べることにしよう。

事前訓練セラピー

あらゆる精神分析的訓練において、訓練生は理論と臨床のセミナーに入る前に、最低一年間は個人セラピーを受けることが義務づけられる。訓練機関によって異なるのはその回数のみで、例えば精神分析インスティテュート (Institute of Psychoanalysis) では、週五回のセッションが要求される。一方、BPC (British Psychoanalytic Council) 所属のほかの訓練機関においては週三回が一般的である。訓練機関が求めるセッションの回数は、系譜的構造におけるそれぞれの訓練機関の地位に比例して増えていくようである。*46

(1) BPCの精神分析家(週五回)
(2) BPCの力動的心理療法家(週三回)
(3) UKCPの力動的心理療法家(週二〜三回)
(4) UKCPの人間性あるいは統合的アプローチの心理療法家(週一回、または同等の入門講座)
(5) UKCPの上記以外の心理療法家(週一回、または同等の入門講座)

すべての訓練生が公式の訓練を開始する前に心理療法を受けているわけだが、訓練生の大多数は、訓練に入るために必要な期間よりも長く心理療法を受けており、その平均は一八カ月だ。[*47] 一方で三、四年、なかには五年の事前訓練セラピーの経験をもつ訓練生も珍しくない。訓練前に一年間のセラピーを受けることが心理療法家になるための第一段階を構成していることを考えると、この第一段階を達成するためだけにセラピーを受け始める訓練生がこれほど少ないのは驚くべきことである。

訓練生がセラピーを受け始める動機については第8章でより詳細に取り上げるが、ここでは前もって重要な一点のみ記しておきたい。つまり、ほとんどの訓練生が、第一に、自分自身の問題を解決し、自分自身を癒やすために心理療法を受け始めるということだ。そして、その後に他者を援助するための訓練を開始する。この利他的な動機は、訓練生が訓練の開始を決意した理由を説明するときに、繰り返し述べられる二つの主要な動機の一つである。ちなみにもう一つの理由は、公式の訓練が、心理療法において始まったプライベートな自己探求の過程をさらに進めていくものになる、というものである。[*48]

心理療法家になるうえで事前訓練セラピーが(また一般的に個人セラピーが)不可欠だとする公式の論拠は、訓練機関によって強調点が異なるが、エイブラムとモーガン＝ジョーンズは精神分析的訓練に関するオフィシャルガイドのなかで以下のように述べている。

［セラピーが訓練生に提供するのは］第一に、分析的訓練を受ける人の感受性と病理について分析を始める機会です。原則は、心理療法家として、自分自身が体験していない過程に患者を置くことがあってはならない、ということなのです。

(Abram & Morgan-Jones, 2001, p.59)

この理解は、精神分析を学ぶための最良の方法は自分自身が患者になることであるというフロイトの考えを前提にしている。『精神分析入門』において、フロイトは次のように強調している。

実際、精神分析を習得するのは容易ではなく、またこれをきちんと学んだ人も多くはありません。……［とはいえ、］もちろんそれに通じる道もないわけではありません。精神分析はまずわが身について、自分の人格を研究することを通して習得されます。……この道に通じた分析家による分析を受け、分析の効果を自ら身をもって体験し、しかもその際、自分以外の人がこの方法の精緻な技法を用いるのを窺える機会を活用すれば、はるかに大きな進歩が得られます。

(Freud, 1975 [1917], p.44)

フロイトの周りに集った人びとのうち、すべての訓練生が心理療法を受けるべきだと要求した最初の人は間違いなくユングだが、彼はその理由を次のように説明している。

分析医は［分析されることへの］自分の抵抗を克服しなければならない。というのも、自分自身が教育されていないのに、どうして他の人を教育することができるだろうか。自分自身が啓蒙されていないのに、どうして同僚を啓蒙することができるのか。どうして自分が浄化されていないのに、他人を浄化することができるのか。……変容の過程にある分析医には、他人を教えるということから、自分自身の教育へという段階を踏むことが求められるのである。

(Jung, 1955 [1933], p.59)

さらにいうと、訓練機関で教えている心理療法と訓練生が受ける事前訓練セラピーが同じ学派のものであることが求められる。精神分析を学ぼうとするものが異なる学派の個人セラピーを受けることには問題がある。事前にどれだけの時間とお金を非分析的な心理療法に費やしていたとしても、精神分析の訓練を受けようとするならば、精神分析的心理療法を必要とされる年月受けなければならないのである。この「適合」は、訓練機関にとって重要である。ある訓練コースの責任者はこう述べている。

「私たちは、訓練生がこれから学ぼうとしているもののために、どれほどの準備をしているかを知りたいのです。彼らは、セミナーに出席し、患者と会うようになる前に、自らの転移についてある程度理解しておく必要があります——少なくとも、彼らがある程度力動的な思考をするようになっているか、我々は知る必要があるのです。……分析を受けていることは、このことの助けになります」

(訓練コースの責任者 2004)

別の精神分析的訓練の責任者は、次のように言っている。

「訓練生が自分自身の一年間の心理療法を終えたうえで、なおも訓練を続けようとすることは、彼の熱意と関心の証しになります。すべての人が心理療法の過酷な内省に耐えられるわけではありません。**それが精神分析であればなおさらです。**治療者になるために第一に必要なことは、自己を絶え間なく見つめることに耐えることであり、この態度がなければ、他者を知ることも期待できません」（訓練コースの責任者 2005　強調筆者）

事前訓練セラピーが重要である理由を指導者に聞くと、興味深いことに、ほとんどの指導者は、訓練機関のシステムが自分に合うかどうかを訓練生が判断する機会になるという点ではなく、むしろ既存のシステムに訓練生が「合う」ための準備となる点を強調した。

この違いは些末なことではない。というのも、歴史的にほとんどの学派が、事前訓練セラピーを、志願者の「審査」の方法として、つまり訓練生が訓練機関のセミナーに出席する適性があるかどうかを試験する方法とみなしてきたからである。例えば、一九五〇～六〇年代の精神分析的訓練では、そのような「訓練機関による審査」は広くみられた。治療者は、将来訓練生となる者とのセラピーに基づいて彼らが訓練機関に入ることができるかどうかを決定していたのだ。

このシステムの問題は、のちに精神分析家の間で激しい議論の的となった（例えば Heimann, 1954; Cremerius, 1990; Kernberg, 1986）。このような「審査」によって、訓練生が際立った「病理」を表現することをしばしば制止してしまう点が懸念されたのだ。というのも、治療者が自分の病理を重すぎると考え、訓練機関に進むことを禁止してしまうのではないかという恐怖が存在するからだ。この恐怖は訓練生が分析に誠実に取り組むことの妨げとなると、「審査」に批判的な論者たちは主張している。

今日では、私が調査した精神分析系の訓練機関においては、このような審査は姿を消している。ほとんどの訓練機関は、「クローズド」であることよりも、「オープン」であることを選択しているのである。「クローズド」な訓練とは、訓練生の訓練分析家が、その訓練生が所属する訓練機関の構成員であるというもので、それゆえに、訓練生が訓練に適するかどうかに関して、暗に発言権をもつことになる。

「オープン」な訓練はこれとは違って、訓練分析家は訓練生が属する訓練機関の構成員ではなく、それゆえ審査するような役割は担わない（Cremerius, 1990, p.124）。したがって「オープン」システムにおいては、志願者が訓練に適しているか（または訓練機関の課程を進んでいくことができるか）に関して、治療者が訓練機関に伝え返すようなことは稀である。彼らは純粋に、訓練に不可欠な心理療法を提供するためにいるのである。

国際精神分析協会（International Psychoanalytic Association：IPA）に属するほとんどの訓練機関はいまだに「クローズド」システムを選択しているが、イギリスのほとんどの精神分析的訓練機関は、「オープン」システムを採用するようになっている。[*49] つまり、そこでは事前訓練セラピーの位置づけは、訓練機関が適正を審査する機会ではなく、心理療法の世界が自分のためになるものか否かを訓練生が判断する、私的な吟味の機会へと変わったのである。

しかし、この「オープン」システムがイギリスの訓練機関において主流だといっても、「審査」がまったくなくなったわけではない。むしろ、以前にあった審査は、その重要性が当の訓練機関からも気づかれにくい形式に取ってかわられたのである。つまり、訓練機関が事前訓練セラピーを義務化することで、訓練を開始する人すべてが精神分析のパラダイムやプロセスに肯定的であるようになっている。というのも、セラピーがネガティブな経験になった人間が、その学派での訓練を選択することは想像しがたく、したがって必然的に、精神分析的心理療法がポジティブな経験になった者だけが訓練生になるからだ。

私が行った調査では、事前訓練セラピーが非常にネガティブな体験だったという訓練生には、わずか二人しか出会わなかった（彼らの経験については、第4章および第5章で述べたい）。さらには、自身の受けたセラピーについて不満を述べた者自体が、非常に少なかった。さらに、不満が語られるとしても、その理由は大抵、精神分析的なパラダイムの問題ではなく、治療者の個人的な力量に帰せられた。責められるのは心理療法そのものではなく、治療者なのである。そしてまた、この少数の人たちにしても、ほかで肯定的な経験を得ることで不満は相殺されていた。その肯定的経験とは、読書経験であったり、自分の臨床実践や、それ以前のポジティブな治療経験であったりする。だから、こうした不満があった場合でも、基本的には訓練生は、これから習熟したいと思っている心理療法に対して肯定的であり、確信をもって訓練機関に入ってくるのである。

分析によって救われたと言って、訓練を開始した訓練生のディスポジションはとくに印象的だった。「セラピーを受け始めることは、自分にとっては故郷に帰ることのようでした」と、ある訓練生は振り返っていた。「とうとう自分は、これまで長い間読書によって学んできたプロセスに参入することになったのです。切望していたことだったので、とても興奮しました」。

また、別の訓練生はこう述べた。「訓練を始めたきっかけは、セラピーを受けたことでした。……そのセラピーはとてもうまく進んだので、私のセラピストが、訓練を受けることを勧めてくれたのです」。さらには「自分が経験したことによって、心理療法の価値を確信しました。……心理療法によって自分がとても救われたので、心理療法がほかの人も救うことができると分かったのです。［笑いながら］ご存知のように、精神分析を受けるよう夫を説得するまでにそう時間はかかりませんでした」。

こうした語りは典型的なものであるし、しばしば、彼らの経験を特別なものにしてくれた治療者に対する心からの感謝とともに語られた。このように、事前訓練セラピーの詳細は訓練生ごとに異なるとしても、共通してセラピー経験が基本的に有益なものであり、それゆえに心理療法は肯定的なものと受け止められるのである。

だから、訓練機関は公には候補生の審査を実施しているわけではないのだが、隠れたかたちでの審査は今もなお行われている。つまり、**最初に訓練生に事前訓練セラピーを受けさせることによって、熱心な者のみが訓練機関に入るようになるということだ。**なぜなら、そこで苦痛で承服しがたい経験をした者がその後の訓練に進むとは考えにくいからだ。結果として、訓練機関は、彼らの治療モデルの有効性を強く確信していて、社会化の過程がすでに始まっている候補生に対して、門戸を開いているということになる。事前訓練セラピーを受けることで、その有効性をパーソナルに体験した訓練生たちは、セラピーを強く肯定するディスポジションを身につけることになる。

心理療法における癒やしの人類学的研究

事前訓練セラピーによって、セラピーを肯定的に捉えている者のみが訓練機関に入ってくることが保証されるのはもちろんだが、同時に、専門家としての社会化が始まる前に訓練生は「患者」となる経験をすることになる。したがって、事前訓練セラピーについて検討するために、そもそも心理療法が患者にどのように「作用」し、いかに「癒やす」のかについての人類学の研究をみておくことは有益だろう。そうすることで、心理療法の場において訓練生が経験することを正確に理解することができる。

以下に示す人類学的な研究は、前章で概観した心理療法の「効果研究」の結論――さまざまな精神的苦悩を軽減するうえで、精神分析的心理療法は他のセラピー以上に成功しているわけではないという結論を踏まえたものである。[*50] 多くの研究者は、セラピーの成功は「正しい理論の正しい適用」仮説（例えば、精神分析が治療的に機能するのはその理論が正しいがゆえである、というような考え）の観点からは説明できないと考えている。なぜなら、理論の次元で根本的に対立しているような治療法がともに成功を収めているからである。クラインマンの述べる次のような態度は、人類学者がとるようになった態度を代表している。

メンタルヘルスの専門家は、世界各地のその土地固有の癒やしのシステムを比較研究するための枠組みにおいて、西洋の［分析的な］心理療法のパラダイムを一段高いものとして取り入れる傾向がある［が、人類学者がそれを快く思わないのは当然である］。(Kleinman, 1991, p.114)[*51]

むしろ、心理療法は（分析的心理療法であれ、認知行動療法であれ、人間性アプローチの心理療法であれ）次のように理解されるべきである。

心理療法とはある地域に固有の象徴的癒やしの形態、つまり、言葉、神話、そしてシンボルの儀礼的使用に基づく治療の一つにすぎない。(Kleinman, 1991, p.114)[*52]

したがって、その土地固有の癒やしがなぜ機能するのかについて、精神分析の概念を用いて説明するべきではない（例えばシャーマンの癒やしは単に「カタルシス」を可能にしているに過ぎないとか、妖術医の治療は「暗示」である、といったように）。つまり、ある癒やしのシステムを別のシステムの概念を通して説明するのではなく、それぞれの体系に固有の概念によって説明すべきなのである。さらにいえば、我々は、すべての癒やしのシステムが共有し、それらのシステムが異なる程度に機能する理由を説明できるような、共通の性質を明らかにしなければならない。

クラインマン（1991［1988］, p.136）は、「プロセス」と「構造」の間の差異を記述することで、そうした共通の性質を論じている。クラインマンによれば、心理療法が機能する理由を理論の正しさに求めない治療者は、治療の成功を「プロセス」の観点から説明する傾向にある（例えば、治療者がよい個人的資質を備えていたからだとか、よい治療同盟と同時に、社会的学習やカタルシス、懺悔、または条件付けを提供したからだ、など）[*53]。他方、多くの人類学者や社会学者は心理療法の効果について、象徴的構造の観点から説明し、「プロセス」もそのなかに含まれているとする。つまり、治療的実践を取り巻くより広い社会的・象徴的構造から、心理療法の効果を説明するのである。

さまざまな人類学者が、治療者のもつ「神話」が治療を促進するうえで重要であることを強調している（Dow, 1986; Kleinman, 1988; Calestro, 1972; Prince, 1980; Johnson, 1988）。彼らは、象徴と理論的概念が連結するシステムを「神話」として理解しており、このシステムが、患者の問題の原因と性質を位置づけ、理解するための枠組みを提供する。[*54] 癒やしは、患者がこの神話のシステムに馴染み、彼らの「私的」な世界をそのシステムの用語で語れるようになることで生じるのである。

しかし、神話は、より広い意味体系と接続している必要がある。いいかえれば、クラインマン（1991［1988］, p.131）が述べているように、個人的経験とより広い社会・文化的世界との間の「象徴的架け橋」を提供するものでなければならない。

自分自身を「神話」の用語で理解することによってより広い社会へと統合されることを、この架け橋が保証する。つまり、私的な経験に公的な方向性が与えられることになり、そのことで、迷える個人は社会全体に復帰し、組み込まれる。ダウ（Dow, 1986）がこのシステムを「神話的」と名づけたのは、彼やほかの論者にとって、この説明システムが客観的に正しいかどうかは本質的なことではなかったからだ。重要なのは、患者にとってそこに経験的な真実性があるかどうかである。なぜなら、その有効性は「信じる」ことによってのみ得られるものだからである。[*55]

それゆえ、（土着のものであれ何であれ）さまざまに異なる治療がそれぞれたしかに機能することに対する人類学者の説明は、次のように要約される。

(1) 治療プロセスが患者を象徴システム（神話的世界）と結びつけ、それが彼らの主観的現実を秩序づけて説明可能なものにする。

(2) このシステムとのつながりによって、「神話的世界」はより広い意味世界と調和することになるため、患者はより広い文化的意味のシステムへと「橋渡し」される。

(3) 以上のような影響力のある（神話的）言語への再方向づけは、この言語やそれが支える既存の社会秩序の維持・強化に役立つのみでなく、患者の帰属感と適応感を再確立する。

現時点での私の目的は、これらの理論について議論することにはない。実際のところ、のちの章で論じるように心理療法の癒やしに適用するうえで問題がありそうな二つの領域を除けば、これらの理論は、訓練生がどのように精神分析的ディスポジションを教え込まれるかを理解するうえで大いに役立つ。私の目的はむしろ、「心理療法的想像力」とでも呼ぶべきものが育成されることを、同じくらい重要なものとして提示することにある。このような心理療法プロセスの側面は、これまであまり重視されてこなかった[*56]。

以降、本書では、すべての訓練生が通過しなければならない心理療法のプロセスをたどるが、それと同時に、訓練生の変容を促進するうえで、「心理療法的想像力」の育成が、人類学や心理療法の研究がこれまで考慮してきた以上に大きな役割を果たしていることを示したい。なお、「心理療法的想像力」という言葉で実際に何を意味しているのかに関しては、章が進むにつれてより明らかになればと考えているが、さしあたっては、精神分析の過程を簡単に「想像的プロセス」と定義しておく。このプロセスは、世界をみる新たな様式への変換を引き起こす。その変換に含まれるかたちで、概念的／象徴的世界の変換または再肯定が、付随的に生じることもありうる[*57]。

心理療法の場で起こること

精神分析的心理療法の実践を概観したとき、門外漢からすればとるに足らないと思われるような細かいことが、心理療法家にとっては非常に重要な意味をもっていることが分かる。設定と空間の構造化、セッションの長さ、また治療者と患者の行為や思考、感情を制限する暗黙の境界などは、訓練された臨床家にとってはきわめて重要なものと考えられている。こうした特性の重要性は、最初は治療者のみが知っており、患者は、事前に心理療法の技法について自分で学習でもしていない限り、それらの重要性を知らない。このことはつねに事実である。

心理療法で何が起こるのかについての理論を患者がよく知らないのと同様、訓練生もまた理論セミナーやスーパーヴィジョンおよび治療セッションを通して教えられる公式見解を超えた心理療法の人類学的理解が存在していることを知らない。臨床家が知らない心理療法の諸側面に光をあてる前に、まずは多くの心理療法家が何を心理療法の場において重要なことと理解しているかについて確認しておこう。[*58]

治療の枠

心理療法で生じることについて議論するにあたって、心理療法の「枠」として専門的に知られていることの記述から始めるのが最も適切であろう。[*59]「治療の枠」という用語は、心理療法における時間、空間、関係の次元を制限するさまざまな境界を表現するのに用いるメタファーである。

このメタファーを拡大し、心理療法を背景となっている日常生活から「隔離された」、構造化された出来事として捉えてみたい。枠の境界のなかには「情緒的」とも「意味深い」とも形容される舞台が存在し、そこでは社会的関係の常識的ルールが、心理療法のエートスを反映した相互交流の様式に取ってかわられる。このエートスをより深くみていく前に、まずはそれぞれの境界がいかなるものであるのかを検討しておこう。

時間の境界

時間の境界は、現代の精神分析では神聖視されている。「五〇分の面接」という表現に、この境界を見出すことができる。この境界の論拠について、精神分析の草創期には実際的な理由が強調されていた。つまり、セッションを五〇分間にしておくことで、治療者は約束した時間どおりに次の患者に会えるし、それまでの一〇分間に思考をまとめたり、電話に対応したり、コーヒーを飲んだり、簡単な記録を書いたりすることができる。患者と連続して会う場合には、これらはすべて必要な行動である（Storr, 1979, p.11）。

こうした実際的な理由は今日においても説明として機能しているが、年月を経るなかで、ほかのより精神分析的な理由が論拠に加えられてきた。すなわち、時間枠に関するあらゆる逸脱は、患者の状態についての重要な情報をもたらしてくれるという説明だ。

例えば、患者が遅れてくることは、セラピストや治療に対するアンビバレンスを表現しているのかもしれない。彼らは、言葉で直接セラピストに表現することができない怒りを、「行動化」しているかもしれないのである。[*60] 一方、来るのが早すぎる患者や、約束の時間にセッションを終えることに抵抗するような患者は、より注意を向けてもらい心配してほしいという願望を表現しているのかもしれない。とりわけ、自らの苦しみを意識的に軽視しているような患者にとっては、そのような逸脱は彼らが「外の世界」を自分が意識しているよりも困難なものとして体験していることを伝えているのかもしれない。

患者が時間枠を逸脱した理由が何であれ、そしてまた、その理由は個々の事例で異なるものであるにしても、セラピストは表面的事実の背後に潜んだ動機が存在していると捉える。[*61] というのも、セラピーのあらゆる行為は、内的な感情や思考、状態のメタファーだからである。

時間の枠は、逸脱が生じたときに患者の言語化されていない感情や思考の手がかりを提供するものであると同時に、面接室は安全だという患者の感覚を促進するようにもデザインされている。安全な環境を提供することは、治療的に重要であると考えられている。なぜなら、患者が不安から解放されていると感じるときにのみ、私的な感情や思考を打ち明けることが可能になるからである。

訓練生は、患者のために「コンテインメント」を提供するように教えられる。つまり、(外の騒音といった)聴覚的なものであれ、(誰かが入ってくるといった)物理的なものであれ、(セラピストの側からの不適切な接近といった)関係に関するものであれ、外界からの侵入が可能な限り入らない空間である。心理療法は、患者の問題を解明するために、患者と治療者の心に焦点があたるようその境界がデザインされている、一種の隠れた「小部屋」で営まれるのである。

時間の枠に関していえば、セッションの長さを規定するのと同様、セッションが行われる時間帯も固定されなければならない。患者は、毎回の約束に関して、決まった時間と場所で約束するよう求められる。一度パターンが確立されれば、スーパーヴァイザーは、よほど避けようのない場合を除いて治療者も患者も約束された設定を破らないことを求める。そのパターンが確立されることによって、患者はセッションを一週間の生活の一部にすることができるだけでなく、そこが彼らにとって安全な空間となるのだと、訓練生は教えられる。初年度の訓練生のグループで、あるスーパーヴァイザーは以下のように述べた。

「もし、患者が［時間と場所に関して］つねに動かされていたとしたら、患者は不機嫌になり、混乱し、セッションにおいては、新しい環境に落ち着くために大量のエネルギーを使うことになります……私たちは、患者がその時間中、外界で起こっていることに関心を向けるのではなく、自分の心に何が起こっているのかに完全に集中できるように、患者が落ち着けるようにしなければなりません。このことは、連続性によって促進されるのです」

（スーパーヴァイザー 2004）

また、患者がいつセッションに来るか知っていることで、セラピストは騒音などといったさまざまな変数をコントロールすることができる。セラピストがセッションの開始時間を正確に分かっていれば、ほかの人に邪魔をしないよう伝えたり、面接室のすぐ近くの空間（廊下や隣室）から大きな音がしないようにしておいたりすることで、適切な準備をすることができる。もし患者が、壁の向こうでぼそぼそ言う声を聞いたとしたら、自分の話も同じように聞こえるのではないかと不安になるだろう。自己表現を抑制せねばならなくなるような恐怖は、心理療法にとって致命的な問題になると考えられている。[*62]

空間の境界

治療の時間的境界は、空間という物理的な設定によって補完される。この治療空間は治療者のルールと原理によって厳重に守られている。枠のなかのあらゆる物やその物理的配置の意味合いは、それらがいかに分析プロセスを促進したり妨げたりするかという観点から考慮される。例えば、面接室内の物品はつねに関心が払われている事柄である。

初心のセラピストは、彼らの私的な生活を明らかにし過ぎることがないように面接室をしつらえることをアドバイスされる。これは、セラピストが自宅で実践をする際に（これは今日では、一部の例外を除いて一般的であるが）[*63]、面接室へとつながるすべての空間から、過度に私的な物を取り除いておかなければならないことを意味する。だから、指導者は初心者に対して、心地よさやくつろぎを生み出すために、絵をかけたり部屋を整えたりすることを促す一方で、これらの絵や家具は臨床家の匿名性を保持するものでなければならないとされている。

ストー（Storr, A.）が述べるように、例えば本棚についていえば、心理療法に関する文献だけを置いているほうが、各人の嗜好を反映したものを置くよりも好まれる。治療に関する本を目にするほうが、イデオロギーに関わる主張や、政治的主張、宗教的信仰を表現する本を目にするよりも、患者の困惑は少なく、より安心させるといわれている。もし治療者の好みを考えなしにみせられたりすると、患者の信念とそれが反していたときに、患者は不快感を喚起させせられるかもしれない。したがって、患者が話す必要のありそうなトピックに関しては、患者に対して沈黙を守らねばならないのである[*64]。

家族写真を飾っておくことも勧められない。というのも、患者の内的世界への重要な手がかりは、治療者がどのように人生を送っているのかに関する患者の空想を通して伝えられるものであり、それゆえ過度に現実を明らかにし、空想を阻害するような物品を置くことは、避けねばならないからである。例えば治療者が独身だったり、孤独だったり、誰かと関係をもつ必要があるといった患者の空想は、性愛的な転移を強化する。もっとも、それは正しく治療に活かされるならば無害であり、分析されないまま残ってしまうと害になる類のものであるが。

さらに、治療が長期にわたる場合には、患者が治療者に対して強い愛着の感情をもつようになることがしばしばある。この愛着が生じることは、大抵、治療の重要な段階の前触れとなる。とりわけ、もしそれが、患者が成人してからの最初の重要な愛着である場合はなおさらである[*65]。こうした段階では、自分は「特別」

な存在なのだと患者が信じることが重要になる。それはちょうど、子ども時代にそう感じることが重要であったのと同様である。この空想は、特定の時点で治療を促進するために必要となるが、治療者の親密な人たちを明示するような写真は、この空想を破壊するものとなりかねない。

治療効果のために愛着感情を促進する適切なタイミングがあるのと同じように、この愛着をより成熟した次元へと動かすタイミングもある。この段階では、治療者は自らの現実の生活を強調するような写真を積極的に活用するかもしれない。そのようなときには、炉棚の上にそれとなく置かれた家族写真は、治療者からの自然な分離を始める患者のニードを刺激することになるかもしれない。[*66]

治療のために何らかの物品を使用することは、精神分析的心理療法においては、一般的に思われているほど稀なことではない。[*67] 例えば、ティッシュの箱を見せるか見せないかということが、セミナーで熱心に議論されていた。ティッシュが患者の前に存在することは、含みのあるメッセージとなるからだ。ティッシュは、感情を表出するよう期待されているのだと患者に伝えるのではないか。そのようなかたちでの情緒性は、求められているものなのか。情緒的に興奮することができない患者に対して、ティッシュは不適切な感情を喚起するのではないか。これらの問いを吟味するべしとしているのが、精神分析の信条である。つまり、分析の枠のなかにおけるすべての物理的対象や行動、表現は、言語化されていないか把握されていない心的内容のメタファーとして読まれなければならないのだ。

この「ティッシュ問題 issue of the tissue」は、最終年度の訓練生が、臨床セミナーで以下のケースを報告したときに、私の関心をひいたものである。その報告は、白熱した議論を引き起こした。

「私は、一一歳のときに近くに住む年上の男性から性的虐待を受けていた女性の分析をしていました。この女性は、今は三一歳なのですが、成人してからは性犯罪者などを追及するジャーナリストとして生きてきました。彼女は、自分の人生に強い怒りと不満を覚えていて、自分の仕事についても本当は嫌悪していました。しかし、それ以上に重要なことは、彼女が何年もの間、男性に対する全面的な怒りとともに生活していたということです。というのも、彼女は、パートナーとして彼女にひどい扱いをする男性を選んでいたからです。その一方で、仕事では、彼女は他者をひどく扱う男性の報道をしていたわけです。こうした選択をすることで、彼女は自らの怒りを正当化しているようでした。性的虐待に関する喪の作業がなされていないのは、明らかでした。彼女の態度は硬く、怒ったままで、私は彼女の怒りを理解する一方で、もし彼女が人前で打ち解けたいと思えば、彼女が喪の作業をしなければならないことも分かっていました。

あるセッションで、時間がだいぶ経過したとき、彼女は、傍聴したある裁判で性犯罪者が有罪になったあと、自分が人目につかないトイレのなかでどれほど泣いたかということを語りました。そのことを思い出したとき、彼女の目に涙が浮かんでいました。彼女はそれを必死に押しとどめようとしていましたが、ついには涙があふれました。「ごめんなさい」と彼女は言いました。「泣いてしまって、本当にごめんなさい」。

……このセッションから、私は、ティッシュを直接彼女の目の前に置くようにしました。それは、ここでは泣くことを申し訳なく思う必要はないと彼女に伝えるためのメッセージであり、「あなたはおそらく、悲しんで泣くことができるはずなのです。それは怒りとは別のものです」と伝えるためのものでした」

（最終年度の訓練生 2005）

心理療法の場において使用される物品には、その重要性において軽重がある。ティッシュの箱は、適切なタイミングにおいてはかなり重要なものとして扱われるが、患者がくつろぐカウチや椅子に比べれば中核的なものとまではいえない。心理療法の技法においては、治療者と患者の席の配置はきわめて重要な事柄である。なぜその位置にカウチを置くのか（あるいは置かないのか）、またカウチのかわりに対面式の座席にすべきか否かに関しては、非常に多くの理由が考えられてきた。

五〇分という時間についての理由づけと同様に、カウチの使用を正当化する根拠も、早期においては実際的な理由がほとんどである。ストー（1979, p.17）が述べているように、フロイトがカウチを使用したのも、初期の催眠の試みの名残である。

フロイトは、当時シャルコー（Charcot, J-M.）やベルネーム（Bernheim, H.）による催眠の技法に影響を受けていた。一八九〇年代前半、フロイトはパリで彼らに学び、その技法をウィーンに持ち帰ってきた。そして、フロイトとその同僚のブロイアー（Breuer, J.）は、患者が催眠を通して症状の発症に関係する記憶を想起し、再体験するならば、症状は消失するということを発見した。このとき、分析家は患者の視界に入らない背後のポジションから催眠を実施し、患者は横になるように要求されることになった。

その後フロイトは催眠を放棄して自由連想法を用いるようになったのだが、それでも彼はカウチを使用し続けた。これは、一つには、フロイトが一日八時間も視線を向けられているのを好まなかったからであるし、もう一つには、患者は心地よい体勢で横になっているときに、よりくつろいで、自由連想がしやすいということにフロイトが気づいたからでもある。

フロイト以降、カウチを使用する理由は、より多岐にわたり複雑なものとなっている。例えば多くの指導者が、分析家の前で仰向けに寝ることは患者を一種の「夢を見る状態 dreaming state」に近い状態にすると主張している。この状態が好まれるのは、深く眠っている間に意識が退行するのと同様に、自我とエスとの分割が弱まることで、無意識の素材が浮かび上がりやすくなると考えられているためである。

二つ目の理由は、カウチの後ろに座ることで、治療者が患者の視線から自由になれるというものだ。このことによって、治療者は、自分の主観的反応を隠すことにではなく、患者の提示するものに集中することができる。

最後の理由は、上述したことと関係しているのだが、治療者を患者の視界の外に置くことが転移を促進させることにある。治療者の姿が見えないほうが、患者は治療者に関する豊かな空想、すなわち分析可能な空想をより展開させる可能性がある。

精神分析的心理療法家にとっては、この最後の理由が最も重要だ。というのも、転移は、治療における唯一にして最も重要な要因であるからである。転移とは、広義には、患者が治療者に対して心に抱く態度のことをいう。[*68] 治療者はこの態度を分析することによって、過去と現在において患者が他者といかなる関係性をもってきたのかについて、彼ら自身が理解することを助けるのである。ストーは、転移が生じている場面を以下のように描写している。

かつて私が二二歳の女性患者を担当していたときのことです。患者は過去に自殺未遂が一度あったので、心理療法に適しているかどうか判断が求められていたなか、セッションが始まりました。初めのうちは流暢に話をしていた患者も、対人関係の問題に話題が及ぶと、急に話をするのをやめました。「先生は何も話さないんですか」、と患者は私に尋ねました。「私だけ一方的に話をして、先生はそれを黙って聞いているだけ。私、もうこの沈黙に耐えられません」

私は患者にこう伝えました。「あなたが自由に話しているとき、わざわざこちらから話をさえぎる必要はありません」。そうしてこう続けました。

「先ほど黙っていたとき、何を考えていましたか」

「先生が何も話さないから、先生からどう思われているのか気になっていました」

「私にどう思われていると想像しますか」

「きっと退屈と思われているか、批判的にみられていると思います」

「いつもほかの人に対して、否定的な思い込みを抱いているようですね。まるで自分は誰からも期待されない人間なんだ、誰からも好かれない人間なんだというふうに」

患者は実際そうであることを認めました。とても幼いころに母親を亡くし、父親ともずっとうまくいってなかったのだそうです。そのせいで、幼いころより誰からも十分な愛情を受けたことがなく、自分のことを愛される存在なのだと感じたこともなければ、好かれる存在なのだと感じたことすらなかったのです。その後、私たちが話し合ったのは、自分のことを好きになれないと、誰からも好かれていないと思い込みやすくなることや、ほかの人と接するたびに猜疑心や敵意を抱きやすくなるといったことでした。


(Storr, 1979, p.72)


この患者は、否定的な親の態度を、まだ取り除くことも抵抗することもできないような時期に「取り入れ」ていた。このことによって、この患者は、目の前のどんな人のなかにも、この最初の親の態度を見出してしまう。転移に関するこの理解の前提となっているのは、私たちが人を客観的な認知において経験することはなく、むしろ、過去に経験したことを現前している他者に転移するという考えである。

この患者が両親の抱いていた認知を内在化している限り、彼女は、自分の認知は正当なものだと考える。つまり、両親が認知していたのは、そこに事実としてあったもの――この場合、まったくかわいくない子ども――だと彼女は感じているのである。こうして、彼女はほかの人もまた自分を愛すべきものと思わないだろうと考え、そう信じ込むがゆえに、ほかの人に対しても不信感を抱きながら関わることになる。実際に、彼女は他者との関係を築く能力が損なわれていた。

治療者の仕事は、転移を分析し、「修正的関係」を提供することにある。これらの方法によって、患者の内在化された自己感覚の起源を明らかにし、そのどこが正しくないのか、人生のこの段階においてなぜそれが適切でないのかを治療者は示す。

もし彼女が幼児期に家庭で愛情を享受して育っていたならば、おそらく反応は違ったものになっただろう。つまり、彼女の転移はより陽性のものになる。いずれにせよ、子どもが両親との関係をそれ以外の他者との関係にも一般化させていく傾向があるとするならば、この事例での彼女の反応は、治療者が結論したように、完全に理解可能となる。

上述の引用は転移の例を描写するために用いたが、カウチの使われていない心理療法の場面を描いている。というのも、初回のアセスメントは、つねに対面で行われるためである。いいかえれば、転移は対面での出会いにおいても生じうるものであり、この事実はカウチの使用を快く思わない治療者を支持するものでもある。

私が見出した法則によれば、ある治療者がカウチよりも椅子のほうを選択する理由は、その治療者の理論的オリエンテーションがどの程度「対人関係的」であるのかと関連している。治療者のアプローチがより「対人関係的」であるほど椅子が使われる傾向があり、より正統の精神分析的オリエンテーションを保持しているほどカウチを使うことを選ぶ[*69]。

「分析」と「対人関係」の中間に位置している治療者は、座席配置の使用に関してはより自由であり、しばしば、治療の特定の段階における患者のニーズに従って、戦略的に患者を椅子からカウチに動かしたりする。

こうしたカウチの使われ方は、あらゆる物の使われ方と同様に、人類学者が探求してきたコスモロジーと空間や物の使い方との関係性の観点から理解できる（Seeger, 1981; Riviere, 1984; Ewart, 2000）。つまり、人は、自分の信念と調和するやり方で物理的な空間や物を使用し、配置するということである。

心理療法において、空間的・物質的な組織化とコスモロジカルな組織化との間につながりがあることは、ベテランの心理療法家が他人の面接室をみれば、そこで行われている心理療法の種類が大まかに推測可能であるという点からも明らかである。

私自身、多くの調査をしているうちに、同じ学派に属する臨床家の面接室に共通する特徴が分かるようになった。ユング派の面接室では、しばしば多神教や東洋に起源をもつ宗教的な物が置かれている。例えば、ペルシャ絨毯や、仏教やヒンドゥー教の偶像、北欧や東洋、アフリカ起源の絵画や物などである。一方で、すでに述べたように精神分析の面接室は、転移を促進するという理由から、よりスパルタ的・非個人的であり、宗教的な絵やオブジェはいっさい置かれない。「統合的」心理療法家の面接室は、この点でややこしいのだが、それでも置かれている物や空間の配置から、治療者の中心的な臨床観に含まれるものを推測することが可能だった。

関係の境界

ここまで、心理療法における時間と空間の枠について確認してきた。最後に論じる境界は、臨床家の行為や振る舞いを制限する境界である。治療者がどのように振る舞うべきかを規定する原則は、人類学的立場からみれば、ターナー（Turner, 1967）が「パフォーマティブな要求 performative demand」と呼んだものによく似ている。それは儀礼を可能にするための適切な行動や反応、相互交流の文化的レパートリーのことである。

治療場面においては、日常生活では許されているような関係のあり方が否定される。日常的な関係の様式が否定されることによって、治療的空間は日常とは異なった特別なものとして機能するようになる。治療者の専門的技術とは、関係する際の一連の行為を、理論から逸脱しないよう確実に遂行できるようにするものであり、だからこそ綿密な学習が必要とされる。治療者の態度は最も重要な治療的道具になると考えられているのである。というのも、その態度によって、一般的な対人関係の場が、ある規定された方向へと導かれていくからである。

精神分析的態度において何よりも重要なこととして教えられるものは、専門家には「禁欲 abstinence」として知られているものだ。この用語は、元来はフロイトが、「分析技法が医者に命じる掟は、愛を欲しがっている女性患者に、求められている満足を与えてはならないということである」[*70]と述べる際に使用されたものである。この「禁欲」原則は治療者の**フォーマルな**態度に反映されているが、なぜそうするかについては、今日に至るまで変更され拡大されてきており、少なくとも三種類を確認できる。

フォーマルな態度は、第一に、患者と治療者に期待される異なる役割をはっきりさせるようにデザインされている。治療者が、患者に自己開示を促したり、さまざまな解釈を投与したりする場合を除いて話すことはないという状況は、患者に沈黙を埋めることを強いる。だから、患者はよどみない正直な自己開示に没頭する役割をとるようになり、治療者は参与観察者として患者の無意識についての手がかりを探る役割をとることになる。この治療者の態度が、それぞれの役割に固有な作業——それはまったく異なる頻度で生じるわけだが——を遂行することを両者に強いるのである。

フォーマルな態度はまた、治療者が、自分や患者の情緒的欲求を必要以上に満たしてしまわないようにもデザインされている。気づかいや、暖かさ、思いやりといった「共感的同調 empathic attunement」を除いては、治療者が情緒的反応を提供することはほとんどない。治療の関係性を友情や性愛的な愛着と同じようなものにしてしまうような、どのような情緒的関わりも自重を求められる。

こうした治療者のフォーマルな態度が厳格に維持されることによって、契約関係を超えるような親密な関係を望んでいた患者は、自分の欲求を治療者によってではなく別のところで満たせるようにならなければいけないのだと気づかされる。治療者は自分自身を、患者の親密な関係のための「代用品」とはみなさない。そうではなくて、患者の人生に親密な関係がほとんどない理由や、その状況を変えるために必要なプロセスを、患者が理解するための手段とみなすのである。実際、もし治療者と患者のいずれの側にせよ、性愛的な愛着が生じたときには、それをオープンにして話し合うよう訓練生は教えられる。もし治療者が、そうした情緒を患者のなかに感じ取れば、患者の空想は転移の手がかりとして分析されねばならない。また、もしそうではなく、治療者の側にそうした情緒が生まれれば、それはスーパーヴィジョンにおいて話し合われ、患者にとって望ましい治療者の行動指針がとられることになる。

治療者の行為を制限するもう一つの原則は、自己開示の禁止である。特定の人間性心理療法の治療者が自己開示を技法として用いるのに対し（それは関係を深めるための方法とみなされている）[*71]、精神分析的心理療法家は、いまだにそれを避けるのが一般的である。あるセミナーの指導者は以下のように語っていた。

「分析家が患者からの質問に答えようとしないことを、分析家の冷淡さや、力関係の違いを維持したい欲望の証拠であると解釈する人がいます。しかし、こうした解釈は、なぜそれが、患者にとって本質的に重要であるかについて、理解できていないことの現れです。

例えば、休暇から帰ってきた患者が、休暇中に分析家が彼に会えず寂しかったかを聞いてきたような場合、その質問を、そのまま患者に返すのが最も望ましいのです［つまり、質問に答えるのではなく、分析家の考えに対する彼の空想を聞くのである］。……彼らの空想には、転移の重要な手がかりがあり、もし分析家が自分の不安から質問に答えてしまえば、見失われてしまいます。質問に答えてしまうことは、最悪の場合は転移を破壊してしまいますし、せいぜい質問を続けることを患者に促すだけであり、これは治療的交流を一種の会話にしてしまうことであって、よくないことです。こうなってしまうと、分析家はもはや治療を行うことができません」

（セミナーのスーパーヴァイザー 2004）

ここには、心理療法家が自己開示を避ける重要な理由が述べられているわけだが（つまり、自己開示が患者の転移を破壊してしまうこと）、同時に精神分析的心理療法家に共通して向けられる非難に触れている点でも興味深い。つまり、治療者は基本的に情緒的でないし、冷たく、そっけないという非難である。私の経験では、こうした批判を聞くと治療者たちはきまって不機嫌になる。それは、こうした批判が、治療者がフォーマルな態度をとる理由（つまり、それが転移を促進するということ）について無理解であるだけでなく、この態度によって生まれる治療的な利益（転移を使用できるようになること）を無視しているとされるためだ。

また、治療者がこの態度を維持している理由として、一見すると冷たくすることで治療者の本当の情緒的な関与を隠すことができるということも挙げられる。ある女性の治療者は以下のように述べている。

「治療者として聴いたことが、ときに心に深く響くことがあります。もちろん、私は、その感情をセッションのなかではっきりと表すことはありません。しかし、たまに、セッションとセッションの間に、座りながら涙を流すことがあります。セッションのなかで私が表現するものは、患者の苦悩に対する共感です。彼らが治療者からの共感を経験することは重要です。しかし、彼らがセッションのなかで治療者の強さを経験することも、やはり重要なのです。患者はしばしば治療者を試します。彼らは、自殺をはじめとする重大な問題について語り、治療者がパニックになるかどうかを試しているのです。治療者がパニックに陥らないことは、しばしば彼らを安心させます。つまり、治療者が動じないことは、基本的に、患者が恐れているものを治療者は恐れないし、治療者は彼らを信頼しており、彼らが知らない何かを治療者が知っているということを伝える方法なのです。こうした場合、情緒は抑え込まなければなりません」

（女性の心理療法家 2005）

この発言が、精神分析的心理療法のなかでも「対人関係論」寄りの治療者からなされているのは重要である。対人関係論の治療者はカウチよりも椅子を好み、分析的な治療者はカウチを好むという違いがあるのと同様に、治療関係についての両者の態度に関しても、治療者が患者にどのように映るかという点では大きな違いはないが、患者の内的世界を探求していく際に治療者の主観的反応を用いる程度については、やはり違いがある。この差異の原因や、そこに含意されているものを理解するために、我々はいわゆる「逆転移」に対する治療者の態度を歴史的に概観する必要がある。

治療関係における境界と逆転移

精神分析の最初の数十年、治療者の「逆転移」反応（つまり、愛であれ憎しみであれ、嫌悪感であれ、心配であれ、治療者が患者について体験する「感情」）は、ほとんど省みられることがなかった。この時期には、**逆転移**ではなく**転移**こそが患者を理解する手段とされていた。

実際、逆転移が認められる稀なケースにおいても、それは治療に有害な、妨害的要因とみなされていた。というのも、逆転移は臨床家が「客観的」な観察者であるという理念を崩してしまう最たる要素だからである。治療者が患者に対して情緒的な反応を抱いている限り、患者の内的世界についての「不純物のない」理解は脅かされる。したがって、この意味で逆転移は基本的には厄介なもので、排除されるべきであり、あるいは単に治療者の自己分析の不十分さを示すものとみなされていた。

逆転移を認めることへの不安について、ここで詳しく考察する余裕はないが、逆転移とは、治療者が完璧な客観性に至ることができるという考えに異議を唱えるひときわ優れた現象だといっておけば十分だろう。逆転移の存在を認めることはおのずと、治療者が主観性の侵入から逃れられないことを認めることになる。それは、治療者の立ち位置を非科学的なものに変えてしまう。そのため、逆転移の存在は、精神分析の科学的態度——第1章でみたように、それは精神分析サークルにおいて望ましいとされていた態度である——を脅かすことになり、草創期の分析家たちにとってはほとんど耐えがたい現象だった。

精神分析の科学性を留保し、逆転移を治療的装置として役立てることがある学派で認められるようになったのは、第二次世界大戦以降のことだ。この時期に、逆転移が患者理解に役立つということが精神分析の世界で理解され始めたのだ。ウィニコット（Winnicott, 1947）や、リトル（Little, 1950）、ハイマン（Heimann, 1949-50）といった精神分析家が、患者の経験を理解するうえで逆転移が有用であると主張する論文を書いている。

ほかにもクライン（Klein, M.）をはじめとする精神分析家たちは、逆転移を患者に対する治療者の反応としてのみ理解すべきではなく、患者がセッションや普段の生活のなかで意識できないものについて、治療者が体験しているものとしても理解すべきだと論じている。治療者はセッションの最中に患者から「投げ入れられた」情緒を感じるのである。したがって、これらの「投影された」感情は、患者が真に感じていることの手がかりとして分析されるべきだということになる。

こうした考えは、保守的な精神分析家には受け入れがたかったかもしれないが、革新的な思想家にはすぐに取り上げられた。その一人であるクライン（1952）は、患者の「自らのものと認められない」感情が、治療者に投げ入れられる現象を「投影同一化[*72]」と定義した。ある分析家は、セッションにおいて投影同一化がどのように理解され、扱われるかを次のように描写している。

「私が、セッションにおいて［例えば］強い無力感と不確実感を体験し、これらを自分の情緒的な問題の現れとはみなせなかったとき、私は、患者自身が強い無力感と不確実感を抱いているけれども、それが彼にとって体験するのが耐えがたい感情であるかもしれないと伝えるでしょう。……そして、彼が経験することのできないものを無意識的に私に感じさせ、彼のために私がこの感情を体験し、それに言葉を与えることを、彼が無意識に望んだのではないか、と言うでしょう」（精神分析家 2005）

このようにして、患者が意識するには耐えがたいものを治療者は体験する。患者の経験を「引き受け」、さらに、患者がまだこなすことのできないものを仕分けし整理することが、患者の助けになると治療者は考える。治療者が患者の経験に同化し、理解するならば、患者は徐々に、より安全にこれらの感情を「自らのものとする」ことができ、経験できるようになる。これが、そうした感情の支配から自由になるための第一段階になる。

治療者の主観的経験に注意を払うようになったことは、同時に治療者の「傾聴」の仕方に関しても新たな理解をもたらすことになった。草創期の分析家は情緒を排した客観性をめざしていたわけだが、現在の治療者は患者の情緒的雰囲気に「同調する」ようになっている。つまり、患者を理解するために、患者の主観性の内側に自分を置くようにするのである。

このような分析的スタンスから参与的スタンスへの移行が、人類学的フィールドワークの方法論においても同時期に生じていたことは興味深い。早期の「ベランダ」人類学者たちが「参与的」というより「観察的」な立ち位置からフィールドワークを行っていたのと同様に、早期の分析家はより距離のあるスタンスを好んでいたのである。

人類学のフィールドワークにおいて最初に方法論の自覚的なシフトがなされたのは、エヴァンズ＝プリチャード（1977［1937］）によるアザンデ人の妖術に関するエスノグラフィーにおいてである。エヴァンズ＝プリチャードは、妖術固有の論理について、単に外から「観察」するだけでなく、内側に浸り、その論理を彼自身に適用することによって学ぶという方法論をとった。「私は彼らの思考言語を学び、妖術の概念を、適切だと思われる状況で彼らと同じくらい自然に適用することを試みた」（1977［1937］, p.19）。

このより参与的なスタンス、つまり「内側から学ぶ」ということを、精神分析的心理療法家も患者を理解する手段として、同時期に認識するようになった。患者は、収集されたデータから冷静に結論を下すような自然科学者的な態度によってのみ探求されるのではなく、彼らの情緒的雰囲気に身をひたすという手段、すなわち、ラーマン（Luhrmann, 1989）がいったように「皮膚の下に潜る」という手段を通じて探求されるのである。精神分析家のフロムはこの方法について簡潔に説明している。

> 分析家の役割は参与観察者の役割よりもむしろ「**観察的参与者**」の役割であるという定義をとるべきである。しかし「参与的」という言葉でも、なおここで意味されるところのものを十分に表現していない。「参与する」というのは、なお外面的である。他の人について知るには、その人の中に入ること、すなわち、その人になることを必要とする。分析家は、患者が経験するところのものすべてを彼自身のうちに経験する限りにおいてのみ、患者を理解する。そうでなければ、彼はただ患者に関する知性的知識を持つだけであって、患者が経験するところのものを本当に知ることはないであろうし、彼が**患者の経験を共にし理解しているということを患者に伝えることもできないであろう**。
>
> （Fromm et al., 1960, p.122　強調筆者）

ここでフロムが患者を経験することの認知的側面のみでなく情緒的側面についても述べているのだとすれば、ショルダッシュ（Csordas, 2002, p.241）の「注意における身体的様式 somatic modes of attention」にならって、患者を身体的にも体験していると表現してもよいだろう。患者の主観性の内側に自分を置こうとすることで、患者の情緒に付随する身体性も、気づかぬうちに分析家は体験しているということだ。

さらには、分析家は、患者がはっきりとは感じていないものの手がかりとして、これらの身体的な感覚を用いる。例えば、もし患者が何かに怯えながらはっきりした表現をしていない場合、分析家は、適切に同調していれば、怯えている不安を彼自身の身体において感じるだろうし、動悸が速くなるかもしれない。もし患者のなかにいまだに手つかずで、存在を知られていないような悲しみがあったなら、分析家の身体もとても重たく感じられるかもしれない。患者と分析家の間には神秘的なやりとりが存在し、患者に同調している治療者には、それを通して患者の無意識のメッセージが情緒的、認知的、身体的に伝わると信じられている。

関係の境界についての議論を要約すれば、心理療法においては二種類の主観的関与が推奨されているといえる。第一のものは逆転移を通した関与であり、患者の無意識を理解するために治療者の主観性が吟味される。第二のものは「情緒的同調」を通した関与であり、患者の主観性のなかに自分を置くことで、患者を理解する。

したがって、関係についての原則は特異な態度を治療者に強いる。私が確認してきた原則、すなわち禁欲原則（これは儀礼的行為を生じさせる）、自己開示をしない原則（これは転移を展開させる）、主観的関与の原則（これは患者についての理解を促進する）が、治療空間における関係の様式を規定する。こうした様式が、心理療法で転移が展開するように方向づけ、その転移を分析することで患者に利益をもたらすことが試みられる。

要約すると、精神分析的観点からすれば、心理療法の枠は、治療の場の空間的・時間的次元だけでなく、関係の次元をも制約する。「枠を守らねばならない」という原則がセミナーでは教えられるが、この原則はさまざまな理由づけによって正当化されている。そして、その理由づけは、枠を守ることがセッションの有効性を高めるという考えとつながっているのである。

こうして、枠のなかにおいて、常識的な「認知」や「関係」は一時的に棚上げされる。臨床家は、枠のなかで生じるあらゆることに、それが文字どおり「夢」であるかのようにアプローチする。治療空間のなかのあらゆることには、夢と同様に顕在的な意味と潜在的な意味があるとされるのだ。

顕在的な意味とは、事実のとおりの行為や、表現、対象、あるいはジェスチャーである。髪の毛を手で触ったり、不躾な返事をしたり、口先をとがらせたりなど、**現れているとおりのもの**である。一方で潜在的な意味とは、これらの行為が示している隠された真実である。それは解釈を通して明らかにされるべきものである。

ゲルナーは「フロイト主義的な実践は、神秘的なものと世俗的なものの差異を際立たせる」と強調している。「「分析を受けている」人にとっては、いわゆる現実は、あまり現実的ではなくなる……外的世界は情緒的には冬眠状態にあるような非現実的な性質を帯び、一種の宙づり状態になる」(Gellner, 1985: p.xxvii)。この宙づり状態によって、一次的だったものは二次的になり、表面的なものは潜在的に重要なものとなり、単に表に現れていたものは、その背後に意味が推測できるような一種の影絵となる。

心理療法という境界づけられた空間では、治療者と患者は、そこで生じるあらゆることについて、重要な意味があると想像するのである。この事実はいくつかの重要な人類学的知見を導くので、それについて次節にて検討することにしよう。

心理療法の場は儀礼的か？

人類学者ならば、心理療法の枠という空間的・時間的・関係的な制限から、儀礼を囲う境界を思い浮かべるだろう。実際、ターナーによる儀礼論は、心理療法の儀礼的側面を理解するうえで有用である。というのも、ターナーの儀礼論には、政治や法、宣伝の世界に現れるような「世俗儀礼 secular rituals」が含まれているからだ。

ターナーが最初に「世俗儀礼」について述べたのは、グルックマン（Gluckman, M.）、ムーア（Moore, S. F.）、ワルテンシュタイン（Wartenstein, B.）らとともにオーストリアで開催したカンファレンスにおいてである（Roberts, 2003）。「世俗儀礼再考」と題されたこのカンファレンスの問題意識は、儀礼に関するそれまでの研究が文化の「宗教的」側面や「魔術的」側面に不適切に限定されてきたことにあった。それは、人類学者が伝統的に儀礼を宗教と結びつけて考えてきたことによる（Turner, 1967, p.3）。

神聖なものは本質的に「隔離された」ものであるというデュルケム（Durkheim, É.）の定義に立ち戻れば、これらの人類学者は、近代化と工業化によって世俗化した社会で、現実の生の「隔離された」次元において今も残存している、隠れた「神聖なもの」について論じていたのだといえよう。つまり、グッディ（Goody, 1977）が述べているように、これらのよりありふれたかたちの「隔離された」空間が、新たな儀礼空間となったのである。というのも、この空間は、人類学者が宗教的文脈のなかにしかみようとしてこなかった、あらゆる儀礼的特徴を示しているからだ。

儀礼についてのターナーによる有名な定義として、「行事のための規定された形式的行動で、単に技術的に繰り返しているものではなく、信仰や超常的な存在あるいは力への参照があるもの」（Turner, 1967, p.19）

というくだりがあるが、「超常的な存在の参照」という文言を除けば、この定義は「世俗儀礼」に完全に当てはまるとグッディは考えている。

実際、ターナーの定義は、非常に限定的な治療状況についてではあるが、心理療法の儀礼的側面を描写するのに用いられてきた。[*73] こうした研究は、「隔離されている」という儀礼の性質に着目している。すなわち、治療の枠は、心理療法の場を日常から隔離するだけでなく、目にはみえないエージェント（例えば両親のイマーゴや無意識の取り入れなど）を喚起し、情緒的でかつ捉えがたい（変容を生じさせる）雰囲気を生成するのである（Selvini-Paazzoli et al., 1977; Van de Hart, 1993; Whiting, 2003 [1988]）。

心理療法の儀礼的側面に、さらに別のものを加えることもできる。スコルプスキは『象徴と理論』（Skorupski, 1976, p.164）のなかで、治療者の行動を制限している原則には、ほかのあらゆる儀礼と共通する部分があると指摘している。

心理療法における儀礼的行為は、治療者と患者を決まった社会的立場へ誘導するだけでなく、対人場面に正統な**厳粛さ** gravitas を付与する。それは真剣さや敬意によって高められた雰囲気であり、その雰囲気によって、閉ざされた空間に儀礼的な深みがもたらされる（ここでも「隔離されていること」が重要となっている）。ここに心理療法のもう一つの儀礼的性質を見出すことができる。それは、シェフ（Scheff, 1979）が指摘したように、高められた雰囲気によって、強い情緒を経験している人に儀礼的コンテインメントを提供するという性質である。葬儀において悲哀という情緒が表現されることが慎重に誘導され、守られているのと同様に、心理療法においても、患者はいくらかの制限と治療的なサポートのもとで深い感情を安全に経験できる——激しい情緒もまた治療者にコンテインされることで表現を許されるのであり、患者は圧倒される恐怖を感じることなく自らの強い情緒を体験することができる。[*74]

心理療法と儀礼には、ほかにも共通点がある。ハウスマンとセヴェーリ（Houseman & Severi, 1998, p.271）

が、いかなる儀礼空間においても、一連の変容が「即時的」に、そして同時に「段階的」にも生じると指摘した点だ。「即時的」というのは、儀礼の場に参加する両者に生じるアイデンティティの変容のことを指している。つまり、心理療法の場では、参加者の一方は治療者へと、もう一方は患者へとアイデンティティを変容させる。

他方、「段階的」な変容は、「累積的組入れ cumulative series of inclusions」と彼らが呼ぶものを通して起こる。つまり、一方のアイデンティティの性質（この場合、治療者に象徴される、健康や知性、有能性）が、徐々にもう一方のアイデンティティへと吸収されていくのだ（すなわち、患者が徐々に治癒していくにつれて、彼らは、治療者の性質を獲得していく）。治療空間においては、これらの儀礼的な変容が生じているといえよう。したがって、ハウスマンとセヴェーリがあらゆる儀式に不可欠だとみなした特定の特徴や出来事は、心理療法の場にもみられるといえるのである。

要約すれば、このように儀礼と心理療法を比較することで、訓練機関の内部では考慮されていなかった心理療法の側面が浮かび上がるが、一方こうした比較には信頼性を損ねかねない方法論上の問題もある。これらの問題を吟味することも重要ではあるが、我々の目的からは逸れてしまうため、次章に移ることにしたい。第3章では、影響力のあるレトリックに焦点をあてる。アイロニーのことだ。それは心理療法を理解するうえで重要な観点となる。

第3章　心理療法的想像力――反転とアイロニー

文化人類学において、アイロニーの文化的理解や現れ方、使用法への関心が高まっている（Crapanzano, 2000; Fernandez & Huber, 2001; Losche, 2001）。前章でみてきたように、心理療法の場に現れる多くのものが、現れたとおりではなく別のものとして解釈されるわけだが、それはアイロニーが心理療法に深く浸透しているということを意味しているといえるだろう。

心理療法におけるアイロニーについて最初に論じたのはアンツェだ。彼は、ランベックと編集した書籍（Lambek & Antze, 2004）のなかで、臨床家が用いる、異なるが相補的でもある二つの「アイロニック」な解釈を提示している。

その第一が、「修辞的アイロニー rhetorical irony」と呼ばれるものだ。このアイロニーは、患者が自らの欲望を満たすために、症状を戦略的に使用していることを治療者が解釈する際にみられる。

例えば、仮病によって両親の同情をひくことを学んだ子どもは、のちにそのときのことを忘れてしまっても、困ったときに注意や心配を向けてもらうために無意識にこの方略を用いることだろう。そのようなケースでは、フロイト（Freud, 1979［1909］）が症例ドラにおいて示したように、治療者は症状を「注意をひきたい」という隠された願望であると解釈し、そこから患者の性格構造を明らかにしていく。

解釈に関する第二の方略は、アンツェが「劇的アイロニー dramatic irony」と呼んだものである。この仕掛けによって、患者は、自分が完全には知らず、理解もしていない幼児的欲求に支配されているということを提示される。ランベックが指摘したように、この「ソフォクレス的な」方略によって「運命は、どれだけそれを回避しようとあがいても、その主人に不可避に忍び寄る」(Lambek & Antze, 2004, p.5) ことに患者は直面する。

こうした解釈を通して、患者は、自分の行為には、意識では受け入れがたいような動機が隠されていることを学ぶのである。例えば、愛情と配慮が動機だと**意識的には考えていても**、隠されている依存性があることが示されたり、意識を占めているのは思いやりのように思えても、明るみに出ていない不健全な愛着があることが明らかになったりする。

この方略の前提となっているのは、無意識の動機はしばしば意識からは覆い隠されているということである。例えば、几帳面という意識的態度は、枝葉末節へのこだわりという無意識的動機が合理化されたものかもしれない。気楽な生き方は、怠惰の合理化かもしれない。冒険を好むのは、対象にコミットできないことの合理化かもしれない。

意識的な説明は、別のかたちに反転されることで理解される。それは、分析を通して新しい見方が獲得され、それが染み渡るようになるまで続くのである。つまり、こうしたアイロニックな解釈によって、治療者は、患者の生き方には**反転した**動機が存在することを読み込むのである。

この章では、アンツェの分析を拡大し、心理療法において作動しているほかのアイロニーについて論じてみたい。それらは、論理形式や行為主体、そして苦痛に関する一般的な考えを反転させる。こうした反転について論じ、訓練の第一段階についての理解を深めようとするわけだが、そこには二つの狙いがある。

第一の目的は、心理療法が(「神話的世界」が適用されるような)象徴的治癒という形態に類似しているというよりも、むしろ「心理療法的想像力」が促進されるようなの「想像的」過程であると論じることにある。第二の目的は、いくつかの中核的な精神分析的理念（例えば、「パーソンフッド」や個人が主体として機能することに関する理念）について記述することである。

とくに後者は重要だ。というのも、こうした精神分析的理念は、訓練機関における中核的な教育装置を根拠づけるために用いられているからである。訓練機関の教育装置がなぜ訓練生に強い影響力をもつのかを、のちの章で理解しようとするとき、これらの理念について十分に理解しておく必要がある。

心理療法における三つのアイロニックな反転

心理療法の場において広く用いられている反転の一つは、内的な矛盾についての洞察を患者に提供するための、常識的論理の反転である。この点を理解しやすくするために、フロム（Fromm et al., 1960, p.101）による逆説的論理とアリストテレス的論理の区別をみてみよう。

西洋の教育で育まれる論理的思考は、アリストテレスのモデルを模範としている。それは三つの重要な律を前提としたものだ。つまり、**同一律**（AはAである）、**無矛盾律**（Aは非Aではない）、**排中律**（AはAかつ非Aであることはできず、またAでも非Aでもないこともありえない）である。[*75]

この思考形式は数学や科学の基盤に浸透しており、そこでは知は帰納的推論と演繹的推論を通して獲得されると考えられている。それらは、合理主義的前提（そこから結論が演繹される）か経験主義的結論（さらなる演繹の基盤として帰納的に到達される）に基づくものだ。

西洋の合理主義的思考においては、この形式の論理が優勢であるが、その反対の形式のものは**逆説的論理**と呼ばれている。この逆説的論理は、Xの述語としてAと非Aが排反しないことを想定している。それはヘラクレイトスやソクラテス以前の哲学者によって用いられていたものであり（Russell, 1996［1946］, p.57）、「知性」をくずす試みである禅の公案の論理であり（Fromm et al., 1960, p.48）、また複合的論理であって、エヴァンズ＝プリチャードが示したように、ヌアー族の双子に関する概念――すなわち、二人の人間が、その身体の二重性を超えて、一つのユニットとして捉えられることで、とりわけ婚姻や死と結びついた儀式においてみられるもの（Evans-Pritchard, 1956, pp.128-129）――の土台となっている論理である。

心理療法においては、治療者はしばしば、アリストテレス的論理を保留しておくことが求められる。フロイトによる「アンビバレンス」概念の臨床への適用は、その顕著な例であろう。彼は、「この概念が意味していますのは、同一人物に対する情愛と敵意の二つが対立しあっている感情の方向です」（Freud, 1975［1917］, p.478）と述べている。単純な一組のうちの一方の感情は、反対の感情よりも自我にとって受け入れられやすいからだ。それゆえ、治療者のなすべきことは、「患者の素材」（すなわち、夢や連想など患者がセッションにおいて提示するすべてのもの）から、患者がまだ知覚していないもう一方の感情を特定することにある。

アンビバレンスを解釈することには、二つの効果がある。第一の効果は、相反するものの一方のみが存在しているという**意識の**信念を崩すことにあり、この効果はただちに現れる。

第二の効果は、患者に、自分が矛盾する仕方で動いているのだと教えることにある。こちらの効果は徐々に現れてくる。反感と魅力、喜びと悲しみ、愛と憎しみなどが、同一対象に対して同時に経験されることがしばしば示される。解釈を通してこうした理解が習慣的に繰り返されることで、患者は矛盾する感情が、たとえ意識されている水準が異なろうとも、自らの胸のうちに存在していると考えることに慣れていく。

この種の想像力が発達していくにつれて、例えば「成功の喜び」のなかで憂うつになるといった矛盾する経験が、防衛的な否定や無視を受けることはもはやなくなり、それが正しく理解されれば、これまで焦点があたってこなかった無意識の側面に光をあてることが可能になる。以下に、患者のなかのアンビバレンスが解釈されている簡単な例を示す。

「夫がいら立っていることについて話しているなかで」「私は今朝、トーストを焦がしたんです。実は最近、何度も焦がしているんです……おかしなことですよね」

「夫のトーストを?」

「はい、彼のトーストです」

「このことに、少し動揺しているようですね」

〔沈黙とためらいのあと〕「私は夫を愛しています。間違えるなんて、ばかげていますね」

「あなたは彼を愛しているけれど、最近は、彼を困らせることをたくさんしていますね。トーストを焦がしたり、彼に会う時間を忘れていたり、先週は、彼の大事にしている本を二冊、捨ててしまった」

〔涙ぐみながら〕「こんなことをし続けているのが信じられない。ただ、運が悪いだけですよね。どれもばからしい失敗で……まったく私らしくない」

この治療者は適切なタイミングを見計らって、患者の一連の「失敗」に対して、夫や彼が表象するもの、婚姻制度、また夫と生活することで彼女に強いられる人生などに対するアンビバレントな感情を解釈するだろう。両面的・二面的な非常にはっきりとした感情——愛と怒り、喜びと憎しみといったような——をみることに慣れていないような人であれば、意識的感情とは反対の抑圧された感情が、自らの行為を通し表現されうるのだと示唆されることは、しばしば驚きとなる。このように、治療者が論理のアイロニーを用いることによって、患者は自分の内面の逆説的で非論理的な性質について、深く考えるようになる。「純粋」な感情があると考えるのは非現実的で、自分はあまりに素朴であったと思うようになるのである。

主体のアイロニー

上述したような論理のアイロニーは、主体のアイロニーと密接に関係している。主体についての精神分析的理解もまた、つねに矛盾をはらんだものなのである。

精神分析理論は、一方では決定論を前提としながら、他方では治療という行為によって無意識からの解放が達成されることを暗に示している（もしそれが不可能ならば、何が治療の効果になるのだろう？）。

この意味において、リトルウッド（Littlewood, R.）の用語でいえば、自然主義的な思考様式と人格主義的な思考様式の両方が、精神分析的思考に含まれていることになる。つまり、自然主義的思考は、我々の知覚を超えた力が我々の生を規定していると信じられていることに現れており、人格主義的思考は、より自己決定できるようになるために、そうした決定論が無効化される点に現れている（Littlewood et al., 1999, p.410）[*76]。

精神分析理論における主体性と決定論の併存に心理療法家がどう対処しているのかを明らかにするためには、まずフロイトが生涯を通じて尊重していた機械論的あるいは自然主義的な志向性について検討しなければならない。人間に関するフロイトの機械論的理解は、当時優勢だった物理主義的な思想と軌を一にしている。「分析」という語を彼の理論体系の要素として採用していた事実から[*77]、フロイトが物理学と化学において当時用いられていた分析方法が、新たな心理療法の技術に最大限適用可能だと理解しつつあったことが分かる（Haynal, 1993）。

大まかにいうならば、フロイトは心を機械論的に扱うことによって、社会的・歴史的・心理学的現象の理解に自然科学の方法論を適用しようとする啓蒙主義のやり方に従っていたといえる[*78]。より具体的には、フロイトは、心の研究を可能にするものとしてこの方法論を用いた点で、ヴント（Wundt, W.）やフェヒナー

(Fechner, G.) といったアカデミックな心理学者に追従したのである。実際、フェヒナーの精神物理学がフロイトの仕事に与えた影響は、はっきりと読み取ることができる[*79] (Schultz & Schultz, 2000, p.377)。

そして今日では、この機械論的思想、すなわち自我が隠された力動によって気づかぬうちに動かされているという考えによって、治療を受け始める患者は、自分が自分を完全にコントロールしているという考えを放棄することを求められる。患者が自分の強迫（例えば乱交への）を表現したときに、治療においては、自由意思でそれを選択したのだろうと治療者から道徳的に軽蔑されるのではなく、その強迫が勝手にやってくるものであり、道徳的にではなく分析的にアプローチされる必要があるとみなされることで、患者の自己非難は低減させられることになる。患者はまた、「私がしたのだ」という自己非難の姿勢から、「私のなかにある、私を突き動かしているものは何なのか」という、関心をもちながら観察する姿勢へと変化することが求められる。つまり、ある心理療法家が言ったように、「患者は、強迫衝動に対する治療者の態度を内在化しなければならない」のである。

この内在化は、自我が自分の統制下にあるという考えを患者に放棄させることで達成される。もしこの内在化がなされなければ、自責的な態度が保たれてしまい、より「分析的」な態度が生じる妨げとなる。ユング (Jung, C.G.) は、フロイト派の臨床家ではないが、もし治療が始まることになれば自我が自らの支配者だという信念は真っ先に放棄されねばならないというフロイトの考えを支持している。以下の女性とのセッションの例において、ユングは、自我はコントロール下にあるのだという患者の信念がやっとのことで放棄されるまで、いかに治療が行き詰まっていたかを描写している。

この症例は若い女性のものだが、双方の努力にもかかわらず、心理学的にアプローチすることができないことが明らかとなった女性である。その難しさは、彼女がつねに、すべてのことに関して非常に分別があるという事実のうちにあった。彼女が受けてきた高度な教育は、この目的を達成するのに理想的な武器を彼女に提供した。つまり、現実に関する完璧に「幾何学的」な考えを伴う、高度に洗練されたデカルト的合理主義である。彼女の合理主義を、いくぶんより人間的な理解によって和らげようとするいくらかの不毛な試みのあと、私は、何か予期せぬ、非合理的なものが現れないか、彼女が自分自身をそのなかに隠している知的な応酬を、何かが破らないかと願わずにはいられなくなっていた。ある日、私は彼女の対面に座り、窓を背にしながら、彼女の言葉の洪水に耳を傾けていた。彼女は、前の晩に見た印象的な夢を報告した。その夢のなかで、誰かが彼女に黄金のスカラベ――高価な宝石類――を与えた。彼女が夢の報告を続けている間、私は背後の窓を何かが優しくたたく音を聴いた。振り返って見ると、それはかなり大きな飛翔昆虫であり、暗い部屋のなかに入ろうとして、窓ガラスを外から叩いていたのだった。私にはとても奇妙に思えた。私はすぐに窓ガラスを開け、飛んでいた昆虫を空中で捕まえた。それはコガネムシ科の甲虫か、一般的なコガネムシ（キンイロハナムグリ）で、その金緑色は、黄金のスカラベにきわめてよく似ている。私は、昆虫を患者に手渡しながら、「あなたのスカラベがここに」と言った。この経験は、私が望んでいた穴を彼女の合理主義に空け、知的な抵抗という氷を壊したのだった。治療は今では、満足のいく結果を続けている。[*80]

フロイト派の治療者は、このヴィネットの超自然的なニュアンスを笑うかもしれないが、この女性患者の意識的な心の支配を崩そうとするユングの試みについては共感するだろう。ユングの例では、フロイトとは違って、無意識の決定作用はより神秘的な形態をとってはいるが、患者が自我のコントロールを手放すことへの抵抗に対する彼の姿勢は、本質的にはフロイト派である。つまり、分析が進展するためには、解釈と多大な忍耐を通して自我の強情さが弱体化されねばならないのである。

自我をコントロールすることへの執着を弱める精神分析技法は、解釈の内容だけでなく、その形式にも反映される。解釈の形式によって、自我の支配の外にあるものをそれとなく患者に伝達しなければならないことを、あるスーパーヴァイザーが訓練生に示した例を提示しよう。

「あなたの患者は、同じパターンを繰り返しているようだし、今私たちは、そのパターンが分かっています。どのように解釈を伝えますか？」

「おそらく、こんなふうに言うと思います。「あなたがこの行為を何度も何度もしているということで、あなたが繰り返している……」」

「はい、止めてください。それは不適切な介入です」

［困惑した様子で］「どういうことですか」

「あなたが繰り返していると言って、あなたのなかの何かが、あなたに繰り返させるとは言いませんでした。この違いに気づいてください。最初の言い方では、患者が何かをしている、患者に責任があることを暗に意味します。これは誤りです。彼が何かをしているというのではまったくなく、むしろ、彼のなかに、彼を動かす何かがあるのです。解釈の形式は、このことを伝える必要があるし、そうでないと誤ったメッセージを伝えることになります。……彼は、無意識のなかに、自分にこれらのことをさせる何かがあるのだということを学ぶ必要があるのです」

（スーパーヴァイザー 2005）

アンツェ（Lambek & Antze, 2004, p.119）が指摘しているように、批判者たちが精神分析の正当性を攻撃するとき、自己決定に関する患者の信念を徐々に崩していくこのような解釈は標的となった。[*81] 例えば、精神分析から距離を置いた治療者であるフィリップス（Pillips, 1995, p.6）は、「啓蒙的なフロイト Enlightenment

Freud」と「ポスト‐フロイト的なフロイト Post-Freudian Freud」の差異について述べている。前者は、隠された動機を明らかにする熟練の探偵であり、多くの治療者の範となると考えていたフロイトである。一方後者は、「無意識についての熟達者になるなどということは明らかに矛盾である」(Lambek & Antze, 2004, p.119) ということを理解している、よりアイロニックな治療者である。

「ポスト‐フロイト的なフロイト」説には、難しい問いが含まれている。すなわち、もしすべての人が決定論的に作用する無意識を有しているならば、治療者はいかなる根拠で、自身の無意識的な歪みから十分に解放され、安全に患者の無意識を分析できると主張できるのか、という問いである。

この疑問に対処するために、心理療法家はしばしば、**パーソンフッドの概念** concept of personhood と人類学者ならば呼ぶであろうものを頼りにする。のちの章で検討するのだが、パーソンフッドの概念は訓練機関で用いられている多くの教育装置を正当化するものである。しかし、この概念がどのように訓練機関で**用いられている**かについては措いて、まずこの概念の本質的な意味を明らかにしたい。

パーソンフッドとは大まかにいえば、自己決定を可能とするために、無意識の支配圏を出ていく人に段階的に与えられるものである。フロイトが、分析を通して「エスあるところに自我あらしめよ」(Freud, 1955 [1920], p.38) と預言者的な言い回しで述べたとき、彼はまさにこの動きのことをいっていた。つまり、かつて意識を支配していた強迫衝動が克服されたならば、自我はより強くなり、より意識的な気づきを得ており、それゆえに、より主体的になることができるということだ。

精神分析には矛盾があるという批判に対し、このパーソンフッドの概念は巧妙な答えを提供する。つまり、治療者が他者を分析することが可能なのは、自分自身が受けている治療が成功しているときに限られるという答えである。自身の治療が成功している限りにおいて、治療者は患者が苦しんでいるさまざまな歪みや強迫を取り除くよう援助できるのである。

行為できる主体と決定論が共存すること、そしてそこから生じる矛盾に関して、精神分析家は別の仕方でも答えている。例えば、ある治療者は次のように語った。

「患者は、定められた方向へと自我を強制する隠れた力動があることを理解するやいなや、ある種の責任を手放すことができます。つまり、患者は、これらの強迫衝動を引き起こしたもの——例えば両親や、早期の愛情剥奪、トラウマといったもの——に責任があるのだと理解することができるのです」

（心理療法家 2004）

しかしながら、そのように「理解」したからといって、主体性や責任は、完全に放棄されるわけではない。実際、主体としてのある程度の水準は保たれる。そうでなければ、患者はもともとの病いを治すことができない。その心理療法家はこう続けた。

「自我には、その強迫衝動を作り上げた責任はないかもしれませんが、それを無力化する責任はあるのです」

（心理療法家 2004）

自我は、一方で主体としてのかなりの部分を放棄しながら、自我を決定づけているものを無力化するのに十分な程度の主体性を保っている。そうやって、すべての矛盾は回避される。つまり患者は、初めから有していた主体性を用いることで、分析を通して無意識の強迫と歪みの鎖を断ち切り、さらなる主体性を獲得していくのだ。

このようにして、心理療法は、無意識についての完全な理解には到達しないにしても、その決定論からの自由が徐々に獲得される過程だと捉えられることになる。[*82] だから、精神分析的心理療法を通して、無意識の動機が意識されるようになると、強迫は和らいでいく。そして、強迫が減じていくに従って、その人の主体性と「パーソンフッド」は徐々に増していく。それゆえつまり、パーソンフッドとは、無意識の影響——それは彼らの人生を方向づけ、「転移」によって知覚を侵すものであるが——を減じた程度によって個人に獲得されるものだといえる。

だから、パーソンフッドは、精神分析的には**意識的であること** quality of consciousness と定義できる。それが獲得されている程度に応じて、個人の知覚や行為は強迫と歪みから解放されている、ということになる。しかしながら、それが完全に獲得されることはなく、完全なパーソンフッドは決して達成されない。**パーソンフッドの獲得はつねに程度問題にならざるを得ないのである。**

要約すれば、精神分析的心理療法における主体のアイロニーは、二重の反転において存在している。すなわち、自分が行為する主体であるという患者の信念はいったん覆され、そして治療を通して行為主体となることへの信頼が再建される。

治療が始まるとき、患者は自我がある程度無意識の奴隷になることを許容せねばならない。しかし、治療が進展し、無意識のダイナミクスがある程度明らかにされ、理解され、無力化されたあとで、ついには幾分かの自己決定が獲得されるのである。このようにして、より主体的になり、したがってより責任をもてるようになるための第一段階で、まずはこの主体性を相対的に放棄することを受け入れることとなるのである。

苦悩のアイロニー

ここまで、論理の反転と主体の二重の反転について論じてきた。最後に、苦悩 suffering のアイロニーについて述べたい。この最後の反転について述べるために、まず痛みpainに対する生物医学的アプローチについて示すことで、苦悩の精神分析的理解の背景を検討しておくこととしよう。

基本的なこととして――もしそれがより広く認められるならば精神科病棟での薬理学者と精神分析的心理療法家の間の緊張を取り払うかもしれないが――精神分析的心理療法が苦悩に対して生物医学と同じやり方でアプローチすることはほとんどないということは重要である。

生物学的医学の理解とは以下のようなものである。痛みは、神経あるいは神経終末が、身体の内側ないし外側から害のある刺激に襲われた際に生起する。だから、痛みは、「組織の損傷あるいは生理的不調に注意を向けさせる」（Wienman, 1981, p.5）一種の信号装置として機能する。こうした観点における痛みは、場合によって、身体的異常または負傷した怪我の深刻さに比例して増大すると考えられる。つまり、極度の痛みは、疾患が最高潮であることの指標となる。[*83]

疾患の程度を判別するバロメーターとして痛みのレベルを用いるアプローチは、生物医学においてはとによく用いられているかもしれないが、[*84]精神分析学派は違う。そこでは、苦悩の重さは疾患の重症度を示すものとはみなされない。というのも、激しい情緒的苦悩は背景にある疾患が最悪の状態であることを意味しないからである。実際のところ、精神分析的心理療法においては、情緒的苦悩は最悪の時期が過ぎ去り、生命体が活動を開始し、回復を求め始めたことの指標として捉えられることが多い。

苦悩を理解するうえでフロイトはアイロニーを導入したわけだが、それは物議を醸すものであった。すなわち、苦悩を経験することはそれ自体でさらなる活力に至るための手段であると述べたことで、フロイトは「苦悩には価値がある」というユダヤ＝キリスト教的信念を、医学の伝統に再挿入したのである。

苦悩に関するこの反転をフロイトがどのように理論的に正当化したのかを示すうえで、不安についての議論が参考になる。リビドー――つまり、性的なエネルギーを含んだ精神エネルギー（Rycroft, 1995［1968］, p.95）

――は抑圧されることによって、「浮動性の free-floating」不安に変形するとフロイトは考えた。この不安は、個人に直接的に経験されるのではなく、むしろ意識からは隠され、迂回したかたちでのみ影響を及ぼす。例えば、症状や防衛機制は、抑圧されたリビドーが生み出す不安の間接的もしくは隠ぺいされた表現とされる。症状は隠されている不安をそのまま経験してしまうことへの防衛であるというフロイトの考えは、強迫行為に関する彼の議論に表れている。

> 第三の経験は、強迫行為を繰り返す患者たちから得られるものです。これらの患者たちは、注目すべきやり方で不安から免れているようにみえます。彼らは、洗浄や儀式などの強迫行為の実行を妨げられそうになりますと、あるいは、自らそれらの強迫のどれかをあえて放棄しようとしますと、とてつもない不安に駆られて、どうしてもその強迫に従わないではおられなくなります。ここから分かりますのは、不安が強迫行為によってみえなくされていたということ、および、強迫行為はひとえに不安に陥らないためになされていたということです。つまり、強迫神経症の場合、さもなければ出現しているにちがいない不安が、症状形成によって代替されているということです。……ですから、こう申しても抽象論理として間違っていないことになるでしょうが、症状一般はひとえに、さもなければ避けられない不安増長を逃れるためにのみ形成されるということなのです。こうした見方をすれば、不安は神経症問題に対する私たちの関心のいわば核心に位置づけられることになるわけです。
>
> (Freud, 1974 [1916-18], p.452)

防衛（この場合は強迫症状）が機能している限り、潜在的な不安は完全に経験されることはない。だから、不快な症状ゆえに治療を受け始める患者は、そうした症状が引き起こす不自由さに苦しんでいるものの、症状によって隠ぺいされている不安からは免れている。もし患者がよくなっていくならば、患者は次第に、症状によって覆い隠されしていた不安、つまり、もともとの症状よりもさらに自身にとって不快かもしれない不安に直面しなければならなくなる。

しかしながら、患者に悪化として**経験されている**ものは、しばしば、治療者からは望ましいものと**理解される**。というのも、この一時的な悪化は、治療者にとっては治療的進展を示唆しているためである。

こうして、（痛みと状態不全の程度が一致するという）生物医学の苦悩の捉え方とは違って、精神分析的心理療法においては、ひどい状態不全は、苦痛の少ない症状や「防衛」が存在している状態を指す。それらの症状や防衛は、患者の事実――すなわちあらゆることがうまくいっておらず、人生が神経症的な方向へと流れており、それゆえ大切な精神的資源が使われないままでいるという事実――を、意識から隠しているのである。

したがって、心理療法家は、患者の苦痛の**即座の**軽減ではなく**根本的な**軽減をめざす（ここが生物学的医学と違う）。この方針によって、患者は自分が改善というよりもむしろ悪化していると初めのうちは感じることになる。というのも、防衛の背後にある不安にこそ、患者の真の問題の手がかりが存在するためである。さらには、取り除かれた症状のかわりに不安が出現したならば、分析が有効に機能するために、その不安はあまりに早く軽減されるべきではないとされる。フロイトは以下のように書いている。

> 残酷に聞こえますが、治療効果が保たれるのを見計らいながら、患者の苦しみが時期尚早に解消に向かわないよう気をつけなければなりません。
>
> (Freud, 1955 [1918], p.163)

あるスーパーヴァイザーは、次のように述べている。

「患者にとって事態が難しくなったとき、「すべてうまくいく」といった安易な安心を与えようとしてはいけません。というのもこのことは、多くの理由で、よい結果にはならず、むしろ破壊的となるだけだからです。

第一に、それは真実ではありません。我々は、実際は患者の防衛が取り除かれるまでは、患者が抱いている不安の水準を知ることはできないのです。第二に、患者のうちに不適切な希望を作り上げることは、実際には治療の進展の一時的な防衛として働き、より大きな絶望に終わるのみで、治療者への信頼が失われ、事態は悪化することになります。最後に、不安はしばしば、よくなっていくための動機の最たるものなのです。患者の内的リソースを呼び起こすのは、彼らが自分の困難を十分に経験することをおいてほかにありません。我々に与える資格がある唯一の安心は、我々の援助は何が起ころうとも継続するということです」

（スーパーヴァイザー 2004）

薬理学的精神医学と力動的精神医学の間では、多くの面で対立が深まりつつあるわけだが、（ラーマン〈2001〉の人類学的研究に詳しい）、こうした苦悩に関する理解の異同によって、対立はいっそう悪化しているのかもしれない。

薬理学者は、身体的な痛みを扱うためのアプローチを情緒的な領域にも適用しようと考えるので、生理学的な疾患と同様、情緒的症状を薬理学的に和らげることを正しいと考える。反対に精神分析的心理療法家は、身体的苦痛と情緒的苦痛を同じようには捉えない。情緒的苦痛には患者の問題に関する重要な手がかりが含まれていると考えるため、あまりに早いうちにこの苦痛を感じなくさせることには消極的である。苦悩の経験は、それを理解することでより深い治癒をもたらす可能性があり、不用意に和らげるのは誤りだと彼らは考えるのである。

そのため、精神分析的心理療法家にとって、きわめて深刻に苦しんでいる患者以外に抗うつ剤を処方することは、分別のない行為となる。投薬というのは、抑うつを脳内化学物質の不均衡の原因ではなく結果だと想定しており、根本の原因を癒やすのではなく現れている症状を和らげるものであって、最終的には、再生のための種子となるような苦悩を個人から剥奪してしまうかもしれないのである。

逆に、薬理学者からすると、心理療法家の「自然主義」はいまいましいものだろう。医者が意図的に苦しみを増大させるという考えは、不快なものだし、その考えが、人間がどのように機能し治癒するかについての正当性のない理論に基づいているようであれば、なおさらである。[*85]

苦悩の理解をめぐる以上のような対立は、しばしば面接室内でも姿を現す。ある治療者は次のように述べている。

「初めて心理療法家のもとを訪れたとき、患者の多くは、医者がすることをイメージしてやってきます。彼らのそのイメージが自分の治療者には当てはまらないと分かるや否や、彼らは不安になるでしょう。そして、もし彼らの心の状態の悪化によって、この不安がさらにひどくなれば、彼らはパニックになって、治療者を非難し始めます。私たちがこのことを扱わねばならない方法は、ここでもやはり、解釈を通してこの悪化についての私たちの理解を伝えることなのです。このことが、両者が落ち着いた状態でいることの助けになります」

（心理療法家 2005）

「事態が悪化している」と患者が感じる理由について、治療者は適切なタイミングで自らの理解を伝えるよう教えられる。このことは、患者が自らの苦悩を異なった仕方、つまり精神分析的なやり方で想像するようになるという点において、合理的理由がある。

例えば、広場恐怖の患者を治療している治療者は次のように言うだろう。「あなたの不安が高まっているのは、あなたの広場恐怖（外出することの恐怖）が今、なくなり始めているからです。今や強迫観念が覆い隠していた、**真の**恐怖にあなたは直面しているのです。外出することにまつわる恐怖は大きくなり、自由に動き始めています。広場恐怖は、より深い恐怖の一種の比喩だったのです」。この解釈は、より深い恐怖を取り除いているわけではないが、患者にとって自らの状況をより理解しやすくさせ、それゆえ、より恐怖の少ない、扱いやすいものとする助けとなるだろう。

人類学的な観点からすれば、解釈が効果的である理由として、それが本質的な「真実」を伝えているか否かは重要な事柄ではない。というのも、解釈の治療的効果を説明するには、主観的な状態を解釈するという**行為**それ自体が安心をもたらすのだと指摘することで、十分だからである。

何かが解釈されるということは、少なくともそれが専門家には理解されていて、人間の経験の一部として知られているということを意味する。苦しみが非常に増大しているとき、しばしば患者は、自分が奇異な病気に苦しめられていると空想し恐怖を抱くが、熟練した専門家によって既知のものとして対応されることで、そうした恐怖はかなりの程度和らげられる。病気によって共同体から孤立し、非難され、排除されているという患者の感覚は、ただちに低減されるのだ。

さらにいえば、患者の病いを解釈することは、解釈した治療者がその病いのことを理解していることを意味し、神秘的な専門知識をもっているため、その病いを治癒する技能をも有している、ということまで意味する。だから、解釈という行為は、まさに即効の鎮痛剤たりえるのである。

要約すれば、苦悩のアイロニーは、苦悩を止めてくれると期待した当の相手が少なくともしばらくの間は反対のことしかもたらさない、という事実のうちに含まれている。これまでに論じた主体と論理の反転と同様、苦悩の反転もまた、普通とは違った道をたどる。それは、主観性を扱い想像する新しいやり方、つまり、苦痛や論理、責任、苦悩に関する従来の理解とは異なる新しいやり方を、解釈を通して患者に巧妙に伝達することによって達成されるのである。

心理療法的想像力

本章および第2章で、一般的な精神分析的心理療法の場で生じることについて詳述することで、治療者の態度や解釈の仕方によって、患者は自分自身を今までと違った風に想像するようになることを明らかにしてきた。

心理療法を、（時間的・空間的・関係的に制限された）儀式的／境界的空間における出来事として捉え、そこで患者は「自己」と「他者」を想像する特定の様式を巧妙に教え込まれるものとして理解するならば、心理療法の治癒を象徴人類学的に理解する立場とは袂を分かつことになる。

象徴人類学者は、治癒が得られる理由を、個人の経験と公共性のある象徴――意味論的、概念的、類推的の別を問わず――とのつながりの構築に求めていた。この観点によれば、治療は、説明モデル（Kleinman, 1991 [1988], p.132）の獲得を助けるものとして機能する。説明モデル（心理療法の場合、それは概念的象徴〈Helman, 1994［1984］, p.278〉から成るわけだが）が、患者の経験をパワフルな象徴的媒体（Dow, 1986, p.56）に沿って再編する言語的構造あるいは「神話的世界」を形成するのだ。

こうした見方とは反対に、心理療法における治癒を「想像力」によって理解する立場をとるならば、治療を経て患者が自らの内的な作用を精神分析的に想像するようになるという点で、精神分析的心理療法のより根本的な出来事は、「自己」を知覚し想像する新しい仕方を患者が獲得することだと考えなければならない。

ラダーマン（Laderman, 1986, p.293）が指摘しているように[*86]、患者は大抵、治療者が保持している象徴システムの難解な意味や概念には気がついていない。このことは精神分析的心理療法にも当てはまる。というのも、「経験」と「概念」の間にはっきりとしたつながりが生じることを象徴人類学は想定しているのだが、**そうしたつながりを分析家が患者に説明することはない**からだ。メカニック（Mechanic, 1972）が述べているように、治療者は、患者の問題について分かりやすく話すため、専門用語を避け、患者に対して「意味が分かる」言葉で解釈を提供する。

このことは、訓練生が「メタ分析」と「解釈」の区別を守るように教育されていることによっても支持される。「メタ分析」とは、力動的心理療法の臨床概念を患者に教えるプロセスである。一方、「解釈」とは、そうした概念の観点から、患者の主観性を読み解いた結果を提供する行為である。臨床家はメタ分析よりも解釈を、そして教育的スタンスよりも分析的なスタンスをとることが求められる。それゆえ、治療のなかで明らかにされるものは、概念的象徴の意味ではなく、これらの象徴の観点から解釈された行動の意味なのである。[*87]

この違いは次のような結論を導く。つまり、象徴的な意味が、象徴人類学者が想定しているようなかたちで共有されることは稀であり、象徴人類学的な見方は患者の経験を完全に捉えているとはいいがたい。こうした観察から、心理療法に関する異なる見方を追究することが可能である。それは心理療法における非象徴的なコミュニケーションの要素を明確に捉えうる視点である。

人類学者のシャルマ（Sharma, 1996, pp.259-260）は、象徴人類学的理解を退け、治癒の大部分は患者の想像力（例えば、アレクサンダー・テクニックのような視覚化）に影響されると主張している。そして、そうした技術は個人的なイメージと文化的イメージを融合させ、治癒や日々の活動、そしてその他望ましい身体的効果を可能にする「効果的なイメージ」を生み出す点で有効なのだと述べている。このように、シャルマは、治癒が生じる要因を、「象徴の操作」ではなく、自己や苦悩を新しいやり方で想像するよう積極的に働きかけていくことに求めている。

私がシャルマと異なっているのは、その強調点においてである。シャルマは、身体的過程と想像的過程とのつながり（例えば、新たな想像の仕方は、新たな身体的／肉体的反応を生じさせる、というように）に力点を置いているが、私は、精神的過程と想像的過程のつながり（例えば、新たな想像の仕方は、新たな「心理学的」反応を生じさせる、というように）を強調している。ただし、身体的過程と想像的過程の連結による治療的効果については、何の異論もない。[*88] このような留意点はあるにせよ、患者が自らの主観性を精神分析的な観点から「読み解き」、「想像する」ことを身につける精神分析的心理療法に、シャルマの公式を適用することは有用である。

過去数十年の間に、影響力のある心理療法家の多くが、治療者の仕事を本質的には物語的構成の一種だとみなすようになっている（Hillman, 1983; Schafer, 1978; Holmes & Roberts, 1999）。私は物語的な生育史を構成することが心理療法にとって本質的であることには同意するが、一方で、そのような物語が過去の出来事を想像する特定の方法によって構成されているということを付け加えたい。その想像の仕方は、境界づけられた治療的枠組みのなかで治療者から患者へと伝達される。つまり、心理療法において解釈が習慣的に伝えられることで、主観性を想像する新たな方法が伝達されるのである。

そのため、患者が心理療法において獲得するものは、完成された意味論的・説明的な枠組みではなく、過去、現在、未来の主観性を秩序づけ、理解するところのものである**想像の様式**である。それゆえ、事前訓練セラピーを経た訓練生が訓練機関に入る段階で身につけているのは、プロクルステスの客のように、コミットを強いられる堅固な構造ではなく、むしろ、自らの主観的世界をゆっくりと秩序づけ、理解し、想像しなおすやり方なのである。

次章において、この「心理療法的想像力」をより明確にするため、ここでは訓練生が訓練機関に入る際に、明らかに保持しているとみなせるディスポジションを記載することをもって結論としておきたい。

第2章および第3章のまとめ

第2章の冒頭で、訓練生は精神分析的パラダイムを肯定するディスポジションをもって訓練機関に入ってくると述べた。このことは、「訓練機関による審査」によって保証されている。「訓練機関による審査」は、訓練機関に入る前に力動的心理療法を受けることをすべての訓練生に要請するというもので、インタビューの協力者が語ったように、力動的心理療法に肯定的な者のみが公式な訓練に進んで入ってくることを担保する。

この最初のディスポジションに、私たちは今や、精神分析的に想像するディスポジション disposition towards imagining psychodynamically を加えることができる。なぜなら、事前訓練セラピーを受けることで、すべての訓練生は訓練機関に入る前にまず患者になることを強いられ、それゆえ、患者と同様、精神分析的なレンズを通して自分について想像できるようになることを求められるためである。

さらには、これまでの議論で、精神分析的思考の基本原理を明らかにしてきた。というのも、これからみていくように、訓練機関が訓練生の社会化を促進するための教育装置を正当化しようとするとき、この想像力が利用されるからである。

この章を終えるにあたり、まだ一つだけ論点が残っている。私は、象徴人類学的なアプローチは患者の経験を完全には捉えることができないと述べたが、これは、訓練生のキャリアを評価するのに「象徴人類学理論」がまったく不適であることを意味しない。というのも、いかなる治療者の教育においても、最も重要なことの一つは、臨床実践に不可欠な概念的枠組みを習得することだからである。

私の主張が象徴人類学の立場と異なるのは、次の点である。つまり、訓練生が概念的枠組みを習得するのは、心理療法においてではなく、臨床セミナーや理論セミナーにおいてであり、それらを通して、理論的説明や象徴は想像的経験に統合される。そのため、究極的には、象徴人類学的な結論に同意はするが、その結論が適用される実際の対象に関して異論があるということだ。つまり、象徴人類学的な理論は、平均的な患者（ないしは患者となる経験をした訓練生）の経験に適用可能だと考えられているが、そうではなく、心理療法というプライベートな経験を、さらに訓練を通して公共的なものへと変換していく者に適用されるべきものなのである。

第4章 セミナーで起こること——精神分析的知識の伝達

心理療法で起こることについて、二つの章を通して記述してきた。セラピーを受けることで訓練生や患者がいかにして精神分析的に想像するようになるのかを示したうえで、心理療法的想像力を育むような専門職的社会化がいかなるものかを明らかにし、さらにそれが訓練機関の正統性を支えるよう機能することを検討した。

本章では、専門職的社会化の第二段階であるセミナー教育をみてみることにする。そのために訓練機関の内奥に分け入っていき、セミナーが心理療法的想像力をどのようにして理論的に正当化するのかを明らかにしたい。

そのために注目するのが、訓練生と教師の役割がどのようにヒエラルキー化されているのか、である。ここで、シュー（Hsu, 1999）による、医療の知識がどのようにして新入者に伝達されるのかについての研究を参照してみよう。シューは、それぞれの治療共同体における「さまざまなスタイルの学び方（秘密の学び方や個人的な学び方）」によって、いかにしてヒエラルキー化が正当化されているのかを明らかにしているからだ。

さらに本章では、「標準的」なセラピーの知（それは「公式」ないし「中核的」な教科書に記載されているものである）を訓練機関がいかに伝達するのかを吟味し、その知がいかに批判から守られているのかを明らかにしてみたい。

以上を踏まえたうえで、精神分析的知が「批判的 critical」ではなく「自己肯定的 affirmative」な雰囲気において伝達されることを示してみよう。そして、その「自己肯定的」な教育は、精神分析が分裂するのではないかという不安とそれへの防衛を反映したものであることを最終的には示したい。

セミナー

理論を学ぶためのセミナーは、通常、訓練機関で週一回行われる。九〇分かけて、主要な概念が教えられ、議論が行われる。

一般的なセミナーは、夕刻に開かれ、それは訓練生の学年に応じて分かれている。セミナーが始まる前の時間には、訓練生同士があいさつを交わしたり、談笑したりしている。そして、開始時間になると、彼らは自分たちのグループに散っていき、喧騒は少しずつ収まっていく。各部屋のドアが閉まると、静寂が訪れる。

セミナールームでは、訓練生たちは四人から八人の小さなグループに分かれ、それぞれのグループに教師（セミナーリーダーと呼ばれる）が一人つくことになっている。セミナーはいわゆる一般的な講義のスタイルで行われるわけではない。つまり、セミナーは、ノートをとる学生の前に講師が立っていて、すらすらと知識を教え込むようなやり方で行われるわけではない。

グループは輪になって座る。それは議論を行い、考えを共有するのに適したやり方である。そして、講義にありがちな堅苦しい雰囲気ではなく、深い親密さのなかで議論を進めていくことが推奨される。

セミナーで教師を務めるのはベテランの心理療法家たちだ。多くの場合、彼らはその訓練機関の卒業生であるが、新しく資格を得たばかりの心理療法家であることも少なくない。彼らはその訓練機関でのより高い地位を求めて、訓練生を教え、スーパーヴァイズを行うというお決まりのコースを歩むのである。訓練機関側としても、自分のところの卒業生ならば訓練の作法を熟知しているので、彼らを教師に据えることを好む。

卒業生ではない教師に関していえば、系譜的構造におけるより上位の「親」訓練機関から選ばれることが多い。例えば、英国心理療法家協会（British Association of Psychoanalists）とリンカーンセンターの場合は、つねに自分のところのメンバーを教師にするか、あるいは系譜的構造の頂点に位置している精神分析インスティテュート（Institute of Psychoanalysis）から教師を招いてくる。実際、多くの訓練機関が、下位の訓練機関ではなく、上位の訓練機関から教師を招いている。

前章で議論したセラピー空間と同様、セミナーもまた精神分析共同体の概念や価値、そして原理が伝達される場所であり、集合的な意味体系が承認され共有されるような宗教儀礼的空間と構造的にはよく似ている。

だから、セミナーではすでに共有されたアイディアだけが伝達されることになり、教師たちは自分で決めた内容ではなく、訓練委員会（訓練機関の上位者たちによって構成されている）が決めた既存のカリキュラムを教えることになる。

以下に示す、理論セミナーのプログラムは、教師が入れ替わろうとも基本的には不変である。

- 一年目　フロイト、アブラハム
- 二年目　メラニー・クライン、ウィニコット、乳児と幼児の発達、コフート、臨床概念の比較、フェアバーン、フェレンツィ、バリント、臨床的マネジメント

・三年目　神経心理学とパーソナリティ障害、うつ、自己愛障害、心身症、倒錯、比較臨床概念再論[89]
・四年目　ビオン、ポストクライン派、セクシュアリティについての最新テーマ、分析的態度

訓練委員会は教師が何をすべきかを指定している。私が話をした教師たちは、自分の役割を訓練機関の集合的な見解を支持し、伝達することにあると言い、セミナーは各人のパーソナルな見解を伝えるような場所ではないと語っていた。

「理論のポイントを整理し、フロイトの基本的なアイディアを教えるために私はここにいます。私の権限はそこまでです」とある教師は語っていた。ほかの教師は「訓練生が中核的アイディアをきちんと理解するかどうかをみておく責任が、私たちにはあります。セミナーとはそうするために行われるのです。臨床実践のための原理原則を説明すること、それが私の役割です」と言っていた（インタビュー 2004）。

ウェーバーによる分類を用いるならば、訓練機関が規定するセミナー教師の役割は、「預言者」ではなく「司祭」に似ている。ウェーバーによれば、預言者がカリスマティックなやり方で個人的なヴィジョンや時代を補償するアイディアを提唱するのに対して、司祭は既存のアイディアを保全し、それを普及させることを選んだ人たちである。「［司祭とは］神聖な伝統に対する所有権を主張する人たちであり、これに対して預言者は個人的な啓示とカリスマによって特徴づけられる」（Weber, 1947［1922］, p.4）[90]。

これは「司祭」たちがオリジナリティや創造性をまったく欠いているということを意味しているのではなくて[91]、彼らが組織の役割として自分自身の考えではなく、共同体の考えを教え伝えることを重視しているということを意味している。

司祭というウェーバーの概念は、宗教領域だけでなく、学校などのさまざまな組織にも讃教者や支持者という役割をとる人たちがいることから、広く適用可能なものだといえよう。つまり、司祭は哲学、政治、芸

術、そして心理療法の世界にも存在しているのである。司祭たちはよく勉強しており、権威が承認した概念を、共同体からのメッセージとして次の世代へと伝達する。言葉をかえるならば、司祭の義務というのは、「新たな」知識を産出することではなく、「既存の」知識を散布するところにある。つまり、彼らは個人的に獲得した知ではなく、共同体で受け継がれてきた知を伝達するのである。

訓練委員会によってパーソナルな知識を伝えることは禁止されているため、教師の役割は共同体の知識の伝達に限られる。教師たちは「自分の関心から離人すること」を要請されるということだ。つまり、パーソナルな関心は集団から離れたところに存在するものであるため、セミナーでは集合的な関心のみが重視されるのである。そして、個人的な創造性は共同体の方針に適う場合にのみ奨励されることになる。ある教師は以下のように語っていた。

「私たちには責任があるのです。訓練機関では学派ごとに定められた内容を教える必要があるということです。私がその定めるところから逸脱して、自分自身の関心事に従って教えることはよくないことです。［「そういう誘惑に駆られたことはありますか？」］いいえ、いいえ、ありません。私は学派の考えを自分のものだと感じています。……それを教えることを楽しんでいますし……学生たちもそれを学ぶことを楽しんでいると考えています。**私たちは自分の役割を果たしていますし、そうすることでそこから必要なものを得ているわけです**」

（セミナーリーダー 2004　強調筆者）

セミナー教師の果たすべき役割のなかには、訓練生がそういった集合的見解に従うようにするということも含まれている。ゴフマン（Goffman, 1959, p.233）が指摘しているように、社会的役割はコンテクスト抜きには存在しえない。[*92] 社会的役割のリアリティは、関係性に依存しているということだ。受け取り手がいて初めて、与え手は存在できるのであり、受け取り手の「受け取り手」というアイデンティティは与え手がいなければ消え去ってしまう。バース（Barth, 1971）の言葉を借りれば、セミナー教師のような「支配的役割 dominant role」にある人は、不可避的に関係している他者を補足的な役割へと押し込むことになる。ここで生じている力動について、二年目の訓練生であるサラは以下のように述べている。

「セミナーというのは変わった場所です。そこで、訓練生は実際には大人なわけですが、なぜか何年も前の幼い自分に戻ったように感じます。実際、私たちはそこで学ぶことを期待されていますし、質問もまた批判的であるのではなく、説明を求めるものであることを要請されるわけです。あなたも昔はそうやって学んできたでしょう？［「そのことが気になっていますか？」］大体においては、それは楽しいことです、そう思います。ですが、ときにはチャレンジをしたくなるときがあります、そういうときには欲求不満になりますね。だって、物事をひっくり返すようなことをしようとしてはいけないんです。［「ひっくり返す？」］ええ、質問をし過ぎて、リーダーたちを動揺させてはいけないということです……」

（二年目の訓練生 2004）

あるいはジョンは次のように語った。

「そう、そうなんです。セミナーというのは人を退行させます。そのことで悩んでいるというわけではありません、私は腰かけて話を聴くのは好きです。だけど、ときにね、疑念を抱くこともあるわけですが、先生たちはちゃんと理論を理解するようにと望んでいると感じるときがあります。……そういうときは沈黙することにしています。……自分が知らない人でいることを期待されている場所というのは大人の生活では珍しいものです。家や職場では、一人前であることを期待されていますし、そうやって人生のなかの厄介な局面を切り抜けてきたわけですから、なおさらです」

（三年目の訓練生 2005）

この役割の非対称性は、訓練生を普段の状態とは異なる、非日常的で曖昧な立場に追いやる。訓練生たちはプライベートや仕事では、親であったり、ビジネスを指揮していたり、大学で教えていたり、病棟で看護をしていたりしているが、セミナーでは、彼らはそういった役割を脱ぎ捨て、（生徒という）相対的には下位のポジションに位置づけられることになる。

「訓練機関にやってくると、いつもと違った帽子をかぶるような気がします」と二年目の訓練生で、ソーシャルワーカーのジャックは言っていた。「ここではときどき、最下層から上を見上げている気持ちになるんです」。三二歳で一年目の訓練生であるピーターは言う。

「そうです、三一歳にして新しく始めなければならないという自分に不満を感じることはあります。それは非常に長い道のりですから、落胆してしまうことがあるんです。ここにいると何か自分を恥ずかしいもののように感じるときがあります、教師たちに比べて自分がよく知らないということを思い知らされるからです」

（インタビュー 2004）

ピーターの経験によれば、公的な世界から離れて、謙虚さを旨とする「学習者のポジション」に身を置くことは、日常のなかで親や子、兄弟、祖父母などの家族といるときの役割に戻ることとよく似ている。それらはいずれも、普段の高い地位を外に置いてくることを意味している。

訓練において重要なのは、先生と生徒という関係性なのであり、このような配置によって訓練生がほかの場面では身に着けているはずの高い地位という役割は失われてしまうのである。だから、普段のピーターの地位はセミナーでは「潜在的」なものとなる。彼はそこでは見習いとなり、そのように振る舞うよう要請される。彼は指導的であったり、決断したり、指揮したり、あるいは強く主張的であることを求められず、むしろ経験が足りないことを謙虚に自覚し、自分が知らない者であるという姿勢をとり、耳を傾け、学ぶよう期待される。

ときに学生がそのようにすることを拒否することがあり、そうすると事態は緊迫する。次章ではそのような拒否についての極端な事例を取り上げることになるのだが、ここではもう少しマイルドな場合を示しておこう。

例えば、セミナーでは訓練生の普段の地位が消されてしまうわけだが、そのことに対する抵抗戦略がとれることがある。それは外の世界とセミナールームとの境界で起きる。例えば、ランチの時間や夜のパブ、ホール、帰りの車、あるいはバスや電車の駅などがそうだ。こういった境界領域において、セミナーに対する私的な不満が口に出され、交わされる。セミナーにおけるヒエラルキーへの批判がなされることで、彼らは本来の自分の地位を回復することができる。

例えば、以前に登場したサラは、ある分析家が短気で脅迫するようなやり方であることの不満を述べ、彼の教えるスキルを批判をした（とはいえ、サラは私が守秘義務についての説明をしたにもかかわらず、オフィシャルなインタビューをしたときには自分の不満を注意深く抑制していたが）。このような境界の時間によって、訓練生は指導者たちに聞かれることなく束の間、欲求不満を解消できる。境界空間において不満を語るというこのやり方を、我々は**戦略的異議申し立て** strategic dissent と呼ぶことができるだろう。なぜなら、このようなやり方であれば、権威を尊敬するという訓練生の立場はうまく保全されるからである。

もちろん、指導者と訓練生のアンバランスな関係は、ほかの専門領域でも観察される。しかし、精神分析共同体に独特なのは、このような関係性が精神分析の概念によって正当化されていることである。

精神分析理論によって、この非対称性に独特の意味合いが付与されている。例えば、このアンバランスな役割関係は、前章で論じたパーソンフッドに関わる理論と、完璧に調和している。それはニーダム（Needham, 1962, p.xxxiv）の言葉を使えば「アナロジー」だ。[*93] つまり、パーソンフッドとはあらかじめ与えられたものではなく、達成するものなのであり、自分の無意識とその歪みを理解し、明晰な認識と以前にも増した自己決定が可能になった人にもたらされる。この明晰さはセラピーによって達成されると信じられている。つまり、より深くて徹底した治療体験をもつことで、量的にも質的にも価値あるパーソンフッドを有するようになるということだ。この意味で、十分にイニシエートされた心理療法家は自己認識と発達のスペクトラムにおいて高い地位にあると考えられており、それは彼らが長い年月訓練を受け、セラピーを受けてきたからだということになる。[*94]

訓練生と指導者の双方が暗黙裡に同意しているこの信念によって、指導者には知識と明晰さが与えられ、新米の訓練生にはそれらが欠如しているとみなされることになる。こうして、指導者は訓練生には近寄ることができない「秘密」の知をもっていると信じられることになる。なぜなら、この秘密の知は完全にイニシエートされた人にのみアクセスできるものとされているからだ。

知の伝達

ここで、セミナー場面において、知――とりわけ訓練生たちが切実に求めるあの「秘密」の知が、どのように伝達されるのかを事細かに検討してみたい。ただし、知にはさまざまな種類があるので（「秘密の知」「個人的な知」「実証的な知」「権威的な知」などのように）、セミナーで伝達される知が主にいかなるものであるのかを特定しておいたほうがよいように思う。その違いを明確にするために、ここでシュー（1999）の『中国医学の伝達』をみてみよう。この研究は訓練場面ではなく治療場面に焦点をあてたものではあるが、その洞察は多くの有益な観察を生み出すものである。

シューのTCM（中国伝統医学）の研究は、中国医が新人教育をする際に伝達する知を三つのタイプに分類している。つまり、「標準化された知」「パーソナルな知」そして「秘密の知」の三つである。端的にいうと標準化された知とは「多かれ少なかれ臨床実践から離れたところで」使用されるものであり、政治家・専門家・エリート官僚によって承認されるような「教科書の知」といってもよい。

これに対して、「パーソナルな知」は、本質的にパーソナルな人間関係において伝達されるものである。その人間関係とは、両者が「互いのことを性格やパーソナリティに基づいて受け入れたり、拒絶したりする」（Hsu, 1999, p.102）権利を有した関係のことだ。だから、新入者は相互的信頼関係を構築することを期待できるメンターを選ぶことになる。このことが重要なのは「どの程度の知識、どういった内容の知が伝達されるのかは彼らのパーソナリティ如何にかかってくる」（p. 102）とされているからである。換言するならば、指導者と弟子の関係が深いものになれば、伝達される知も深いものになるということだ。

最後に、「秘密の知」とは部外者には意図的に隠されている知のことである。それは隠されることで、知を魅惑的にみせるというだけではなく、「この知にアクセスできる人の権利を正統化し、彼らの権威を守り、知の外部への流出を防ぐ」（Hsu, 1999, p.52）という意味合いもある。秘密にすることはその知の価値を高めると同時に、その知を手にしている人の力を高めるものでもあるのだ。それはまるで装飾品のように働き、「それを所有する人の権威を強化し、拡大する」（Simmel, Hsu, 1999, p.33より引用）。[*95] この強化はただ素人と臨床家の間に境界線を引くのに役立つだけではなく、新人と達人との間の境界線を引くのにも役立つ（p.56）。

中国医学と心理療法の指導者と新入者の関係性にはもちろんさまざまな文化的差異があるわけだが、その構造はとてもよく似ている。すでに指摘したように、心理療法の指導者は幅広い治療経験をもっていることで、無意識のプロセスについて明確なヴィジョンをもっていると信じられている。つまり、苦悩の原因およびその軽減を行うための方法について確かなセンスをもっていると信じられているのである。「時が熟すれば、あなたもそれが理解できるでしょう。そんなに早く、クライエントの精神力動を理解できるようになると思ってはいけません」と、あるスーパーヴァイザーが訓練生に言っていた。[*96] 精神分析的「理解」は時間をかけて培われた臨床的判断力によって可能になると考えられているのである。だから、経験の少ない者には、深遠な「秘密」の洞察を得ることや完全なパーソンフッドを達成することは不可能とされている。

知識の全体性が新入者に閉ざされていることによって、その知識は高い価値をもつことになる。このことによって、指導者は特別な権威を身にまとうことになり、彼らの能力は魅惑的なものとなる。尊敬を集めている指導者が、生徒たちから特別な**マナ**をもっているようにみなされることは幾度となく観察されたことである。

例えば、訓練生たちは、尊敬している教師について以下のように語っていた。「彼女は神秘的な洞察力をもっている」「彼女の理解は深層まで見通すものだ」「私は彼の判断を完璧に信じている」。訓練生たちが自分の患者についてセミナーで語るとき、患者の問題を明らかにする洞察力をもっているとされる教師たちは、「問題を見抜き」「無事に助けてくれる」人とみなされている。気難しく短気なので人気がないリーダーですら、訓練生が従わなくてはならないような「特別に知っている人 special knowing」と言われていた。だからこそ、多くの訓練生はパーソンフッドを獲得したいと強く望むようになる。それは彼らのキャリアにおいて多くの利益（高い地位、経済的見返り、権力、専門家としての感覚、自信など）をもたらしてくれるものなのである。

指導者が所有している知が、「標準化された知（例えば、素人や半可通の人でも手に入れられるような教科書的知識)」のみではないことは、中国伝統医学と心理療法の共通点である。両者ともに「本を通じての学び」ではなく、経験や臨床実践、そして指導者の下で注がれる多くの時間を通じての学びを重視しているのである。そして、訓練生はいまだそのような経験を経ていないわけであるから、その知は彼らにとって秘密のものにとどまるのだ。[*97]

もし「秘密の知」が治療コミュニティに存在しているならば、そこには「パーソナルな知」も存在しているということになる。シューが中国医学について観察したのと同様、心理療法においても最も重要な知は関係性を通じて伝達される(例えば、卒業まで続く訓練分析によって)。そして中国医学と同様に、関係性が深くなればなるほど、得られる知の価値は高まっていく。

その例として、セラピストと患者の間で信頼が確立されればされるほど、患者が内面のより深い層を探索することが可能になるとされていることが挙げられる。心理療法家が患者を理解するためにはそのような探求が不可欠であり、その深い理解によって患者が十分なパーソンフッドのほうへと前進するとするならば、心理療法において信頼関係を築くことには決定的な意味があるということになる。ここには等式が成り立っている。深い関係が深い探求を生じさせ、深い探求が深い理解を促進し、深い理解はより精密な解釈を生み出し、それが治療同盟を生み、最終的には深い自己認識に至るということだ。

「パーソナルな知」のさらなる次元についてはシューの研究では明らかにされていないが、心理療法家の場合、自分の治療者が尊敬すべき「子孫の系譜」である場合に、パーソナルな知の価値は増大すると考えられている。このことが意味しているのは、心理療法の知は原理的に関係性を通じて受け渡されるということであり、それは精神分析運動初期の重要人物との緊密なつながりからもたらされる(それは、彼らの治療者やセミナーリーダーとの関係のことだ)。例えば、マルコム(Malcolm, J.)が描くダール(Dahl, H.)がその好例である。

マルコムの『精神分析——不可能な専門家』(2004 [1983], p.88) では、ダールの心理療法的系譜がメニンガー (Menninger, K. 彼の分析家) を経由して、フロイトの最初のサークルで尊敬を集めていたアブラハム (Abraham, K. メニンガーの分析家) に至るものであることが描かれている。メニンガーにしてもアブラハムにしても、精神分析の歴史では尊敬されている人物であり、ダールは高貴な系譜にあることで自分には権威が備わっているのだと主張しているわけである。

ここで仮定されているのは、分析家に高い治療的コンピテンスを付与しているある種の質が、人間関係を通じて教え子に受け継がれていくということだ。[*98] 精神分析家のラスティン (Rustin, 1985, p.153) が説明しているように、心理療法の世界における「貴族的な好み aristocratic penchant」によって、「子孫の系譜」には象徴的な価値が宿ることになり、それが現在でも地位を示す重要な目印になっているのである。心理療法の文化にあって深い知に到達するためには、長期間にわたる忍耐だけではなく、自分の指導者が魅力的な系譜から出ていることが影響すると信じられているのである。以上より明らかであるように、心理療法においては、パーソナルな知は関係性によって深められるだけではなく、シューが示したように指導者が高貴な系譜である場合に高められるのである。[*99]

この訓練生と指導者に共有された暗黙の信念——完全なパーソンフッドは新入者には秘匿されている「知の地位 knowledge status」を含んでいるという信念——によって、訓練生たちは指導者たちが教えることを受け入れやすくなる。付け加えると、この信念は、自分こそが正しく知を受け継いでいると主張する人々を守るように機能する。なぜなら、この信念によって、心理療法は教科書を読むことでマスターできるという考えを切り崩すことができるからだ (それはせいぜい「標準化された知」を得るだけに過ぎない)。もし教科書による学びが可能だとすると、心理療法を受けることや訓練機関の承認抜きで、誰でも精神分析の専門性を得ることができるということになってしまう。[*100]

ここまで若い心理療法家とベテランの心理療法家の間の不平等が、精神分析の概念によっていかに正当化されているのかを検討してきた。そのことで、新入者にはアクセスが制限されており、専門外の素人には触れることがまったく許されていない「秘密」の知（パーソンフッドを獲得することでアクセス可能になるもの）と「パーソナル」な知（人間関係と系譜を通じて獲得可能になるもの）が正当化されるのである。ただし、いまだ秘密の知とパーソナルな知については少ししか説明していないのだが、ここで私は「標準化された知」（つまり、セミナーで伝授されるようなオフィシャルで、教科書に基づく理論的知識）の伝達に話を移そうと思う。いかなる理論が聖典に含まれ、何が除外されているのかを精査することで、訓練機関が訓練生にいかなるディスポジションを教え込もうとしているのかを垣間見ることができるだろう。

テキスト——輪郭のある実体

アメリカの精神分析家カーンバーグは以下のように書いている。

> 私たちの専門領域の境界部分では、精神分析理論と技法に対するさまざまな挑戦がなされています。そのような挑戦を無視することによって、精神分析の純粋性を守ることが可能になるわけですが、そのことによって逆に、例えば精神分析の応用というようなこれまでの境界線を覆すような問いを育てることにもなっています。（Kernberg, 1996, p.1038）

以上の文章のなかで、カーンバーグは訓練機関に広く備わっていると彼が考えている潜在的な態度のことを風刺している。そしてこの態度こそ、セミナーで教えられる知識がいかなるものなのかを決定しているものである。セミナーで教えられる標準化された知の詳細を知るうえで便利なのは、訓練機関のカリキュラムだ。このカリキュラムにおいて、人類学的に興味深いのは、そこに含まれているものよりも、除外されているものである。

カリキュラムを見直して分かることは、リストに挙げられている理論家のほとんどが精神力動について相異なる見解をもっている一方で、これらの理論家の全員が力動系であることだ。

このように、現代の精神分析的訓練はある程度統合的なものではある（ここには精神分析のパラメータも含まれる）。なぜなら、フロイトの基本的な教えを習得したのちに、上の学年の訓練生たちは、互いに矛盾するような精神分析理論を学んでいくことになるからだ。この後者の段階にあって、訓練生は統合や調停を試みなくてはならないし、何らかの立場に対して忠誠を誓わないといけない。こういうことはしばしばセミナーに熱気と議論を生み出すことになる。しかし、三年目の訓練生であるパトリックは、そのような議論においてもある種の規範を侵犯することはありえないと語っている。

「たしかに議論は起きます。理論や実践についての共通点や差異について多くのディベートが行われます。とくに訓練の最終学年ではそうです。しかし、気がついたのですが、無意識が存在するかどうかや、精神力動の実証的基礎についての議論はされません。すべての学派が共有している原理についてのメタな疑問は初めから外されているわけです。指導者たちはそこには関心を抱いていないようにみえます」

（三年目の訓練生 2005）

パトリックの語りが示しているのは、セミナーにおいて「メタ質問」が潜在的なタブーとなっているということである。このタブーがひそかに境界を策定し、議論してよい主題を制限しているのだとすれば、訓練生たちが取り組む統合のプロセスは二つの意味で制限されているといえよう。

第一に、異なる精神分析理論の統合こそが追い求められているのであり、精神分析とそれ以外の心理療法の統合は禁止されているということだ。このことが意味しているのは、ほかの心理療法分野における発展が教えられることはないということだ（例えば精神分析系の訓練機関では、認知行動療法や実存分析、人間性アプローチ、あるいは多文化心理療法についての授業はない）。実際、訓練生たちがそれらについて知っていることというのは、私のみるところ、ほかの機会で学ばれたものである。

統合はまた別の意味でも制限されている。セミナーで教えられることには、精神分析の外側の学問からの批判が含まれておらず、精神分析的な世界観についての議論を含まない。関連領域である人類学や社会学、哲学あるいはアカデミックな心理学さえも、そこではほぼ無視されており、引用されるとしてもそれは精神分析理論を支持するような知見に限られている（批判する内容は引用されない）。

セミナー教育が個々の訓練機関を超えたある種のマナーによって制限されていることは、多くの訓練機関のカリキュラムをみれば明らかである。私が調査を行った一一の訓練機関にあって、精神分析についての社会学的研究がどれだけ含まれているのかを調べてみたところ、「社会的」な問題を扱っているのは二つの訓練機関だけであった。しかし、さらにそれらのカリキュラムを詳しくみてみたところ、それらの講義は社会現象を精神分析的に説明しようとするものであった。例えば、家族や組織のシステムを理解するのに精神分析的な概念を当てはめるものであるか、そうでない場合には例えば「集合的心性」や儀式的・宗教的実践などの社会現象を心理学的に解釈し還元するものであった。[*101] つまり、それらは自らの専門性そのものについての社会学的分析を行うものではなかったのである。

もちろん、カリキュラムを調べただけで最終的な結論をくだすことは軽率であろう。というのも、コースの概要説明と実際に教えられている内容との関係が薄いことは、よくあることだからである。しかし、これらのデータと私の参与観察を突き合わせてみるならば、心理療法の訓練生の理論的教育は大幅に限定されたものだということができる。

人類学的／社会学的知の文脈からすると、訓練生は自分の専門職の限界を吟味することを教わらない。つまり、彼らは精神分析とほかの社会的営みとの関係を学ぶこともなく、精神分析とほかの知的領域との批判的接点を学ぶこともなく、精神分析モデルの社会的ルーツとその盲点について学ぶわけでもないのである。言葉をかえれば、彼らが教わらないこととは、訓練生たちが今まさに参与しようとしているのがいかなる営みであり、それはいかなるやり方で可能になるのか、そしてその専門職としての現在の苦境が彼らにいかなる影響を与えるのかについての社会的・批判的・歴史的な認識なのである。

「境界づけられた学び bounded learning」と私たちが呼ぶ学びのあり方は、現代の訓練機関に特有のものではなく、分析的訓練の歴史において長い伝統をもつ。例えば、一九六〇年代の初め、人類学者のゴーラーはある論文で、精神分析的訓練において人類学や社会学の知識を教えるべきだとする要望を出している。

> 現代の多くの社会科学者は精神分析を学ぶために、系統的な学習を行い、ときには個人分析を受けてきた。しかし、わずかな例外を除いて、精神分析家が同じような謙虚さをみせることはなかった。精神分析家は現代の社会科学の文献を系統的に読むことをしなかった。しばしば彼らの人生には移住ということが起こったにもかかわらず、彼らはよく知らない社会を系統的に学ぼうとはしなかった。そのような移住の経験は個人分析同様、永続的な人格の変化を引き起こすにもかかわらず、である。
>
> (Gorer, G., 1962, p.189)[*102]

ここにあるような印象に呼応するように、この組織レベルでの「境界を越えること」への忌避が訓練のあり方を特徴づけているとリーフは述べている。

精神分析家たちは自分が何をしようとしているのかについての全体像をつかみ損ね、彼ら自身がいかなる歴史的存在であるのかを理解し損ねてきた。ここに、彼らの教育の限界がある。精神分析は自分自身については疑似解釈的な態度をとってきたということだ。このことによって、精神分析運動が難局を乗り切るために必要な「批判へのコンピテンシー」を養成することが難しくなっている。

(Rieff, 1966, pp.104-105)

リーフによれば、「批判へのコンピテンシー」は自身の学派に対する自己省察が育ち、学派の主張を検証するための方法論的スキルが養成されたときにのみ得られる。カーンバーグが一九九〇年代に語っていたのは、そのような批判へのコンピテンシーが現代の訓練機関で育っていないということであった。彼がいうには、心理療法の訓練の目的は基本的に自らの同一性を保持することにあったのである。

「精神分析の教育」は、新しい知を発展させるために訓練生に知識を得させるのではなく、精神分析が薄められ、歪められ、劣化し、誤用されないように、すでに検証された知識を習得させることをめざしている。

(Kernberg, 1996, p.1039)

カーンバーグの発言は、「標準化された知」の伝達が、学問的な探求ではなく専門職としての社会化のためになされており、そこでは精神分析の概念を発展させるよりも、それを保全するためのディスポジションを植えつけることがめざされているという本書の考えを裏づけるものである。*103

以上のことを踏まえると、精神分析的なパースペクティブが「不満や疑問の声を上げ続けるという、社会科学一般に通じる永続的な原理」（Forrester, 1994, p.186より引用）を生み出すとするフーコー（Foucault, M.）の見解には同意しがたい。というのも、精神分析的訓練において、とくに認識論のレベルでの「永続的な不同意」は決して推奨されていないからである。セミナーにおいては、そのような自己批判は厳密に制限され、ある知的境界内に安全に収まるようにされている。つまり、すでに受け入れられている範囲内での批判のみが許容されるのである（Valentine, 1996, p.179）。だから、精神分析の中核的信念（例えば無意識・防衛・抵抗・転移など）は自明なものとみなされ、それが議論の対象となるのは、臨床事例のなかでそのような概念がどのように現れるのか、適用されるのかということに限定される。

セミナーにおいては精神分析の根本的前提に対するモダニスト的な信頼が擁護されている（つまり、そこで自己省察的な問いが発されるわけではない）。以上のことから、ラスティン（Rustin, M.）は精神分析を「最後のモダニスト」と評し、サミュエルズ（Samuels, A.）は改革を提起することになったのだといえよう（もしかしたらそれは訓練機関への抵抗であったかもしれないが）。彼は『多元的な心』のなかで以下のように書いている。

> もし我々の世代の仕事が専門職化や施設収容化にとどまらないのだとすれば、創始者やその第二世代にできなくて、我々には可能なことに光をあてていくことが必要だろう。それは深層心理学に対して自己省察的な考えを巡らせることであり、心理学自体を心理学することであり、自覚的な反省を行い、そして健全な自己愛をもって心理療法の素晴らしい業績を点検することである。ポストモダンにおける心理学的な視座とは、心理学が「自然」ではなく、心理学者によって作られたものだという前提をもつことなのである。
>
> （Samuels, 1989, p.216）

利益の共有

教えられる「理論体系 theoretical body」が制限されたものであることや、指導者と訓練生の関係性が非対称的なものであることについて、訓練生たちがほとんど批判をしないという事実からは、訓練生と指導者の間で利益が共有されていることが示唆される。以下の訓練生の語りはそのことを如実に示している。

「自分が受けた理論教育をとても貴重だと思っています。現在、私は転移論で有名なクライン派の分析家のもとでセミナーを受けています。……正直言ってこのセミナーが始まるまではよく分からなかった逆転移について、彼と一緒に探求を行っているわけです。患者が自分のものだと認めたくない自分の一部を押し込んでくるみえにくいやり方を発見したことで、新たな理論的道具を得たように思います。患者が押し込んでくるものと自分の感情的負荷とが実際には容易に混同されてしまうということも徐々に分かってきました。訓練が進むにしたがって、私は徐々にその考えに共感できるようになり、それを洗練していくことができるようになったのです。逆転移という考えは人間行動の多くを説明できるものだと思います。［「訓練を通じてあなたはそれらの概念の重要性を確信したということですか?」］そう思います。それらのことを意識できるようになると、面接室で何が起きているのかをますます明確に理解できるようになるのです」

（三年目の訓練生 2004）

三一歳の男性の訓練生であるピーターのこのコメントは二つの点において、私が親しく付き合いインタビューを行ってきたほかの訓練生と意見を共有している。まず第一に、セミナーは新しい知識を得る機会を提供すると同時に、個人分析で獲得した心理療法的想像力に概念的装いを与えるものであること、第二に精神分析的パラダイムについての信頼を強固にするものであるということだ。

第一点について、第3章で検討したように、訓練生はセミナーに出席し始める以前に、自分自身のことを精神分析的なやり方で**想像**するようになっているわけだが、それは理論の初歩的で「一般的」な理解にも程遠く、彼らの多くがいまだ理論の深い部分に到達していない。トレーニングを始める前の心理療法は教育的なものというよりも、想像力を育むものであり、理論的学習を提供するものではないのである。[*104]

二つ目の点（セミナーが精神分析のパラダイムに対する信頼を育むこと）がなぜそうなのかを理解するためには、標準化された知が言語的に伝達されるということを押さえておく必要がある。例えばテクストや会話によって、標準化された知は伝達される。したがって、セミナー教育における言語の用い方を検討し、そのような言語使用法によって訓練生がいかにして特定の言語共同体 speech community に参与することになるのかを検討する必要がある。

セミナーにおける言語

セミナー教育の核心とは、訓練生たちが自分自身の体験と患者の体験を、セミナーで教えられ、議論される概念に結びつけるようになるところにある。例えば、セミナーでは、その週に教えられる理論のポイントについて、訓練生が発表を行うことになっている。その発表では抽象的な概念を具体的な事例につなげることが求められる。つまり、訓練生は自分の臨床事例の描写を行うか、もしそういうケースをもっていなければ自分自身が受けた治療を取り上げ、理論のポイントを具体的に描こうとするのである。

このような教育的な仕掛けは事例研究に特徴的だ。つまり、理論的概念は経験的事実から離れて抽象的に検討されるのではなく、治療場面に現れる主観的現象と密接に結びつけられるのである。例えば、心理療法家のいつもと異なる患者への感情的反応は「逆転移」に結びつけられる。そしてそういうやり方で、訓練生はこれらの概念を参照し、対人関係上の反応を理解するようになるのである。このような方法は、訓練生にパーソナルに響くように与えられるアドバイスによって補完される。訓練生は「自分の経験をカウチへ」と教えられるわけだが、そこで前提とされているのは、精神分析概念が訓練生の感情に働きかけ、いまだ「ワークスルー」されていないコンプレックスを刺激するということである。あるセミナー教師は、個人分析が訓練の中核にあることから、セミナーではそれぞれの個人的な経験を議論することになると言っていた。彼女曰く、

「セミナールームでは、訓練生たちに深い影響を与えるであろう事柄について、オープンに議論を行います。すべてのことは自己と関係がありますから、訓練生たちはそこで深い体験をすることになります。まるで歯車がかみ合うといった感じです。「おお、彼女が語っていることは今自分に起きていることだ」って。ですが、セミナールームはそういう経験を話し合うのに適した場所とはいいがたいですから、彼らはそれを別の場所で語るでしょう。……とりわけそれが不快な経験であったときには」

（セミナーリーダー 2004）

自分自身の生きた経験を力動的理解と重ね合わせていくことで、訓練生は徐々にそれぞれの学派の言語に習熟していく。実際、初年度と最終学年の訓練生の言語能力の違いは劇的なものである。初年度の訓練生は専門用語を使うことに気恥ずかしさを感じるものだが、最終学年の訓練生は自信をもってジャーゴンを使いこなすので、外部の人からするとそこで何が語られているのかを理解するのは難しい。

言語共同体へのこのようなゆっくりとした参与によって、訓練生の主観性は植民地化されることになる。つまり、主観的現象はいつの間にか精神分析の概念に結びつけられ、断片的であったものが、包括的で全体性をもった人間を表象するようになるのである。このやり方によって、経験は徐々に概念の網の目に絡めとられるようになり、そのようにして対象化されることで、心の象徴的地図が作り出される。そして、それを通して、自己や他者の主観が把握されるようになる。

事前訓練セラピーで得られた心理療法的想像力は、そのようにして概念的な装いをとることになる。自己は象徴的・概念的意味に包まれるのである。[*105] 心理療法家のガードナーは以下のようにコメントしている。

> 分析的な考えや理論、論理は我々の主観性から生まれてきます。……精神分析的原理というのは主観的で特異な体験を理論化したものであり、だからそれは物語の一種にとどまるわけです。……他者が語るこの理論的な物語は私たちが自分の経験を査定し、統合するための知識的基礎として提供されるのです。
>
> (Gardner, 1995, p.433)

人類学的な問いというのは、精神分析的／象徴的地図が内的現実を本当に描いているか否かという哲学的な関心ではなく、それがそのようなものとして受け止められているとすれば、その信奉者たちにいかなる影響を生じさせるのか、にある。

彼らの職業的営みがその蓋然性に依存しているという理由から、精神分析的な概念が真理であると心理療法家が捉えていることは広くみられることである。このような概念を習得することには、それを理解すること自体の報酬を超えて、不調に陥り苦しんでいる「他者」だけでなく、複雑で困惑させるような「自己」を理解する手がかりになるという点で意義がある。訓練生にとっては、セミナーや個人的な学習で「理解」が生まれる瞬間というのは、退屈なことではなく、感情的な重要性をもつ出来事なのである。概念がうまく理解され、身に沁み、自己や他者の分析に応用されるならば、有能さと自己価値が実感される。それは、個人として、そして専門家としての成長の感覚をもたらすものである。ふたたびピーターの語りに耳を傾けてみよう。

「精神分析の概念は、私自身の人生に適用され、そのようなレンズを通して自分自身の問題をみることができたときに、理解することができるものです。……もし本を読んでいるときや訓練のなかで本当に心を打つような概念に出会ったならば、私は自分自身がなぜそのような反応をし、なぜその概念に感動をしたのかを、分析家と話し合います。……訓練を進めていくなかで、自分の訓練分析で学んだ概念を積極的に探求するようになったのです」

（三年目の訓練生 2004）

ほかの訓練生に精神分析の概念を学ぶことにどんな意義があったかを尋ねてみたところ、彼女は以下のように答えた。

「多くのことです。あなたも知っているように、それらの概念は我々が行っている仕事のすべての基礎を与えてくれるものです。患者との間で何が起きているのかを理解するために、それらは不可欠だということです。［「それはあなたが自分を理解するための基礎を与えてくれましたか？」］もちろんです。なぜなら、概念というのは患者を理解するために有用なだけではなくて、私たち自身にとって有効なものだからです。私たちもまたみな患者であり、さまざまな程度で病んでいるわけですから。我々はみな苦悩を和らげるうえでその知から多くを得ているのです」

（三年目の訓練生 2004）

心理療法教育における本質的な要素とは、それが日常的な経験を扱う基礎になるということにある。[*106] 訓練生たちは精神分析の主張の真実性を、量的・質的研究法によって検証するのではなく、自分自身を素材にして確かめる。ほとんどの訓練機関がリサーチに対して無関心であるから、概念は主観的な「自己テスト」を通じて承認される。つまり、これらの概念が個人的な心理状態において意味を成すかどうかを、セラピーや自己分析を通じて吟味するのである。フロイトはそれを大昔に認めている。

> 精神分析に客観的な証明方法がなく、それを行う可能性もないとするならば、一体どのようにして人は精神分析を学び、その主張が真実であるか否かを確信することができるのだろうか。……精神分析の技法によってちょっとした示唆を行うだけで、精神分析の対象となるような、ありふれていて一般的に馴染みのある精神現象が存在している。**そのようにして、人は精神分析によって記述されているプロセスのリアリティと、その見方の正しさを確信することができる。**
>
> (Freud, 1975 [1917], p.44　強調筆者)

それぞれの概念と関係する経験から学ぶことで、訓練生はただ精神分析の理論的言語に熟達するだけではなく、徐々に「[精神分析的な] 見方の正しさ」を確信していく。四年目の訓練生は以下のように語っていた。

> 「自分の経験のための言葉と概念があり、それらを通して自分自身について理解できることが分かったことには励まされました。私にとって、これらの概念は魅力的でした。それは私たち自身 [彼と筆者] のことを語っていますし、それらは深く私たちと関連していました。[「あなたはこれらの概念を信じていますか?」]。それが私の患者たちの問題です、私にとってはそうじゃありません。実際のところ、「概念」という言葉はいくぶん誤った呼び方のように思います。それはむしろ、私にとっては、**現実により**

近いものです」（四年目の訓練生 2005　強調筆者）

第4章のまとめ

本章をまとめよう。本質的に**自己肯定的**なものとして記述してきたこのスタイルの学習は、訓練生と指導者との間のヒエラルキカルな関係性によって促進される。そしてこのヒエラルキーはパーソンフッドという概念によって正当化されている。そこには、新入者には欠如している（したがって秘密にされている）知を、十分なパーソンフッドを獲得した人はもっているという信念が存在している。

さらにいえば、セミナーリーダーの選抜の仕方や、カリキュラムの制限によって、理論的知識の周りにはしっかりとした境界線が引かれている。この境界は、標準化された正典にあからさまな疑義を呈するような知的な侵犯を防衛するのである。セミナー教育がこのようにして「批判的」ではなく、「自己肯定的」な雰囲気のなかで行われるということから、学派を防衛することにまつわる不安が存在していることが理解できる。

第5章　疑念のマネジメント

前章では訓練機関における「自己肯定的」な教育的仕掛けについて検討を行った。このとき、訓練機関にとって、この仕掛けが自明なものとなっていることは興味深い。つまり、人類学者がみれば構造として明らかであるものが、皮肉にも内部の構成員にとっては心理的に「無意識」である可能性があるのである。

このことが意味しているのは、訓練期間を通じてある言語共同体に所属し、精神分析的思考を確信するようになるという訓練生の成長を、心理療法家たちは特別な専門職的社会化の結果としてではなく、訓練生が「物事の本質」をより深く理解するようになった結果だと捉えているということである。

本章で論じたいのは、こうした成長が十分でないとみなされるとき、つまり訓練生に精神分析の思想への懐疑が残っているとき、訓練機関はその責任を教育課程や自らのパラダイムではなく訓練生に帰すということである。

システムから個人への責任転嫁がいかなるものであるのかを理解するために、まずは次のことを認識しておかなくてはならない。すなわち、セミナーによる教育は、心理療法的想像力への確信を強めるようにデザインされているが、疑念を完全になくすわけではないということだ。疑念は多くの訓練生にさまざまなかたちで残存する。もしこの疑念が十分に扱われ、注意深く管理されなければ、それは「自己肯定的プロジェクト」に破壊的に作用することになってしまう。

この章では、そのような疑念が訓練機関においてどのように扱われるのかを最初に検討したい。懐疑がシステムから別のはけ口へとうまく逸らされる方略、つまり心理療法家たちが「システム」を非難から守るために、疑念を逸らす方略について描写し、明らかにしたい。

後半では、その方略が「実演」されている三つの事例を検討する。すなわち、訓練生の疑念がうまく逸らされておらず、パラダイムそのものに向けられている事例である。そこでは、訓練生は一般的に正しいとされている見解に「異議」を唱えている。そうした異議が、歴史的に訓練機関でどう扱われてきたか、またその扱い方が精神分析共同体の全体的構造をいかに形成してきたかについても明らかにしたい。

疑念を扱う方略

現在は資格を取得し、実践を行っているある心理療法家は、自分の訓練について次のように振り返っている。

> 私は、長年の間、ヒンシェルウッド（Hinshelwood, R.D.）から集団心理療法のトレーニングを受けていました。私たちは年に数回、Institute of Group Analysis（ＩＧＡ）で訓練を受けている人たちと事例検討会をしていたのですが……ある晩、そのＩＧＡで訓練を積んだある人が、いくぶんぶっきらぼうに、これはグループへの転移だ［つまり、個人が無意識の素材をグループへと転移している］と言いました。私は反論し、私の経験ではこの転移は主として治療者へと向けられたものだと言いました。これは、［ＩＧＡの成員が保持している］信条の問題だということがすぐに分かりましたが、私は最初そのことを認

識していませんでした。私はこの観点の違いについて議論してみてはどうかと言いましたが、それは不可能でした。場の不安は急に高まり、会は混乱のうちに終わったのです。その後、［リーダーの］ヒンシェルウッドが私を脇に呼んで言いました。「心理療法をするということは、哲学のセミナーとは違います。それは外科手術のようなもので、「失敗」はまさに生死に関わる問題であり、またそれに類することとして経験されるのです」。それは距離をとって考えたり、反省したりすることができないことなのです。これは、私の心理療法家としての訓練における重要な瞬間だったと思います。心理療法家の訓練を受ける前は、長年哲学者として、また歴史家として仕事をしていたので、訓練生が「唯一の正しい方法」にこだわる切迫性を認識していませんでしたし、心理療法の思想を対象化して考えることが難しいということも分かっていませんでした。

(Young, 1996a, p.124)

第8章でも検討することだが、訓練生が「唯一の正しい方法」を疑おうとしない理由について、それがいかに制度に支えられたものであるのかをみておこう。

すでに論じたように、事前訓練セラピーは、訓練生が精神分析のプロジェクトに対して肯定的であることを保証する。訓練機関に入ってからは、訓練生は特異な教育的装置――つまり理論的知識が制限しながら伝えられることで精神分析的思想を肯定するように機能する仕掛け――の影響下に置かれる。

このような知識の伝達スタイルは、臨床家が治療の失敗を説明するやり方と深く関連している。というのも、もし思想が疑う余地なく正しいなら、いったい誰が、あるいは何が、治療の失敗の責任を負うことになるのだろうか。その答えは、ここでも次の信念、つまりこれらの思想を熟達したかたちで扱い理解できるのは、十分に成長した、あるいは「イニシエートされた」者だけだという信念(第4章参照)のうちに示されている。こうして、失敗の理由は、イニシエートされていないという欠点に求められることになる。例えば、訓練生の「経験が足りないこと」や、患者の頑強な「抵抗」や「陰性転移」が、治療の失敗の理由にされるのである。

この点を明らかにするため、私は、心理療法が期待どおりに進まなかったことをどう説明するか、一〇人の訓練生に尋ねた。無作為に選んだ一〇人のうち一人だけが、特定の事例については、特定の分析的な考え方が適用可能か疑問に思うことがあると認めたが、残りの九人は次のように語った。

・「関係性に目を向け、治療者と患者の間で、作業の妨害となるようなことが起こっていなかったか自問すると思います」
・「患者にすべて責任があるわけではありません。治療者も違ったやり方ができたはずです」
・「深い分析をする準備ができていない患者もいます。このことはつねに考慮されなければなりません」
・「治療者にはつねに、何を間違えたのか自問する心構えがなければなりません」

つまり、質問した訓練生のうち、治療の「失敗」の理由が精神分析の思想にあると捉えている者は一人もいなかった。失敗の原因は、思想を適用された患者の側か、使用した治療者の側に求められたのである。[*107]

疑念を「システム」から「個人」へと逸らすこの構造には、先例がある。エヴァンズ＝プリチャード(Evans-Pritchard, 1937)は、アザンデ人の医者が託宣の力を守ろうとするやり方にこの現象を見出し、それを「二次工作 secondary elaboration」と呼んだ。

託宣の力の効果が十分ではなかったときに、医者は失敗の原因を別のものに求める説明手段を保持している。つまり、失敗の責任は、神や天候または医者自身に見出されることはあっても、託宣の力自体は決して疑われないのである。シューも中国医学の実践で同様の現象を観察しており、そこでは治療の失敗の原因は、（言葉そのものではなく）言葉の発音が正確になされなかったことに求められていた（Hsu, 1999, p.52）。同様に、ラーマンは現代の魔術を研究するなかで、「儀式が失敗したのは、呪文自体が間違っていたからではなく、その使い方が間違っていたからだ」と説明されると指摘している（Luhrmann, 1989, p.253）。

これらほかの治療システムと同様、精神分析においても、治療の失敗は思想自体の誤りによるのではなく、（患者による）理解の誤りと（臨床家による）適用上の誤りによるものだと潜在的には考えられている。失敗の原因が、思想それ自体ではなく、それを用いる者に求められることで、治療の失敗に直面したとしてもシステムの正当性を維持することが可能になる。

疑念の矛先をシステムから逸らす方略は、もうひとつある。

これまでに示してきたように、多くの実践家にとっては、系譜的構造はエリートから下層階級までを包含する一種のカースト制として機能する。ヤング（Young, 1996b）はこの階層性に批判的な心理療法家だが、精神分析共同体のエリートたち（つまりＢＰＣ〈British Psychoanalytic Council〉の精神分析家および精神分析的心理療法家）が、これまでこの階層構造をいかに維持してきたかについて、印象的な例を引用している。

ヤングは、ある精神分析家のコメントを、ＵＫＣＰ（United Kingdom Council for Psychotherapy）の紀要（ＡＧＭ）に引用している。「ＢＰＣに所属していない者［つまりＵＫＣＰの心理療法家］は、心理療法家を名乗ることを禁止されるべきだ。なぜなら、彼らは「偽物」だからだ」（Young,1996b, p. 5）。ヤングはまた、ＵＫＣＰの決議に対して精神分析家に拒否権を認めるかどうか議論された会合についても引用している。その会のクライマックスにおいて、拒否権を認めないことは「生徒に自分自身の試験問題を作ることを許すようなもの」とある老年の分析家が唱え、ほとんどの人がこれに賛同した（p.11）。また、精神分析と心理療法の関係性についての会議がイギリスで開かれた際には、精神分析家たちは、自分たちの学派について話をして、精神分析家は「金」であり、心理療法家は「純度が低い合金」であり、「銅」だとさえ言っていた（p.14）。

こうした例は階層的構造を受け入れていることの表明であり、またエリートの一部が水準の低い訓練に対してとる態度を特徴的に示すものだ。私自身、フィールドワーク中、控えめなものではあるが、こうした態度にしばしば出会った。例えば、精神分析インスティテュート（Institute of Psychoanalysis）の入門研修に出席していたとき、そこの訓練生に対して、教師は三回も、彼らが受ける訓練が群を抜いて洗練されたもので、これまでも優れた臨床家を多く生み出してきたと、強調していた。ある指導者は「ここ以外にも多くの心理療法の訓練があるが、ここが最も徹底しており、そしてもちろん、最も尊敬されている」（ロンドンにて2004）と述べた。[*108]

ヒンシェルウッドは、こうした階層的態度がなぜイギリスの心理療法で広くみられるのか、そしてなぜそこに「水準の低いシステム」への軽蔑がしばしば含まれるのかについて、以下のように述べている。

［イギリスにおける］専門職の最も際立った特徴の一つは、それが分裂した状態にあることだ。競争関係にあるグループ同士は、異なるオリエンテーションであるにもかかわらず、自らに従うよう要求しあっている。さらに、彼らは分かりにくい専門用語で自らを防衛しており、それが交流を妨げている。各グループは、自らの学派を重んじすぎている……。別のグループに対してこのような強迫観念を抱くというのは、集団的な防衛が作動していることの証拠ではないだろうか。どのグループであっても、そのなかでメンバー同士がお互いに正当性を確かめあうことは、（不安の存在を否定するのではなく）メンバーの不安の高さを示しているように思われるのである。このように、自分の思想の正しさを相互に承認するシステムを、お互いに（そしてグループに新しく入ってくる者にも）教え込むことで、不安は扱われている……。

この競争的な文化は、しばしばとても苦痛なものだ。しかし、別の集団を「低水準」な理論しかもたないものとみなすことは、多大な安心を生む。だから、内部の安定性は、劣っていることや不十分であることをほかの集団に投影することで獲得されるのである。

(Hinshelwood, 1985, p.16)

上述のヒンシェルウッドの記述は一九八五年のもので、彼は精神分析共同体の分裂状態を、メンバー各人が自らの専門性について感じる不安に動かされた結果とみなしたわけだが、この分裂状態は今日でも精神分析共同体の特徴そのものである。ヒンシェルウッドの見解が今も有効だとすれば、分裂を生む不安を構成するのは、第1章でみてきたように、台頭してきた競合する心理療法に精神分析的心理療法が向き合わねばならなくなったことと、精神医学の専門職のなかで彼ら自身が周縁化しつつあることである。

ヒンシェルウッドの指摘は、分類体系に関するダグラス(Douglas, 1966)の仕事と関連がある(Young, 1996b)。ダグラスは対象の評価は(それが物質的対象であれ、人であれ、制度であれ)、つねに既存の文化的枠組みのなかでなされると述べている。例えば、あるものが「良いもの」とみなされるか「悪いもの」とみなされるかは、それが既存の社会秩序に適合するかどうかに影響される。あるものが確立された秩序や「分類体系」の境界に反したり、矛盾したり、侵犯したりする場合、つまり確立された秩序内での位置づけが「不明瞭」であるとき、秩序を守ろうとする動きによって、それは「不純」なものとして脱価値化される。そしてひとたび「不純」なものになると、真剣に関心を向けたり考慮したりする価値がないと判断されるのである。

この知見を心理療法の文脈に適用するならば、競合する心理療法を「低水準のシステム」とさげすむ原因は、部分的にはさげすむ側が競合的な治療システムを脅威に感じていることにあるといえるだろう。脅威を感じたり、自分たちの理論と整合しなかったりするシステムを、「水準の低い」ものとして価値下げすることによって、これらのシステムを疑念の受け皿として用いるだけでなく、それらからの自分たちの権威に対する正当な異議申し立てもうまいこと退けられることになる。自分たちのシステムの権威を弱めるような別のシステムに疑いを向けることとは、疑念それ自体を防衛の盾として用いることなのである。精神分析共同体でこのような疑念のマネジメントがなされていることは、学派を守ることや、共同体の境界が崩れてしまうことに対する、深い水準での不安が存在することを示唆している。

異議申し立ての事例

ここまで、訓練機関における**疑念のマネジメント** doubt management の二種類の方略（「二次工作」と「疑念の正当性の否定」）をみてきた。次に、これらが劇化された場面を記述し、この議論をよりたしかなものにしたい。以下に提示する三つの事例は、訓練生の疑念がシステムからうまく逸らされず、治療者や、ある瞬間には（とりわけ第一の事例においては）システムそのものに向けられている例である。これらの事例で、訓練生たちは精神分析におけるリーダーシップに対し、その後積極的に異議を唱えることになった。

しかし、事例を提示する前に次のことを述べておく必要がある。すなわち、これらの事例が示しているのは、疑念を抱いた訓練生の反発が治療者の**許容範囲**を超えたときに何が起こるのか、ということである。というのも、訓練生の反発に対する耐性は個々の治療者によって異なるため、事例のなかで訓練生から唱えられた異議は、別の治療者や訓練機関だったら、妥当なかたちで扱われたかもしれないからだ。以下に示す事例では、訓練生の疑念と反発に対する治療者や訓練機関の耐性がとりわけ低いので、ほかの治療者であればもっと違うかたちでこの事例を扱うのではないかという考えは当然生じてくる。

そのため、以下の三つの事例研究の目的は、反発を許容できなくなる**水準**を明らかにすることではない。上述したように、それは個々の心理療法家や訓練機関によって異なる。事例が示しているのは、**治療者や訓練機関の許容範囲を超えた**ときの反発の扱われ方である。反発が許容できる水準（それはさまざまに定義されるが）を超えたとき、それはつねに異議申し立てだとみなされ、組織的な取り扱いが作動するのである。

また、事例から私たちの目的に沿った事実を読み取るために、それぞれの事例の著者の個人的な事情や、それを読んだ私たちに喚起される感情を超えたところに着目する必要がある。そうすることで、これらの事例に共通する構造を明らかにすることができるだろう。つまり、これらのヴィネットの物語としての面白さを超えた、より深い構造のうちにこそ、私が最も重要だと考えるものがある。

事例　その1

最初の事例は、ジョンという二九歳の訓練生のものである。ロンドンのとある心理療法関係の学部が主催した一連の公開セミナーで、私は彼と出会った。私がジョンに注意をひかれたのは、彼がセミナーのパネリストである精神分析家に対して批判的な質問をしており、それが非常に真剣なものだったからだ。ジョンと友人になってみると、彼の事情が分かってきた。

私たちが知り合う一年前、彼はある一流の精神分析の訓練機関で訓練を受けることになっていた。しかし、彼の事前訓練セラピーが「非常にネガティブ」なものだったため、彼は訓練を受けないことにしたのだった。以下に記す出来事は、セミナーへの出席と並行して、何度か会うなかでジョンが詳しく語ってくれたことである。

ジョンは二〇代前半のころ、心理療法を二年間受けており、この間、彼は心理療法の考え方に熱心に傾倒していた。この最初の「役に立った分析」が終わったのち、彼は数年間、博士号を取得するために研究を行うかたわら、国民保健サービスで看護師として働いていた。その過程で「心理療法が主張することへの、正当な疑念が高まりつつあった」にもかかわらず、彼は訓練を始めることを決めたのだった。それは純粋に、彼の心理療法への「関心が死んではいなかった」からだった。

ジョンの事前訓練セラピーは、最初の数週間は順調に進んだ。「私は好意的な患者を演じていて、治療者が望むことはどんなことでも話しました。可能な限り、自分の人生と生活史に正直であろうとしたわけです。実際は、そうしたことを語る切迫性などなかったのですが」。にもかかわらず、彼は分析家に話をした。「分析がきちんと進むためにできることをしようとしていたからです」彼はそう語った。

またジョンは、もし事前訓練セラピーが訓練機関から要求されなければ、決して自発的にセラピーを受けなかっただろうとも話していた。「自分の最も深い部分を、必要のないときに話すことは不快なことでした……当時の私はそれを話さねばならないような危機的な状況ではなかったからです」。

三カ月が経過したころ、セラピーはジョンにとって悪いものになり始めていた。セッションでの不快感は高まり、彼は治療者とそりが合わないと感じ、治療に来たくないと感じていた。彼はまた、治療者の解釈がありきたりだとも感じていた。転移について繰り返し言及するこの解釈は、「わかりきったもので、退屈でした」。彼は「これ以上ゲームを続けたくない」と感じていた。

この感情は、最終的にジョンが、自分は本当に訓練を望んでいるのかどうかという疑念と、セッションで嘘をついているような感覚を抱いていたことを、治療者に打ち明けようと決心するまで、六週間以上続いた。

ジョンの告白に対する治療者からの応答は、彼の懸念を精神分析的に解釈するものだった。例えば、治療者はジョンのなかに治療への「抵抗」を探し、共同でそれを解決することを促した。ジョンはやはり、治療者のそうした応答は不適切だと感じた。「その解釈がよって立つ理論そのものに疑いがあるのに、どうしてその解釈を受け入れられるというのでしょうか」とジョンは語る。ジョンは時折、自分が信仰をもった人と議論をしている懐疑論者であるように感じたのだ。彼の議論は単なる「へそ曲がり」でしかなく、「合理化」

や「抵抗」として退けられたのである。

ジョンは治療者の説明や解釈を受け入れることができなかったし、治療者は正統派の態度を崩そうとしなかったため、治療は五カ月目には行き詰まった。ジョンのなかでセッションに行きたくないという感情が高まっていった。この時期について、彼は以下のように述べていた。「部屋に着いてから、座ってまったく何も話さず、セッションが終わるまで、ただ時間を計ることだけをしていました……自分にとって、それはこの上なく苦痛な抗議だったのです」。分析家はしばしばこの沈黙を破ろうと試み、ときには成功することもあった。しかし、治療者がジョンの注意をひくやいなや、彼はジョンが「分析ゲーム」と呼ぶものに戻ったのだった。そうなれば、ジョンはふたたび沈黙へと退却することで反応した。ジョンは、自分の心配ごとが、尊重されしっかり対応されるまで、この関係が果てしなく続くように感じた。このパターンは、およそ一カ月後に分析が終わりを迎えるまで続いた。

治療がうまくいかなかったことについて、ジョンはこう総括していた。「治療者は、私の本当の関心事、つまり、私のなかで心理療法に関する疑念が大きくなっていたことを理解していないようでした。だけど、これは私にとって本当に重要なことだったのです。というのも、私はその後すべての訓練を受けるつもりでいたのですから。……私には、たくさんの疑問がありました。例えば、自分はこの職業に向いているのだろうか。自分のなかで疑念が膨らんでいることは、自分の選択が誤っていたことを意味していたのではないか。こうした疑問を抱くことは、心理療法への適性がないことの現れなのではないか。これらの疑問は、治療への抵抗が表現されたものとしてではなく、正当な関心事として扱われるべきだったと思うのです」[*109]。

事例　その2

次の事例は、心理療法家のマーガレット・ヴァレンタイン（Valentine, M.）が自らの事前訓練セラピーの経験を刊行したものからの引用であり、彼女との個人的な手紙のやりとりによって補足している。[*110]「自分の治療が失敗に終わり、「病理的」あるいは「分析に適さない」と判断された感覚が自分に残った」ことが、この経験を綴った動機だと彼女は言っている。以下は、彼女が書いたものからの引用である。

　これから、自分自身の経験について考えてみたい。治療の失敗は、どちらもクライン派の分析家とのものだ。心理療法を受け始めたとき、私は「クライン派であること」がどういうことなのか分かっていなかった。治療者に学派を尋ねると、彼女は「クライン派です」と答えた。クライン派であることが、のちに治療で起こるようなことを意味するとは思っていなかったので、私は治療を始めることにした。治療を始めるときから、彼女は「カウチを使います」ときっぱりと言った。彼女の態度から、交渉の余地はないように思えたので、私は仕方なくそれに従った。関係性がゆっくりと展開し始めたと感じるまでに、いくらか時間がかかった。ときどき、彼女は足を組むときに、カウチを蹴った。

　数カ月の間に、彼女はある態度をとるようになった。それは、分析的態度というより矯正的な態度だった。私の考え方と認知が明らかに歪んでいることに対して、しばしば指摘、というよりはむしろ修正するようになったのだ。そこには対話の可能性はまったくないようだった。罰せられるような雰囲気で、解釈は断定的に伝えられたのである。

「現実の出来事」と私が言うものに、彼女は関心がなかった……。私が幼少期に多くの厄介な問題とトラウマ的な喪失を現実に経験したことは、彼女にとっては重要でなかったようだった。彼女の関心は「空想」にあって、それは外的世界とはいっさい関係をもたず隔てられているようだった。

彼女は、理想化や誇大感、羨望、憎しみ、張り合いの兆候ばかりを取り上げた。私が、赤ん坊がとても好きなのだと話すと、彼女は断定的に、私が赤ん坊を理想化していると言った。私が歯茎にとても痛い腫瘍ができ、歯医者に行くために休んだときには、私が心的苦痛よりも身体的苦痛とよりつながっている、と告げられた。「子どものように歯が生え始めている」とも言われた。

最終的には、不快な口論のあとで、私は治療をやめた。その口論を彼女は楽しんでいたようではあったが。彼女は勝ち誇ったように「やっとね」と言い、私もこのときには、彼女が私にいら立っているのが分かっていた。というのも、彼女が言ったように、私は「何も投影しなかった」からだ。

この経験のあと、私は、より共感的で教条的でない治療者を探した。そして、独立学派の分析家を紹介された。独立学派であれば、理論的にもより開かれているだろうし、しっかり応答し、想像的であることを大切にしてくれるのではないかと希望をもった。しかし「独立学派」というのは誤りだった。彼女は、自分ではそう思ってはいないものの、実際にはクライン派として実践を営んでいた。しかし、技法の点では、むしろ「古典的」「フロイト派、分析的」だった。私は週に三日の頻度を希望したが、彼女は、「自分は分析家だから」と週五日を主張した。またもや、交渉の余地はなかった。私は、自分が彼女の利益のためにそこにいるような気がした。そして、そこにいればいるほど、その気持ちは強くなった。

この気難しい分析家は「乱暴な分析」[*111]に特化していた。私はしばしば彼女の言ったことに衝撃を受けたし、それはひどく直感的な発言のように感じられた。解釈は、私の考えや感情、あるいは文脈といったものを考慮することなく行われた。それらは何の意味もなさなかったのだ。そしてそれらは乱暴なものだったから、その日の夜に、数時間前に言われたことを自分のなかで収めようと苦慮することになった。不眠が悪化したため、どうにか彼女にそのことを伝えると、彼女は、私が彼女を支配し、責めようとしているのだと言った。

私は彼女の言ったことに質問をするようにし始めたが、これは彼女をより煽り立てたようだった。彼女からの解釈は攻撃のようで、あたかも、彼女の権威と世界観とが攻撃されたかのようだった。私に「悪意がある」ために、彼女の言うことすべてを「否定」しなければならないのだろう、と彼女は言った。私からすれば、私は自分のアイデンティティのために闘っていたのである。あるときのことだ。私が自分の経験の意味を理解しようとし、達成感を覚えていたとき、彼女は「私をよそに自分でそう考えた、と思っているんでしょう」と言った。雰囲気はつねにとげとげしく、闘いのようで、私は毎回のセッションがとても怖かった。

治療の枠も守られていなかった。一度、彼女の息子がセッション中に入ってきたことがあった。ほかのときにも、その子どもは階段をどたばたと走ったり、ドアをばたんと閉めたり、私たちの上の階の部屋の床に物を落としたりした。彼女はそのことで私に怒りを表現するよう励ました。けれど、彼女のとるべき対応は、境界をしっかり守ることなのではないかと私は思った。身体的機能や身体的排出について仮定された空想や先入観を彼女が好むあまり、外的世界や過去や現在が無視されるという状況は、狂っているようにも思えた。「今、ここ」へのフェティシズムは、聴いてもらえない、理解してもらえない、私自身としてみてもらえないという感覚を積み重ねさせるだけだったのだ。彼女の理論的信条、価値観、治療のスタイルは支配的であり、こうしたなかで、ふたたび外傷的な事態が生じることになった。

事例　その3

最後の苦悩の事例は、ロバート・ヤングから提供されたものである。彼は、ヴァレンタインと同様、今では名の通った心理療法家であり多くの著作がある。ここでは彼の出版されている文献から引用するが、これまでの二つの事例で心理療法場面での異議が強調されていたのと違い、ロバートの事例ではもっぱら訓練機関への異議が扱われている。なお、この事例に対する私の分析は、ロバートとの個人的な対話によって助けられている。

私は、高い評価を得ている大学院の心理療法の訓練課程に在籍しており、同僚たちと共に当時の権威に抵抗していた［つまり、ロバートによれば、訓練機関がUKCPを離脱することに関して、生徒が十分な発言力を与えられていないことに不満を呈していたのだ。というのも、その決定は彼らの専門職としての地位に非常に大きな影響を及ぼすものであったからである］。[*112] 私たちは、訓練基準や、資格の授与など、いろいろな問題について抗議していた。

ある日、事前に何も伝えられていない状態で、私たちは当初の予定よりも長い期間、またさらなるスーパーヴィジョンで私たちの能力に関する疑いが晴れるまで、訓練を続けねばならないと伝えられた。……当然私たちは抗議した。私たちは、その訓練課程のなかで、これまでで最良のグループだと言われていたし、私はその前年、そこで表彰までされていたのだ。

私たちが敬愛していたあるスーパーヴァイザーが、今や私たちを最も厳しく批判していることも告げられた。これには愕然とした。この問題を整理するために、そのスーパーヴァイザーらと会見する約束をなんとかとりつけた。その会合が開かれる夕方、そのスーパーヴァイザーが実際はなんと言ったのか、事前に電話で確認しておいてはどうかと、誰かが提案した。私は電話をかけ、そのことを尋ねると、「たしかに批判はしたが、もし自分の発言が理由で資格授与が延期されるならば、自分はスケープゴートとして使われたことになる」と彼は答えた。

そして、天王山となるその会合で、彼の発言と思しき批判が繰り返されたとき、私はつい先ほど電話で彼から聞いた言葉を引用して述べた。その結果、私はグループから除籍されることになったのである（私はのちになって、彼が批判をしたのは、別の高名な訓練機関への忠誠心が理由だと考えるようになった。彼はその現役の指導者だったのだ……）。

訓練課程の責任者は、……ほとぼりが冷めるまでセミナーを離れ、新しく三カ月間スーパーヴィジョンを受けるなら、資格の取得を保証すると言った。このことについて考えるためにも、私は指定された新しいスーパーヴァイザー（温和な保護観察官だとみなすようになったが）のところに相談に行った。

そのスーパーヴァイザーは、私が事実をすべて伝えられていないと言った。つまり、資格は得られるが、メンバーになることは認められなさそうだったのだ。訓練を完了すればメンバーになれると組織は周知していたが、この……変更はそれと矛盾していた。

この虚偽に衝撃を受けた私は、より強く抗議した。発言を曲解して使われたスーパーヴァイザーたちも、これを後押ししてくれた。結果、最も強硬な手段をとったスーパーヴァイザー（高名で、熟練の訓練分析家であり、「精神分析インスティテュートの」元指導者で、別の一流の訓練機関の代表だった）は、訓練プログラムから外されることになった。

三カ月も終わりに近づいたころ、保護観察官であるスーパーヴァイザーは「彼らは間違っていたし、もう二、三週間我慢しさえすれば、すべてうまくいくだろう」と言った。……私はスーパーヴィジョンを続けた。

虚偽の発言をしたある教員が、私がメンバーになることを必死に防ごうとして、投票が行われることになったが、彼女は大敗した。このほかにも生徒が扱いの不公平さを感じることは多々あったにもかかわらず、彼女はしばらく教員としてとどまり続けることになり、その結果、彼女と考えを同じくする者（そして、ＵＫＣＰに対して遠慮なく激しい批判を行う者）を後任に据えるために、物事を動かし続けることになった。[*113]

各事例に共通するテーマ

これらの事例に共通している特徴は、分析家や指導者層が異議申し立てを扱うやり方にある。

第一の事例では、疑念があるのに心理療法家になってよいのかというジョンの心配は、「抵抗」と捉えられ、未解決の葛藤の症状とみなされた。そのため、ジョンの感じていたことは、精神分析共同体についてのものとしてではなく、彼の「内的世界」の表現だと解釈された。同様に、マーガレットの事例では、彼女の不満は「陰性転移」によるものとして解釈され、彼女の「悪意」と、治療者を「否定」したいという欲望から生じるものだとみなされた。ここでもやはり、彼女の異議申し立ては「症状」、すなわち彼女の主観的リアリティの表現だとみなされたのである。さらに、ロバートの事例では、訓練機関に対する彼の抗議は、訓練期間の延長というかたちで罰せられることになった。彼の抗議は無意識的な敵意によるものと解釈され、それは訓練と分析をさらに受けることでのみ修正されると判断された。

これらの異議を個人的な問題に由来するものとみなす権利が、それぞれの事例の治療者や指導者にあったのかどうかは、もちろん議論されるべき事柄である。しかし、あとでも述べるが、このような異議の扱われ方は、この職業の至るところで確認できるし、（ロバートへの罰が彼の精力的な抗議によって撤回されたように）一時は「反対者」の烙印を押された著名な臨床家が、のちになって受け入れられることもあることを考えるならば、抗議が個人的問題による症状だと疑われることは、ありふれた出来事だといえる。

つまり、三つの事例において、異議申し立ての原因は個人の病理に見出され、疑念を抱いている者はそのような病理から解放される必要がある人とみなされているのである。精神分析共同体にスムーズに参入していくためには、マーガレットは「悪意」から、ジョンは「抵抗」から、そしてロバートは反乱行為から解放される必要があるということになったのだ。このように、各事例で、「二次工作」の仕掛け、すなわち失敗が「システム」ではなく「個人」の側に位置づけられる仕掛けが用いられるのである。

さらに興味深いのは、心理療法において（治療者と患者の間で）異議を扱うために用いられる仕掛けが、訓練機関において（訓練生と指導者たちの間で）異議を扱う場合にも用いられていることである。つまり、同じ仕掛けが、両方の文脈で用いられ、同じ効果を生んでいるのである。

心理療法のエートスが、このように訓練機関のあり方にも浸透していることから（訓練生と指導者の立場の不均衡を維持するのにパーソンフッドの概念が一役買っていることを示したときにも言及したわけだが）、次のように考えることができるだろう。つまり、訓練生はある意味において「未完成」であるという点で、治療者ではなく患者と同一視される。この同一視は（第2章と第3章で示したように）精神分析の思想から自然に導かれるものではあるが、この同一視の乱用によって、訓練生は子どものように扱われ、権利の剥奪を受け入れやすくなってしまう。

同一視に関していえば、私はさまざまな機会で、訓練生が心理療法場面以外でも患者のように扱われているのを目にした。例えば、セミナーに遅刻した訓練生は、遅れてきた動機を考えるように言われた。これは、あたかも遅刻が「枠」を破る行為であり、潜在的な敵意を表現しているかのようである（このように治療の「枠」をセミナーの空間に移すことによって、患者／治療者のヒエラルキーが、訓練生／指導者という関係においても効力をもつことになる）。また、あるカンファレンスの進行が二〇分遅れていたとき、影響力の大きい論文を紹介するために招かれていたベテランの分析家は、内容を話し終える二〇分前に切り上げ、「セッションはつねに時間どおりに終わらねばなりません」と言った。ここでも、聴衆は患者のように扱われているといえる。[*114] またあるとき、事前の十分な注意なしにある重要なセミナーの受講がキャンセルされたことに対して、訓練生数名が不満を述べると、訓練機関は訓練生が「ちゃんと抱えられていない」と感じているようだったと言ったり、現実はいつも期待どおりにいくとは限らないと言ったりしていた。

このように、心理療法のための技法が、訓練機関の場でも訓練生に対して用いられている。このことは、心理療法の「ディスポジション」の内在化が、主観性と自己アイデンティティの中核にまで入り込んでいることを示すものであろう（その内在化は、訓練機関の指導者層において「完遂されて」いるものである）。心理療法的想像力が、患者のアセスメントに限定されず、自己や訓練機関、社会といった治療以外の事柄を評価する際にも用いられる以上、こうしたディスポジションは、ハーバーマス（Habermas, J.）のいう「内的植民地化 inner colonisation」を形成するといえるだろう。

病理とみなされることへの異議

異議の扱われ方は三つの事例で共通していたが、異議を唱えた彼らが、「自分の主張が病理とみなされたこと pathologisation」にどう反応したかは、それぞれでかなり異なっている。

ジョンは、マーガレットやロバートと同じような扱いを経験したが、彼らとは違って訓練を続行しないことを決めた。あるいは、彼の言葉に従えば「心理療法家になりたいという願望を留保した」。ジョンの異議は治療を離れた時点で終わったため、それが公の関心を集めることはなかった。

マーガレットとロバートの場合はそれとは違い、彼らの抗議は前述した場面にとどまらなかった。彼らは訓練をやり遂げ、資格の認定を受けたのち、自らの経験を出版することによって自らのオリジナルな主張を正当化していったのである。[*115]

ジョンとマーガレットやロバートとの「権威者」に対する反応の仕方の違いは、「断念された異議申し立て resigned dissent」と「活動的異議申し立て active dissent」の機能的差異として公式化できるだろう。**断念された異議**とは、最初の反抗や反論といった行為のあとは、それ以上の反抗を起こさないものを指す。この異議は、治療者のもとを離れたあと、沈黙したジョンの反応に当てはまる。**活動的異議**はそれとは違って、初めの反抗のあとも弱まることはなく、時と場所を超えて激しくなっていく。最初の異議はその後も再演され、しばしば公の議論の場に引っ張り出される。この「活動的異議」は、ロバートとマーガレットの反応に見出せるものである。彼らは二人とも、のちになって自身の経験を出版している。

この「活動的異議申し立て」と「断念された異議申し立て」という二つの形式に、前章で述べた**戦略的異議申し立て**（strategic dissent：限られた場所で安全に表明される異議で、権威を直接的に攻撃しないもの）を加えることができる。これらの異議の形式を強度の順に並べるとすれば、弱いものから戦略的異議、断念された異議、活動的異議となる。

「断念された異議」の例は心理療法の文献にはほとんどみられないが（定義からすれば当然だが）、心理療法の歴史は「活動的異議」の実例にあふれている。それは心理療法家共同体を特徴づけるものといっても過言ではない。この主張を裏づけるために歴史的な記録をひもとけば、「活動的異議」は、精神分析草創期において不可欠な役割を果たしただけでなく、その組織的発展の全過程を通じて、至るところで生じてきたありふれた出来事だといえる。[*116]

フロイトの最初のサークルも、積極的な離反にあふれていた。例えばシュテーケル（Stekel, W.）は学説上の違いから、一九一一年にフロイトから離れている。同じ年に、同様の理由でアドラー（Adler, A.）がバッハ、マダイ、ヒー男爵を連れて離脱している。さらに、一九一四年にはユング（Jung, C.G.）がやはり学説の違いで国際精神分析協会（International Psychoanalytic Association: IPA）を脱退したが、これはフロイトにとって、きわめて衝撃的な反逆だった（Jones, 1955, pp.143-171）。

その後も多くの治療者が、その思想が正統のものと異なっているという理由で、国際精神分析協会からの一時的な追放、あるいは完全な除名の憂き目にあった。そこに含まれる著名な臨床家としては、ホーナイ（Horney, K.）、フロム（Fromm, E.）、アレクサンダー（Alexander, F.）、ボウルビィ（Bowlby, J.）、フェアバーン（Fairbairn, W.R.D.）、コフート（Kohut, H.）、ラカン（Lacan, J.）、ガントリップ（Guntrip, H.）、ライヒ（Reich, W.）、サリヴァン（Sullivan, H.S.）らがいる。彼らが「司祭」的役割よりも「預言者」的役割を好んだのは明らかだろう。

周知のように、これらの治療者の多くは、離脱後に自分の組織を設立してもいる。

例えばアドラーは彼の思想に基づいて、一九一一年に自由精神分析協会（Society of Free Analysis）を設立した。ユングの学説は国際的な学派を組織し、一九四六年にはイギリスに分析心理学協会（Society of Analytical Psychology）が設立されている。ホーナイは、一九四一年に訓練分析家の地位を国際精神分析協会から剥奪されたあと、彼女の思想を広めるために精神分析振興協会（Association for the Advancement of Psychoanalysis: AAP）を設立した。[*117] フロムとサリヴァンは一九四三年にウィリアム・アランソン・ホワイト・インスティテュートを設立した。ラカンは、学説上の対立後、一九五三年にフランス精神分析協会に所属した。[*118] クライン（Klein, M.）は、一九四〇年代前半の論争のあと、一九四六年の「紳士協定」を経て精神分析インスティテュートの訓練に再統合されるまで、（一般にクライン派の聖地として知られている）タヴィストック・クリニックを本拠地とした。

第二次大戦後も、より劇的ではないが論争は非常に多く生じていて、それらが精神分析の基本的思想とは考えを異にする新しい学派の誕生につながっている。そこには主に**非力動的心理療法**が含まれる。異論を唱えた者のうち、著名で、新たな学派や訓練機関を設立した人物の名前を挙げるならば、一時精神分析家であり精神科医でもあった「実存療法」のレイン（Laing, R.D.）、「ゲシュタルト療法」のパールズ（Perls, F.S.）、「交流分析」のバーン（Berne, E.）、「人間性心理療法」のメイ（Maym R.）らがいる。

異論を唱えたこれらの臨床家も、しばしば、マーガレットやロバート、ジョンと同様に、パーソナリティの問題を指摘され、退けられる目に遭っている。「異議を症状とみなす」仕掛けが使用されることは珍しいことではないのだ。

例えば、英国精神分析協会の初代会長で、最も長くその職を担っていた会長であり、また長きにわたるフロイトの友人で擁護者でもあるジョーンズ（Jones, 1955）は、草創期の精神分析共同体を苦しめた多くの異論に対応する際に、この仕掛けを用いている。彼は、自分が著したフロイトの伝記で、こうした早期の異論を記述するのにまるまる一章を費やしている。現在の我々の議論に有益であると思われるので、ジョーンズの主張を検討しておこう。

ジョーンズは、真にパーソナルな理解は「抵抗」が取り除かれたあとにしか生じないという、広く受け入れられている事実を述べることで、その章を始めている。「抵抗を克服することができれば、患者は今までは目に見えなかった自分の性格の諸相に対する洞察を持つのである」（Jones, 1955, p.142）。しかしながら、ジョーンズがはっきりと述べているように、心は力動的なものであり、予期せぬ変化が生じやすいため、

「最初に得られた洞察が必ずしもいつまでも続くものではなく、ふたたび見失われてしまうということも起り得る。……全てこれらのことは患者における と同様、分析者についても正しく当てはめることができる」(p. 142)。そして、ジョーンズは「フロイトはきわめて広汎な自己分析を行うという困難な離れ業を成し遂げることができた」と述べているが、彼はフロイトの洞察が、より深いもので、永続的なものだったと確信しているようである。

一方で、ほかの分析家については、「他の先駆者には一人として自分自身の無意識について多くの個人的体験をもった者はなく、単にそれをちらと見たものがあるだけであった」と述べており、ジョーンズは、彼らの洞察が長続きしないものだと考えていたようだ。そしてジョーンズは、草創期の治療者たちが、洞察を得ていない状態に「逆戻り」してしまいがちであるために、多くの望ましくない結果が生じたと考えていた。

> 分析学者の場合には、一度持っていた洞察が失われると、この洞察の喪失の原因となる再発する抵抗の波は、彼の前にあるデータに対する似非科学的な説明という形で現れることが多く、その時それは「新説」という名で権威づけられている。この原因は無意識の平面にあるのであるから、純粋に意識的な科学の平面での論争は、はじめから失敗に終ることにきまっている。
>
> (Jones, 1955, p.142)

つまり、競合する心理療法理論は「洞察の喪失」によって生じ、その創始者がそのことに気がつかないのは、「洞察の喪失」自体が無意識的だからだ、とジョーンズは示唆しているのである。彼らはフロイトと違い、「自らの無意識についての十分な経験を有していない」がゆえに、「無意識的」なのだ。ジョーンズの論調は、次の一節で最高潮に達する。

私のように、フロイトの理論の多くには賛同しないと公言しているにもかかわらずフロイトの近くに留まっているような人は、偉大なる父親の権威に屈した気弱で従順な人間だといわれてきた。しかし、こうした人はむしろ、自らの幼少期のコンプレックスと折り合いを付けており、だから、上の世代とも下の世代とも協調して働くことが可能な人たちだといえる。一方で、精神分析に反対する人には、いまだに幼少期の反抗を続けなければならず、そのため反抗する対象となる人物を探し続けなければならないような人がいるようである。

(Jones, 1955, p.144　強調筆者)

この節をみれば、草創期の精神分析に対する異論を、批判者の未解決な葛藤による症状としてジョーンズが片付けようとしていることは明らかだ。この方法によって、フロイトと国際精神分析協会がコミュニティの分裂についての責任を負うことを回避し、異論を唱える者の「幼少期の葛藤」にその責任が転嫁される。[*119] またここから示唆されるのは、異論を唱える者が、「より深い分析」を受けて明確な洞察や優れた「パーソンフッド」を有していたなら、彼らは自らの愚かさを認め、懐疑を脇に置き、ジョーンズのように共同体にとどまるだろうということである。こうして、ここでも私たちは、「二次工作」が生じている例をみることができる。

ここで、ジョーンズが、二〇世紀前半を通して、イギリスの精神分析の完全なる指導者だったことを思い出そう。つまり、彼は精神分析インスティテュートの訓練がどう実施されているかを監督する最高権力者だったのだ。そして、ほかの力動系の訓練機関は精神分析インスティテュートの範にならうのだから、彼の影響力はより広い範囲に及んでいる。ジョーンズは、カリキュラムを決め、それを教育する人を決め、それを受ける人を決め、訓練の委員会とスーパーヴァイザーという指導者層を決めたのである。

フロイトによって主導された国際精神分析協会が、ジョーンズのリーダーシップを全面的に承認していなければ、彼の権力がここまで広範囲に及ぶことはなかっただろう。ということは、異論を唱える者に対するジョーンズの態度は、彼の個人的性質によるものというより、むしろベルリンとウィーンにおける権力中枢の基本的態度を表しているのではないか。彼は真の司祭として、自分自身ではなく所属する共同体のために語っていたのである。

精神分析共同体の分裂に関するこうした歴史的事情を考慮すれば、マーガレットやロバートの「活動的異議」や、それに対する訓練機関の扱い方は、典型的なことだったと分かる。マーガレットやロバートの例と、歴史的な例との違いは、彼らの異議の結果がいくぶん控えめだという点のみである。だから、これらの事例には、構造を同じくする前例があり、そこからなぜ心理療法の世界が今日のように分裂しているのかが分かる。

異論を唱える者の多くは、正統とされる思想と決別し、それの鏡像のような学派を設立する。しかし、一度は正統とみなされなくなっても、のちに精神分析の主流派に再統合される場合もある。こうした再統合は、例えばボウルビィが精神分析インスティテュートのカリキュラムに戻ることを歓迎されたように、クライン派と対象関係論の理論家のなかにはっきりと前例を見出すことができる。

また、ある力動的心理療法の訓練では、ラカンとユングに関するセミナーも提供しており、異なる「学派」を統合しようとしている。例えば、英国心理療法家協会（British Association of Psychotherapists）では、訓練生は、フロイト派としてもユング派としても訓練を受けることができる。[*120] こうした点で、正統とみなされなくなっても、再統合される可能性が存在しているのである。

こうした再統合の動きの背景にあるのは、精神分析共同体が断片化していくことへの不安だけではない。非力動的な心理療法の台頭と、薬理学的な精神医学の席巻という脅威が増大していくのを目の当たりにしたことで、長らく対立していた者同士も協力していかねばならないと感じるようになっているのだ。そのため、諸学派は過去に対立した思想をいつの間にか統合しつつある。例えばユング派は、自らの学派の正しさを説き、古典的精神分析に反論していたが、認知行動療法や薬理的精神医療のような非力動的な治療と対峙すると、広い意味で分析的な理念を扱っているという点で、精神分析と手を取り合おうとしている。

第1章で述べたように、精神分析共同体の分裂を助長したのは、ＢＰＣの設立だった。かつてはその統括的組織の権威のもと、力動的心理療法は分裂することになったが、今や同じ力動的理念のために協働が生じているのである。

第4章および第5章のまとめ

私はここまで、異議が許容できる範囲を超えたときに、権威者からいかに扱われるのかを示そうとしてきた。そして、それが「二次工作」と「疑念の正当性の否定」という仕掛けを用いることで遂行されることを論じてきた。

また、**疑念のマネジメント**は訓練生の疑念を扱う際にも用いられることから、心理療法場面だけでなく訓練機関でも用いられることを示した。さらに、これらの仕掛けは共同体の境界と信念とを守るためにも用いられるので、結果として、思想を異にする学派を生み出すことになる。今日、諸学派は、戦略的な目的からますます分裂していく流れにある。

以上の観察から、心理療法場面での疑念の扱い方と、精神分析共同体における序列づけの構造的なあり方には強い因果関係があるといえるだろう。というのも、訓練生の専門職的社会化の目標である心理療法的想像力は、心理療法場面に限定されることはほとんどなく、訓練機関における関係性を規定し方向づけるようになるからである。

第6章　スーパーヴィジョンで起こること

ここまで、二つの章で訓練における「自己肯定的」な雰囲気について述べてきた。その雰囲気のなかで、治療者の保守的なディスポジションは伝達される。教える理論の限定、役割の非対称性を正当化するパーソンフッドの概念の提示、二次工作という仕掛け、そして疑念のマネジメント、これらを通じて訓練生たちは職業的ハビトゥスを身につけるようになる。このハビトゥスは、第2章と第3章で論じた、「地位の不公平さ」や「心理療法的想像力」という基本的なディスポジションのうえに成り立っている。

以上によって、訓練生から精神分析への異議が呈されたとき（それはきわめて稀なことではあるのだが）、その異議を封じこめるような強大な力が存在していることを明らかにしてきた。合意に基づくある種の「社会契約」、ピア関係、目的を共有する初心の臨床家とベテランの間での団結などによって、組織的なコンセンサスが生み出されるのである。

さらには、訓練機関同士の境界と、そこで価値が置かれている信念に個人が反することを見逃さないような精神分析的社会化の仕掛けと選好がそういった同意を支えていると論じてきた。

そこで次なる課題として、この同意あるいは「自己肯定的」な雰囲気を生み出す訓練機関の要因を明らかにしようと思う。本章で明らかにしたいのは二つの点である。それは、精神分析的な病因理解がいかなるものかを解明すること、そして訓練の次の段階であるスーパーヴィジョンについて考察することである。なぜ病因論をテーマとするのかというと、治療的専門技能において病因論的な概念がきわめて重要であるからだ。

精神分析的な病因理解は、臨床実践の基礎となる（と私が信じている）ある種のオメガポイントを構成している。すべての治療的行為が苦悩 distress の原因を解読するための仮説に基づいているのと同様である。治療者の仮説が、スーパーヴィジョンでいかにして暗黙裡に肯定されるのかを明らかにすることによって、治療者の専門的技能を支えるディスポジションがどのように植えつけられていくのかを理解できるだろう。

病因の力動的理解の起源

まずは精神分析的病因論がいかなるものかを紹介しておこう。それは、そのすぐあとに提示される事例を補完するものとなってくれるだろう。

コリングウッド（Collingwood, 2002［1940］）やエヴァンズ＝プリチャード（Evans-Pritchard, 1961）、それから近年ではホバート（Hobart, 2000）の歴史学的方法論を採用するならば、精神分析的な病因論の基盤を明らかにするうえで、精神分析の創始者に影響を与えた社会文化的背景を明らかにしておくことが必要となる。したがって、まずはフロイトの態度、価値観、理論に、彼の生きた時代の社会環境がいかなる痕跡を残しているのかを問わねばならない。

この問いを詳細に検討するために、まずはフロイトの思索を育んだ第一次世界大戦前の数十年間の時期に、ヨーロッパ知識人階級がいかなる社会文化的雰囲気を生きていたのかをつかんでおこう。

中央ヨーロッパでは一八七一年から広く平和が行き渡り、中流階級は産業、貿易、科学の発展によりますます富を得るようになっていた。このような発展によって、彼らは社会的・政治的・道徳的ヘゲモニーを手にした。一般参政権と教育が広く制度化され、一九世紀はじめの権利剥奪と不平等は終焉を迎えたのだ。そしてこれらの発展から、貧困階級の改善が必然的に生じることになった。

国際経済や政治的関係を大きく損なう世界規模の不平等は存在していたわけだが、ヨーロッパの中流階級にとってそれらははるか彼方の概念上の出来事であって、自分の国の政治的・宗教的・経済的な再編がもたらした富によって彼らはかなり楽観的であった（Fromm, 1972）。理不尽な権力や社会的な不正の時代は、法の統治や民主主義、啓蒙的な価値観に取ってかわられようとしていた。この希望に満ちた雰囲気のなかで、実証主義は確固として根づき、それがそのままヨーロッパの中流階級をかたち作った。

フロイト自身が、そのような啓蒙的な楽観主義の申し子であった。彼の人生についての詳細な研究の多くが示しているように、彼はこの時代のウィーン中流階級の典型例であり、当時の慣習の大部分を受け入れていた。[*121] このことを文字どおりに受け取るならば、フロイトの社会との向き合い方は、彼が社会的な慣習と甚だ相容れなかったという一般的な見方と矛盾しているように思える。しかし、より深く掘り下げてみると、（性に関する社会の強いタブーに反したことを除いて）フロイトは当時の社会で支配的だった価値観の多くを無批判に受け入れていたことが分かる。フロイトの臨床と著作の両方から、彼が社会というものに従っていたことを推し量ることができる。彼の実証主義と客観主義、家父長的家族についての考え方、理性的／非理性的の二分法や理性の重視、中流階級の経済的価値を受け入れていることなどのすべてが、彼の著作や生き方に息づいている。[*122]

精神分析が苦悩の原因をどのように理解するかには、以上のようなフロイトのありようが深く影響している。つまり、フロイトは社会（ウィーンのブルジョワジー社会）を健全なものだとみなしていたので、苦悩の原因は、社会ではなくむしろ患者個人の心理に求められることになった。このことについて吟味するために、フロイトが「誘惑」理論（これは暗に社会が腐敗していることをほのめかすものである）を放棄した理由、つまり子どもの「ファンタジー」理論（これは苦悩の原因を内的な領域へと移行させるものだ）へと置き換えた理由を思い起こしてみたい。

よく知られているように、最初フロイトはヒステリーの病因を幼少期に実際に起きた外傷的な出来事にあるとみていた。その出来事とは、通常は大人からの性的誘惑であった。それは「ヒステリー研究」のカタリーナの症例でも描かれていたように（Freud & Breuer, 1955［1893-5］）、父親から娘への誘惑であることが多かった。患者が、自分の受けた虐待を、カタルシスを伴って思い出すことができれば、抑圧と症状はおのずと取り除かれる。そう信じられていたのだ。フロイトは一九〇〇年前後までこの誘惑理論を唱え続けたが（一八九七年に書かれたフリース〈Fliess, W.〉への書簡のなかに、その終焉の兆しがみえる）、それから病因論をゆっくりと、しかし根本的に再構築し始めた。そして最終的に、新たな結論へと至ったのである。

……神経症の症状は現実体験と直接に結びついているのではなく、欲望空想と結びついている。また、神経症にとっては、物質的現実よりも心的現実のほうが重要な意味をもっているのである。

（Freud, 1977, p.34）[*123]

換言するならば、彼の患者たちが語った外傷体験の物語は、現在では（かってそうであったようには）現実の出来事とは解釈されず、幼少期のリビドーに動機づけられたファンタジーであると理解されている。したがって、彼の女性患者によるさまざまな自己開示は、本当の記憶としてではなく、作り上げられた行動や物語として読み解かれることになったのである。そうした記憶を語ることの重要性は減じないとはいえ、その意味は変わってしまった。今や、それらの記憶は社会的出来事ではなく、心のなかの出来事を意味するものなのである。

フロイトがなぜ誘惑理論を捨てたのかという問いは、多くの論争を引き起こしてきた。しかしながら、この議論の詳細は本書の関心との接点が小さいため、ここでは手短に扱うことにしたい。フロイトの路線変更によって、彼がファンタジーであるとして否定した虐待が実在する現実の出来事であったという重要な臨床的根拠や、フロイト自身の患者たちから提供された素材が無視されることになったとマッソンは主張している(Masson, 1984, p.27)。たしかにマッソンの主張は、彼自身が編集したフリースとフロイトの往復書簡(1985)によってだけでなく、子どもの性的虐待はフロイトの想像よりもはるかに多く存在することをのちの精神科医や社会学者たちが明らかにしたことによって、広く支持されたようである。*124

マッソンによれば、フロイトが誘惑理論を捨てたのは、彼の発見に対する精神医学のさらなる怒りを回避しようとしてのことだと説明されている。この解釈は、彼の路線変更をある程度は説明するものの、完全に説明できているとは思えない。そもそもこの解釈は、周知のようにフロイトが伝統的な精神医学的説明を無視していたことや、図らずも精神医学界の怒りを買ってしまっても平然としていたことと大いに矛盾する。より重要なことは、フロイトの社会的保守主義をマッソンが見落としていることである。

多くの患者がヒステリー症状を抱えて彼のもとを訪れたので、自身の誘惑理論が暗にほのめかしていたこと、つまり幼少期の性的虐待がありふれているというだけでなく、社会的地位の最も「立派な」階層で頻繁に起こっていると結論づけざるを得なくなったことによって、彼の社会的保守主義は脅かされていたかもしれないのだ。また、フロイトは自分の兄弟姉妹のいずれにもヒステリー的な症状があったと認めており、彼の父親にも後ろめたいところがあったのかもしれない(Storr, 1989, p.18)。

実際、一八九七年九月二一日付のフリースへの手紙のなかで、ヒステリーがあまりに一般的であることを思うと、幼少期の虐待によって引き起こされているとはとても思えない、とフロイトははっきりと認めている。というのも、彼は「子どもに対する倒錯がそのように広がっているとは考えにくい」としたからだ（Freud, 1989, p.264）。こうして患者が増加するに伴い、ウィーンという高潔な社会に対してではなく、彼独自の理論的な構造物――結果として放棄した誘惑理論――に対する不信や疑念が生じることになった。つまり、誘惑理論が正しいという結論は、彼の社会的保守主義（その時代の厳格な性的習律と対立することはさておき、彼が文明化された生活には不可欠だと考える父性的社会構造を支持するような考え）と矛盾していたのだ。[*125]

ここで、彼が誘惑理論を放棄したことの意味を説明してみよう。現在の議論にとって最も注目すべきことは、その放棄のあとになって、患者から現実の出来事として報告されることが実際にはファンタジーの産物であると、フロイトが考えるようになったことである。それは、子どもの性的生活の存在を示唆する（それゆえに彼の性的発達理論を生んだ）ファンタジーであった。

実際、この方向転換は、彼の早期の症例研究にはっきりと表れていた、もう一つの傾向と完全に一致している。すなわち、フロイトが患者を救うために追求したことは、患者らが直面していた実は悲惨な社会環境を批判したり変容させるべく力づけたりすることではなく、社会環境に適合させることだった、彼はそこへと回帰していったのだ。以上の意味で、フロイトは患者たちが自分の所属している社会を変えるよりもむしろ、そこに適応することを主張していたのである。

その時代の慣習に対するフロイトの態度が、彼の病因論に影響を与えたとするなら、このオリエンテーションが、イギリスにおける精神分析的心理療法のその後の発展に、どのような影響を与えたかをここで明らかにしておく必要がある。いってしまえば、これまで以上に苦悩を心理学用語で語るようになり、人間の苦悩の社会学的な見方（それは社会科学では一般的に普及しているものだ）に真っ向から対立するような、心理学的なものの見方が出来上がったのである。

精神分析的病因論の発展

フロイトの心理学的なオリエンテーションが、後年の理論的発展にいかなる影響を及ぼしたかを確認するために、イギリスの精神分析的心理療法における「精神分析」と「対人関係論」あるいは「対象関係論」の学派の違いを論じなければならないだろう。

精神分析の発端であるフロイトの心理療法は、二〇世紀後半に生まれたに過ぎない「対人関係論」や「対象関係論」と比べてきわめて「分析的」である。この新しい「対人関係論」アプローチは、分析的スタンスを決して覆すことはない一方（それは基本的な分析概念を公理として維持している）、多くの分析家にとって、人間の支配的な欲動 drive としての「快楽の欲求」は、徐々に「健全な関係の希求」に置き換えられていった。この変化を受け入れた人々にとって、転移と逆転移の分析的理解が変化しただけでなく、病因の分析的理解も変化することになった。

新たな対人関係論あるいは対象関係論的アプローチの重要な特徴は、それらが、フロイトとは異なり、子どもの養育者への**愛着**を強調した点にあった。フェアバーン、ウィニコット、ボウルビィ、クライン、バリントなどの治療者は、多くの病理の起源を、子どもたちが苦痛と感じるような、両親、とくに母親との間で生じる親密さの喪失に求めた。それゆえ母子関係に特別な関心が払われ、その崩壊が子どもの成熟の可能性を損なうと信じられることになった。こうして、この新たなオリエンテーションの理論家にとって、神経症は単にファンタジーの抑圧のみから生じるものではなく、実際の剥奪、つまり**現実の**出来事から生じるものとなったのである。

これらの変化に伴い、対象関係論の分析家は、フロイトが彼の誘惑理論とともに大部分を放棄した早期の病因論に立ち返った。彼らは、原因として、想像上の出来事よりも現実の出来事を尊重する姿勢を採用しなおしたのだ。ただし外傷的な出来事を「性的虐待」であるとみなすかわりに、彼らは子どもの人生の最初の数カ月から数年の間に生じる「関係剥奪 relational deprivation」であると考えた。もし子どもが十分な「世話」や「ミラーリング」を与えられなければ、問題のある自己感覚が育まれる。このことは、成人の「シゾイド」あるいは「自己愛的」パーソナリティ特性から強迫性障害や恐怖症に至るまで、さまざまな心理学的問題を生み出すとされるようになった。

一般的な病因論

苦悩の原因が現実にあるのか、想像上のものかについては議論があるものの、対象関係論とフロイト学派のいずれも、幼少期早期が生育史の重要なフェイズであるという点では合意が得られている。その結果、両学派は現在の苦悩を説明するのに、無意識のうちに、現在の出来事よりも人生早期を重視することとなった。現在の問題は、子ども時代の生育歴によって不可避に決定づけられたものとみなされる。現在の病理のルーツは、幼少期にかたち作られたパーソナリティにあるというわけだ。

このような考え方は還元主義に陥りやすかったため、精神分析は政治の世界で支持を得られなかったという主張がなされてきた。例えばサミュエルズは、政府の政策立案者が心理療法家の洞察を無視してきたのには、この還元主義が影響していたと述べている。

なぜ世間が心理療法のことを顧みなかったのかと問うならば、そこに心理療法的還元主義と勝利主義があったからだと答えざるを得ない。心理療法家は、バクダッドにあるアジトの通気口を直撃する巡航ミサイルのファリックな象徴性について新聞に書いたり、あるいはサッチャー首相をイギリス経済回復のコンテイナーと呼んだりしている……どういうことなのか？　世間が関心をもたないのも無理はない。

(Samuels, 2000, p.8)

発達論的還元主義が、現在あるいは最近の社会的環境が個人に与える影響を理論化することを妨げてきたと主張する者もいる（Kleinman et al., 1998; Littlewood & Kareem, 1992）。またある者は、発達論を重視する精神分析家が、病いの原因となる社会的要因の役割を軽視していると異議を唱えてきた。フォナギーとタルジェは以下のように著している。

これまで乳幼児研究は発達仮説と日常的な観察について実証を行ってきたわけだが、幼児から成人へとリニアにつながるような発達論は支持されなかった。人間の発達は、幼児の経験と成人の病理とが直接的に関連しているというには、あまりにも複雑なのである。実際のところ、現在得られている幼児の縦断的研究が示唆しているのは、パーソナリティの構造は、発達上のポジティブまたはネガティブな影響を受けながら、その都度再構成されるということだ。

(Fonagy & Target, 2003, p.162)

社会からの影響を受ける後年および現在の「生活」スタイルが、個人が健全に生きていく能力に影響する度合いを、発達論的な思考法は過小評価している、とこれらの研究者たちは指摘している。

さらには発達論的な見方が、人生早期の二者関係がどの程度家族システム（それ自体がより大きな社会システムによって作られている）の一部なのかという問いを避けている限り、その二者関係がどの程度**社会的環境**の影響を受けているのか、そして子どもの発達に社会的環境がいかなる影響を与えるかを軽視することになると先の研究は明らかにした。つまり、早期の二者関係に対する社会的影響を捨象することで、個人に対して社会が与える影響がみえにくくなっているのである。

以上の二点から分かるように、イギリスの精神分析における主要な二つの学派では、**空間的**にも**時間的**にも限定された病因理解を採用することになった。

空間的には、原因の探索は家族（とくに人生早期の二者関係）に限定されるため、さまざまな社会文化的システムがこうした原初的な結びつきを構成したり、それに対して影響を与えたりすることが見過ごされてしまう。さらに、それは**時間的にも**限定されている。というのも、幼少期の出来事は、後年の出来事よりも、成人の苦悩の主要な決定因として重視されるのである。

これら二つの観点から端的にいうと、今日のイギリスで広く行き渡っている精神分析的な病因論は、**本質的に心理学的なもの**である。つまり、苦悩の社会的要因よりも心理的要因が優先されるということだ。このような見方は、これまで論じてきたように、当時の社会的慣習に対するフロイトの態度を部分的に踏襲するものである。その態度とは、彼の患者の苦悩の源泉を、患者たちが適応を強いられている社会のほうにではなく、患者たちの心に求めようとするもののことだ。

アーリヤのケース――臨床セミナーにおける病因論

以上の精神分析的病因論についての短い導入をもって、我々は原理原則から事実へと先に進むことにしよう。以下に示すセッションは、特定の病因理解が患者の治療に適用されたときに起こることの一例を示している。このケースは、オーディオテープの録音による逐語録をもとに提示したものである。それはロンドンの訓練機関で開催されている八回のスーパーヴィジョンセミナーである。ここでは、この全八回のうち二、

五、七回目の三つのセミナーを示す。[*126]

スーパーヴィジョンが通常そうであるように、以下に示すセミナーも訓練生三人とスーパーヴァイザーによる親密な雰囲気のなかで行われた。理論セミナーのように、それらは通常、訓練機関で週一回、夜間に行われているが、議論される内容が理論セミナーとは異なる。毎週、それぞれ異なる訓練生が、そのとき治療している訓練ケースを「グループにもってくる」。そして、スーパーヴァイザーは、提示される事例に基づいて、訓練生が適切に治療を進めているかをアセスメントする。

構造的にみるならば、用いられている自己肯定的な状況と仕掛けの点で、スーパーヴィジョンと理論セミナーはよく似ているといってよい。ここでも指導者と訓練生の役割は明確に定義されていて、批判的な省察は、精神分析的な考えの真偽ではなく、それらが実践において適切に運用できているかどうかという点に向けられている。

さて、ここで参加者に視線を戻してみると、問題となるスーパーヴァイザーは、中年男性の精神分析家であり（ロンドンの精神分析訓練機関で訓練を受けた）、研究テーマは治療における文化的問題であった。三人の訓練生のうち二人はスーパーヴィジョンの初年度にあたるイギリス人の男性（三〇代前半）であった。あとの一人（ケースの提示者）はインド出身の四二歳の女性で、以前にインドで認知行動療法のトレーニングを受けていた。彼女が提示した患者は二一歳の（パンジャブ出身の）インド人女性で、彼女のことを以下アーリヤと呼ぶことにする。

アーリヤが心理療法を受け始めたのはなぜか

その訓練生は、患者であるアーリヤが、インドで結婚したインド系イギリス人の夫（三一歳のグジャラート人）と暮らすために、一年前にイギリスに来たと語ることから始めた。彼女の問題は、イギリスに到着してから四カ月後に始まった。夫が家でのアーリヤの失敗について次第に厳しくなっていったのだ。この頃には、彼の独占欲と嫉妬も膨らみ始めていた。夫は、アーリヤが外出することや、彼のほかの家族と交流することを禁止した。その後の数カ月にわたり、虐待的なエピソードは悪化し、物理的な攻撃になったり、頻度が増えたりした。七カ月後には、彼は彼女のことをほとんど毎日ぶつようになっており、性的にも攻撃的になりつつあった。その後も数カ月の間、夫がとくにひどい虐待を行った夜に叔母の家に行こうと窓から「逃げ出す」まで、アーリヤは「悲惨な暮らしをしていた」。夫は二日後に、離婚を申し立てたので二度と戻ってくるなということを彼女に言うために連絡してきた。彼女がかかりつけ医からこの訓練生のもとに紹介されたのは、この出来事の二カ月後であった。彼女は抑うつ的で、悲しみに打ちひしがれ、ひどく孤独だと訴えていた。

スーパーヴィジョン　その1

この訓練生は、アーリヤとの直近のセッションで重要なテーマと思われたことを三つ語った。まず、アーリヤの夫に対するアンビバレンスである。セッションの冒頭で、アーリヤは夫が彼女を連れ戻すことを切実に望んでいた。にもかかわらず、セッションの終わりで、どうすれば戻れそうかと尋ねられたとき、アーリヤは即座に「いいえ、私は離婚したいのです。絶対に離婚です。二度と彼のもとには戻りたくないです。もし戻ったら、彼は、数日はいい人かもしれないけれど、その後私を殴り始めるに決まっています」と言った。

二つ目のテーマは、夫の行動の変化に対するアーリヤの驚きと関係していた。（ロンドンから彼女に贈り物をして）自分を口説いていた恋人が、「残酷な男になってしまった」ことだ。アーリヤは「どうして振る舞いがそんなに変わってしまったのかと彼に尋ねたら、自分はつねにこうだったし、自分には二つの顔があって、穏やかなときも怒っているときもあると言ったのです」と話した。

三つ目のテーマは、夫がアーリヤを人前でどう扱ったかに関係していた。訓練生はアーリヤの言葉を引用した。「夫は、私に彼の兄弟の誰とも話をさせませんでした。用事があって私たちが彼の弟の家へ行かなければならないとなると、私に早く帰ってくるようにと急かしました。あるとき、私が階下へ降りたとき、彼の兄が玄関で待っていました。私は義兄に、紅茶かコーヒーはいかがですかと尋ねました。するとすぐさま、夫が私をキッチンに押し込み、義兄に話しかけたことについて怒鳴ったのです」。ほかのグジャラート人の集まりでは、アーリヤはある女性とすべての男性に話しかけてはいけないと言われたとのことだった。

スーパーヴィジョンその1での参加者のコメント

スーパーヴァイザー　このセッションで彼女ははっきりと、騙され裏切られたと感じたことを語っていますね。夫が、演じていた姿から違う姿に変わってしまったと。彼は、自分に二つの側面があることを認めさえしています。……驚いたのですが、セッションの冒頭では、彼女は彼のもとに戻るセカンドチャンスを望んでいたのに、最後には戻ることはないと言って譲りませんでした。一体どちらなのでしょう？

訓練生　前回のセッションで夫が自分を呼び戻してくれることを彼女は切望していました。年長者たちが間に入って状況を改善してくれること、つまり両方の家族が話し合って円満に仲直りさせてくれることまで望んでいました。それが彼女の望みだったのです。しかしそれから、そうです、このセッションの終わりには彼女は離別を望んでいます。彼女は私物を戻してくれるよう、弁護士を通じて要求してさえいます。

スーパーヴァイザー　あなたは経済的にはどんなことが起きていたか分かりますか？　というのも、そのことが重要な役割を果たしていると思うからです。夫は、彼女が彼に与えたものを返してくれそうですか？

訓練生　彼女はそこが不安なようでした……

スーパーヴァイザー　あなたがそのことを心配すべきということではなくて、そういうことは治療者の関心事ではないけれども、そのことは彼女の状態がどうなってゆくかについて間接的に多くを示唆しているのではないかと思うのです……このセッションにおいて印象的だったことは、外的な物事に強調点が置かれていることです。あなたは質問をして、彼女は夫や家族に関するいくらかの情報を提供しています。しかし、彼女の体験について、彼女がこの状況においてどんなふうに感じるかについては、ほとんど触れられていません。

訓練生　そうです。彼女は繰り返し、憂うつで泣きたい気分だと言いました。ですが、彼女は解離したようにしか、それらのことを話すことができません。

生徒1　ということは、彼女は怒っていないのですか？

訓練生　ええ、怒りは、彼女の身体にも、声のトーンにも表現されていません。それは受動的な怒りなのです。「私は怒りを感じています。夫に対する怒りを感じています」。そう言いはしますが、ほかに何もないのです。

生徒1　彼女は怒りを感じていると語るけれども、あなたは面接中に彼女の怒りを感じられないのですね。

訓練生　ええ……［沈黙］

生徒1　そのことについて掘り下げられないでしょうか。

訓練生　ええ、でも私としては文化的な要因もあると感じていました。パンジャブ文化について確信はもてませんけど、私の出身地では、私は女性として、怒りの感情をあまり表現できませんでした。女性は、柔和でいなければならず、もし怒りの感情を抱いたとしても自分を抑え、怒りを表現しない術を身につけなければならないのです。このことが、実際のところ、私が受けているセラピーでも問題を生んでいます。私がある困難を経験していた際、治療者は私が非常に怒ると予想し、自分の怒りを言語化する練習をさせました［笑い］。だからアーリヤの戸惑いに共感できてしまうのです。［沈黙］

生徒2　あなた自身の怒りに関する問題が、彼女の怒りを掘り下げることを妨げているのですか。

訓練生　よい質問です。そのことについて考えてみる必要がありそうです。［沈黙］

スーパーヴァイザー　彼女は、物理的に閉じ込められて誰とも話をさせてもらえなかったというだけでなく、出口のまったくみえない場所にいるような感覚のなかに捕らわれていると感じていたことをはっきりと表明しています。彼女は、夫を喜ばせるために最善を尽くしたと一度ならず言っており、そのためなぜそんなふうに扱われるのか理解できません。彼女は何をしても失敗してしまうと感じています。

訓練生　驚くことがまだ二つあります。何が彼女を、写真をひと目みただけで、つまり会ったこともなく、ほとんど話したこともない男性と結婚する気にさせたのかについて、彼女が深めたがらないということが一つです。もう一つは、彼女がこれらのすべてにおける自分の影響、つまり**彼女自身**がこの状況を作り出していることについて考慮していないことです。

スーパーヴァイザー　［熱心に］まさに、そのとおりです。

生徒2　［同意しながら］私もそのことに気づいていました。

訓練生　どこかに抵抗があるように感じます。［みな頷く］

スーパーヴァイザー　とても重要なポイントが二つあると思います。一つ目ですが、彼女のインドから出たい、家族から出たい、両親から離れたいという望みが非常に強く、求婚してくれる人であれば誰とでも結婚していたレベルだったと推測することができます。たまたま彼は親切な手紙を書き、素敵な贈り物をくれたりするような素敵な人でもあった。あるいは、イギリスに行きたい、家族のもとを離れたい、子どもが欲しいなどという彼女の希望もあったかもしれませんが、そのあたりのことは誰にも分かりません。何が実際のところだったとしても、この男性と結婚したいという明確な希望の背景には、別の何かがあります。それは、いいかえれば、彼に関することではないということです。

そして、二つ目のポイント、彼女は彼女なりの役割を演じていたと仮定するのが妥当でしょう。ただそのことが、彼の振る舞いを正当化するわけではありません。でも理解しようとしてみると……彼女はあまりにも受動的になり、彼を怒らせることによって、彼女の役割を遂行したのかもしれません。確信はありませんが。

訓練生　ええ、ええ。

［中略］

スーパーヴァイザー　［セッションを終えながら］今のところ、我々は「叔父がこうした、夫がそうした」という事実を与えられていますが、それらが彼女にはどんなふうに感じられたかは十分には分かっていません。あなたが言うように、怒りは、文化的には、彼女の年齢の女性が抱いてよい感情の一つではありません。しかし、彼女が何らかの感情を抱いていたことは間違いありません。もし彼女がそれを怒りとして経験していないとしたら、彼女は屈辱、あるいは騙されたという感覚か何かとして経験しているのかもしれません。つまりですね、彼女がすべきことや彼がしたことよりもむしろ、もう少し彼女の現在の言葉に注目するよう努めるべきだと言いたいのです。実際に起きたことは、ソーシャルワーカーや、彼女に何が起こったかについての物語を書かなければならない作家にとっては興味深いでしょうが、治療者の仕事ではありません。治療者の仕事とは、内的な世界を理解し、主観的な体験を表現できるよう助け、それをあなたと共有できる状況をなんとか創り出すよう努めることです。そうすることで、主観的な体験が理解され、解釈されるのです。［生徒のほうを向きながら］何か言いたいことはありますか。

生徒2　そう思います。これまで彼女の外側で起こった状況や出来事については多くが語られたと思いますが、それらに対する彼女の内的な反応については多くは語られていません。無理もないと思います。もちろん彼女を責めているわけではありませんが、これらのことにアプローチする別の方法、つまり、彼女は答えを求めて自分の内面に向かう必要があるという事実に注目することは理に適っています。［みな頷く］

短い考察

セミナーの冒頭で、参加者グループは明らかにアーリヤの境遇、つまりほかの立場の人からみれば彼女の苦しみを十分に説明すると思われた境遇の描写に心を動かされた。しかし、セラピーがアーリヤにとって適切かどうか（彼女の痛みはどの程度、病理よりも不幸な境遇によるものか）を議論するのではなく、このグループは彼女の内的な力動について分析している。結局心理療法家とは、自分たちにはそのように探索する権利が保障されていると思っている人たちなのである。「彼女は外的な出来事にばかり焦点をあてており、それらに対する彼女自身の反応にではない」といったコメント（精神分析的な専門用語では、こうした行動は「回避性パーソナリティ」と表現されるであろう）によって、アーリヤの主観的な問題がほのめかされている。生徒の一人は「彼女の怒りは受動的で、表現されていない」と指摘していた（「シゾイド」パーソナリティの特徴である）[*127]。そして全員が重要だと同意した疑問が「彼女をこの男との結婚に駆り立てた動機は何だろう？」であり、「彼女はこの状況にどう関与していたのか？」であった。これらのコメントや疑問が明確に述べられたのはほんのわずかであるが、それらは多くのことを示唆している。つまりアーリヤの一部が、彼女自身に対して悪事を働いているということだ（例えば、無意識の動機や欲求がおそらくそれであろう）。

このセミナーのもう一つの特徴は、スーパーヴァイザーからの技術的な指南がないことである。これは珍しいことではあるが、この例においては無理からぬことだと思われる。アーリヤの苦痛の性質が明確にならないため、治療的な戦略を決定するのが困難なのだ。スーパーヴァイザーは、戦略を決める前にもう少しアーリヤのことを知る必要があると感じているが、そこには二つの障害がある。つまり、アーリヤが外的な出来事に注目している事実と（このことをスーパーヴァイザーは問題と捉えている）、ある行動が心理的な背景というよりはむしろ文化的な背景によって説明されうるという事実である（例えば、彼女の感情的「抑圧」は、心理的というよりは文化的な禁忌のためだとされている）。ほかの要素も文化的に説明できるかもしれないという疑問が、議論を妨げてしまう。セッション後にグループの一人は「多くの文化的テーマがあって私には理解できなかったし、このことが彼女の問題をはるかに複雑なものにしていました」と私に話してくれた。これらのコメントを頭に置きつつ、次のセミナーの記録に目を転じてみよう。

スーパーヴィジョン　その2

最初に議論されたテーマは、アーリヤが夫を強く求めていたにもかかわらず、同時に夫に対して自分の私物やパスポート（彼女が自立を望んでいたことを象徴している）を返すようにと強く望んでいたことであった。実は、私物そのものを求めているというよりは、彼がそれらのものを返すために連絡してくることを彼女は望んでいたのだと明らかになったとき、この矛盾は解消した。

二つ目のテーマは信頼に関することだ。アーリヤは「私はいつも人を信じてきたけれど、もはや信じられません。よい勉強をしました。私はこの世の誰も信じられないのです」と語った。治療者がアーリヤに自分のことは信頼できるのかと尋ねると、アーリヤはこう反応した。「いえいえ、あなたのことを言ったのではありません。あなたは本当に力になってくれています。私が言いたいのは、夫や夫の親戚のようなほかの人たちのことです。夫に裏切られて、どうしてほかの人を信じられますか？」

最後のテーマは分離に関するものである。しばらくの間、アーリヤは（性的、身体的、言語的な）虐待から逃れて幸せだったのだが、彼女はいまだに夫や彼の家族のことを恋しがっていた。「彼の兄弟のように、私によくしてくれた人たちもいましたし、私は彼の家族が好きでした。というのも、結婚してからは、彼の親戚にはみな自分の親戚のように接していましたから」。彼女は続けた。「今でもまだ、食器や衣類などがあった場所はすべて覚えています。これらの記憶はとても鮮明でよいものですから、そこから自分を引き離すために苦しまなければならないのです」。

セミナーでの議論

スーパーヴァイザー　［グループのほうへ向けて］何かありますか？

生徒1　気になったのは、彼女が夫のよいところについてどんなふうに話し、夫を失ってどんなふうに悲しんでいたのかということです。このことは、数週間前の彼女の主張と矛盾します。さらには夫の家族に対するもともとの主張とも矛盾します。［みな頷く。アーリヤは夫に味方して、彼の扱いを咎めなかった家族に対して怒りを感じていた］

訓練生　はい。彼女は今となっては、失うと悲しい人がたくさんいるように感じています。どんなにひどい人たちだったとしても、家族が離れていってしまうという、ある種の恐怖があるのだと思います。

スーパーヴァイザー　私はほかにも何かがあると疑っています。誤った方向に進みたくはないのですが、あなたは私よりも文化的なルールに詳しいですね。若い女性が結婚するために家族のもとを去るとき、新しい家族の一員になるために、ある意味で自分自身の家族を捨てるのではないか、と思うのです。しかし今、彼女は新しい家族から拒まれた。ええと、彼女は今、どこにも属していない。イギリスにも、インドにも属していないのです。彼女は自分の家族にも属していない。夫の家族にも属していない。この点において、彼女はまったくひとりぼっちです。

ほかにも彼女はパスポートに言及していますが、私はパスポートが彼女のアイデンティティの象徴だと思います（そこには名前、写真、住所などが載っています）。そしてパスポートを入手しようがないという事実が彼女を不安にさせています。それはビザがなくて渡航できないという理由だけでなく、彼女のパスポートを所持しているのが誰であれ、その手で彼女のアイデンティティ、自分が何者であるかについての感覚をほとんどすべて奪われてしまったという理由によってです。ですから、彼女は本当にどこにも属しておらず、絶望しています。彼女の抑うつの大部分、また彼女の涙の大部分は、このことと関係していると思います。彼女は落ち着ける、存在してもよい場所、いうなればパスポートを、アイデンティティを取り戻せる場所を必要としているのです。ただ、もちろんそれが全貌ではないでしょうが。

訓練生　はい。パスポートは多くを象徴しています。［間を置いて］いまだに謎なのは、なぜ彼女がアイデンティティを抜本的に見直そうとしたのかということです。なぜこの男性だったのか、なぜこの国だったのか。

スーパーヴァイザー　彼女はあなたが思っている以上に計画していたと？

訓練生　ええ、ええ。

スーパーヴァイザー　彼が素敵な贈り物をくれたからだけではなかった。

訓練生　まさにそのとおりで、もし若い女性が問題を抱えていて、そして両親が彼女を受け入れてくれるならば、その子は両親のもとに戻ると思うのです。でも彼女はイギリスに残って、自立したがった。

生徒1　そのことは興味深いではありませんか。

訓練生　そうです。彼女はとても親密で愛情あふれた環境で育っていて，両親はとても保護的でした。そして結婚後，彼女はこの地でこんなにも苦しんでいます。それでも，両親のもとに帰りたいという望みは一番には出てこなかった。

スーパーヴァイザー　今のところ，なぜ彼女が帰りたがらないのか，我々には分かりません。ですが，このことはいったん脇に置いておきましょう。というのも，今ここで我々が議論すべきなのは，別の何かだと思うからです。彼女が誰も信じられないと言ったとき，あなたのことも含めていると気づいたのは正しかったと思います。彼女が「いいえ，あなた以外のみなという意味です」と強めに否定したことは，私には納得できませんでした。彼女も自覚していたかもしれないけれども，そこにはアンビバレンスがあったと思うからです。彼女が自分のことを，人をみる目のない人間と思っていたとしたら，なぜあなたには騙されないのですか？　たしかに，あなたは彼女が自分を表現できるような安心できる場所を与え，立派な解釈などを与えるでしょうが，そのことと彼女の夫がくれたプレゼントとは何が違うのでしょうか？　彼女があなたのことを信頼しがたいと思っていることを指摘したのは正しかったと思います。私は彼女のきっぱりとした否定を文字どおりには受け取れません……彼女に，実際にはあなたを信頼できない部分があることを気づかせることができれば，あなたをより深く信頼できると思います。彼女には誰も信頼できない部分があるという事実に直面させることができれば，あなたはより信頼に足る存在となれるのです。彼女は，大いに落胆したり，裏切られたりしてきたのですから……

生徒1　彼女はこれらの出来事の前にも，人生においてどれだけ裏切られてきたのだろうかと思いました。

スーパーヴァイザー　素晴らしい。例えば我々は，彼女とその両親との関係についてほとんど知りません。彼女が，どれほど彼らによって落ち込ませられ，裏切られたと感じてきたのか。

訓練生　彼女は両親について、素晴らしい人たちで、彼女にすべてを与えてくれたという誇大的なイメージを抱いています。

スーパーヴァイザー　〔微笑みながら〕そうです。でも……

訓練生　彼女が両親のもとへ帰りたがらないことが、我々に何かを教えてくれています。

生徒1　人によっては、彼女が帰ろうとしない理由は、そうするのが恥だからだと言うかもしれない。

訓練生　ええ、彼女は家族に恥をかかせたくないから帰りたがらないのかもしれません。私は彼女がしくじったとは言いませんでしたが、彼女自身はそう感じていたのかも。

生徒2　でも恥によって、彼女が帰りたがらないことすべてに説明がつくでしょうか？

訓練生　おそらく、たぶん。でもすべてではないです。

スーパーヴァイザー　示唆されることは、彼女は両親のことを本当には信頼していないということです。そしてそのことが、彼女が帰りたがらない理由でしょう。我々は、彼女の家族のなかで何が起きているのかほとんど知りません。

生徒2　そして我々は、彼女がどこまでこの結婚に同意していたのか分かっているでしょうか？

訓練生　えーと、彼女自身はこの結婚を望んだと言っていました。

スーパーヴァイザー　でも彼女は、両親が物事を調整したあとに、その両親を落ち込ませることはできないと感じて同意したのではないですか？　ポイントは、彼女の意思決定が、実際にはどの程度自由なものであったかと問うてみるべきということです。理論上は、彼女はイエスかノーと言えますが、現実的には、彼女には**本当**に選択の余地はあったのでしょうか？

生徒1　そしてもし彼女に選択の余地がなかったとしたら、つまり両親は彼女が受け入れることを分かっていたとするならば、なぜ近くではなくイギリスにいる男性を選んだのか。娘を送り出すにはとても遠いと思うのです。

スーパーヴァイザー　バックグラウンドの異なる男性、異国の地に住み、のちに彼女にとっては非常に不適切であると分かる男性ですね。

生徒2　それからなぜ両親はロンドンに住む男性を選んだのでしょう？　この選択が非常に重要です。

スーパーヴァイザー　あなたは暗に、両親がイギリスに住む人を娘のために選んだのだとしたら、ある意味で彼らは彼女を排除したかったと言っているんですね……

訓練生　彼女がイギリスに来たくてイギリス人男性と結婚したというのが私の仮説です。ひょっとすると、私はオースティンの読みすぎかもしれませんね。［みな笑う］

スーパーヴァイザー　真実は非常に複雑なようです。彼女は家族から離れたくて、この地に来たくて、結婚したくて、家族の意向に沿いたかった。

生徒2　［長い沈黙のあとで］彼女はとても悲しい女性ですね。

スーパーヴァイザー　［残念そうに］これはとても悲しい物語です。珍しいとは思わないけれども、悲しい。ええ。

［中略］

スーパーヴァイザー　さて、終わりの時間です。まとめましょう。今のところ我々は、彼女が内在化している制限が何であるのか確信がもてません。今このことについて議論するよりも、おそらくそれは、家族の圧力、外的な圧力、彼女自身の精神病理、そしてあなたが言うところの教育の複合的なものであると言っておきましょう。より有益なのは、今後のセッションで、離婚するかどうかなどの**外的な物事から彼女を引き離す**よう努めることです。すべてのことをより内的な水準で読み取り、外的な出来事を忘れ、それらについての彼女の体験をみて、理解しようと努めることです。そうすることで、彼女の内界の見取り図が明らかになるでしょう。彼女は、今この状況にあることをどのように感じているでしょうか？　ここで自分自身を知ってゆくなかで、彼女はいかなる役割を担うのか、あるいは担おうとしないのか？　あなたやあなたに対して話をすることを彼女がどう感じるか？　例えば心的外傷を受けたり、虐待されたり、拷問されたりした人々のケースにおいて、はっきりとした一連の外的な出来事があるときはいつでも、そのことに完全に焦点を合わせてしまいがちで、当人のそれらについての個人的でパーソナルな体験が忘れられがちです。でもそれは人によって大きく異なると思うのです。なので、出来事よりもむしろ彼女の内界に目を向けることができれば、彼女がおそらく表面的にあなたを信頼していると言っている以上に、本当にあなたに助けられ、あなたを信頼し始めるでしょう。**あなたがここに存在しているのは、彼女の生活の外的な部分を助ける以外の目的があるからです。それは、あなたが彼女に何を提供しなければならないかという点で、ある意味特別なことです。**

生徒1　ソーシャルワーカーとは違って、治療的なアプローチをとることで、彼女がそれらの出来事との関係に気がつき、彼女自身について考えることが可能になるのではないでしょうか。

スーパーヴァイザー　そして彼女がどこから来たのか、この状況で自身のことをどう思っており、どういう役割を演じていたか、を。

生徒1　それからその状況から抜け出すために、どんな役割を演じることができるのか、を。［みな頷く］

短い考察

このセミナーではっきりしたことは、参加者がそれぞれに診断的な解釈を組み立てようとしていたにもかかわらず、コンセンサスにたどり着けなかったことである。この遅れは二つの理由でもたらされた。一つ目は、文化的な障壁である。多くの点で、アーリヤの世界は馴染みの薄いものだった（多くの治療者にとって患者はイギリス人で中流階級である）。そして訓練生自身はインド人であり、（それらへの）より高い感度を有していた。このように、生徒とスーパーヴァイザーは、鍵となる文化的事実すべてに迫るまでは、結論を導きたがらなかった（例えば、省略した部分ではアーリヤの価値観や信条、お膳立てされた結婚についてなど多くの質問がなされていた）。

二つ目は、アーリヤがさらされていた外的な出来事のせいで、この訓練生は、それらを乗り越えて彼女の苦悩の説明を探し求めることができなくなっていたことである。スーパーヴァイザーはそのことを感じ取り、「彼女の抑うつはアイデンティティを失ったことと大いに関係している」と言って外的な出来事のインパクトを認めつつも、「もちろんそれが全貌ではない」と述べている。彼は暗に、これらの出来事の背景に何かほかのもの、つまりアーリヤをこの状況へと導いた、彼女自身も知らない深層の「動機」があることをほのめかしている。さらには、彼女が自身の「内的な体験」を開示するよう提案することによって、このスーパーヴァイザーは彼女の問題や「パーソナリティ構造」を描くことができるような情報（ファンタジー、恐れ、内的な矛盾、内的対象）を求めている。このように、ここで求められているものは非常に特殊な主観的事実である。こうして外的で集合的 collective なものよりも個人的なものを優先することによって、精神分析的な解釈や介入が適切でない場面でも用いられることが正当化されるのである。

例えば、多文化主義の臨床家は、精神分析的な関心のみで情報を収集することに異議を唱えている。なぜなら、そのようなあり方は、外的な社会文化的意味、象徴、出来事よりも「普遍的」な内的体験を重視しているからである。例えばリトルウッドらは、精神分析的心理療法における心理学中心主義について以下のような批判をしている。

患者の語りの文化的な構成要素を故意にフィルターによって覆い隠して、症状や防衛機制のような特徴を見出すことが、……［精神分析的心理療法においては］価値あるものとして認められている。これは、外国人の健康の専門家が、自分の患者の物語を西洋の治療的物語に近づけようとすることと関係している。

(Littlewood et al., 1999, p.102)

心理療法家が象徴を用いて、患者の語りを作り変えることによって（つまり、患者がそれらの象徴的な用語で自分の世界を理解しようと、しばしば迎合することを見過ごしているということだ）、精神分析的病因論がほかの病因論を無視しているとこの著者たちは主張している。いうなれば、そこでは文化固有の象徴的意味が捨象されるだけではなく、苦悩の心理学的な捉え方と矛盾するような病因論まで捨て去られてしまうのだ。

スーパーヴィジョン　その3

このセッションの主なテーマは、治療者がセッションの最後にアーリヤにいくつかの「ホームワーク」（患者の自己効力感を高めるためにセッションとセッションの間に行う課題）を課したことであった。ホームワークを課すことは精神分析的心理療法ではタブーである。この訓練生のやり方は、認知行動療法の原則に適っており、彼女は認知行動療法に関する多くの知識をもっていたため、患者に対して探索的というよりはむしろ指示的になっていた。彼女は、「アーリヤの自己卑下の感覚が状況好転のための一歩を踏み出すことを妨げている」と感じ、そのような提案をしたのだ。

二つ目のテーマは、アーリヤが両親に自分の不幸を話したがらないということと関係していた。アーリヤは「私は自分の深い感情を他人と分かち合うことはありません。私の思いを背負わせることで、家族が苦しむのが怖いのです。彼らに苦しんでほしくないのです」と言った。

セミナーでの議論

スーパーヴァイザー　あなたは彼女にホームワークを与える必要があると感じたのですか?

訓練生　はい。バランスをとるために、彼女に自分のよいところをリストにして書いてきてもらう必要があると思いました。彼女の自己卑下を反駁するのがよいと思ったのです。

スーパーヴァイザー　ほかの選択肢についてはどう思いますか?

訓練生　彼女にホームワークを与えずに、ということですか?

スーパーヴァイザー　そうです。私には、よいところリストを作ることよりも、なぜ彼女が自分によいところが一つもないと感じるのかを理解することのほうが、重要なように思います。ただ、どういう枠組みに準拠して働きかけるかに左右されることは分かります［スーパーヴァイザーはこの訓練生が認知行動療法の考えを援用していることに気づいている］。精神分析家としては、私だったら非指示的な方法で働きかけるので、教示は与えないでしょう。ほかの同僚であれば、セッションの最後に「ここで終わらないとなりませんが、このことについて次回お話しできますか?」と言うかもしれませんね。でも私はそれすらおそらくしません。なぜなら、それもある種の教示を与えたことになるからです。もちろん、彼女にとって非常に重要な何かがあって、彼女がそこに立ち戻らない場合には、彼女の回避を解釈するでしょう。しかしそれに立ち戻るように指示はしません。違いが分かりますか? 私が言いたいのは、自分のよいところについて考え、書き留めさせることが、彼女を傷つけたり、それに近いことになってしまって、本質的に誤っているということではありません。あなたが、自分の役割やクライエントに対する治療的態度をどうみているか

ということです。少し指示的ではありませんか？〔訓練生は沈黙したままである〕

つまり、もしセッション中に沈黙している人がいたら、その人に話をさせることが治療者の仕事ではないのです。なぜその人が話せないのかを理解するのが我々の仕事です。彼らはここまで来て、お金を払い、あなたに話をするために椅子にかけているか横たわっていて、それでいてなぜ話せないのか？　何か問題があるということです。あなたやその状況やその他の何かについての問題や不安があるのです。私が明らかにしたいのは、その葛藤であり、その問題なのです。彼らに話さなければならないと言ったり、話すまで助けようがないと言ったりはしません。〔間を置いて〕実際のところ、彼女は話すことに問題があるのですから、このアナロジーは重要です。彼女は一緒に住んでいる叔母とよく話していますか？

訓練生　たぶん話していないと思います。なぜ彼女が、両親が電話してきても何も話せないのか気になっています。

スーパーヴァイザー　でも我々は彼女が両親とどういう関係だったのか分からないので、なぜ彼らに話せないのか分かりません。まあ、もし彼女の両親が自分たちで何でもできているほど元気ではなく、高齢で弱っていたら事情は違ってきますね。〔間を置いて〕ところで、彼女はどのように抑うつ的なのです？

訓練生　彼女は回復しつつあります。私の目からみれば、彼女は後ずさりしがちな傾向とは裏腹に、前に進みたがっており、セッション全体が涙をさそう彼女の物語で満たされています。

スーパーヴァイザー　〔さえぎりながら〕ここで気になるのは、そしてそれが核心だと思うのですが、彼女は自分の手で人生を取り戻し、望むものを手に入れることができないと感じているようにみえることです。**彼女は状況を打開するための内的な資源をもっていないか、それに気づいていないということと関係する**何かがある、ということです。ひょっとすると、彼女は両親のもとへ行き、彼らは娘を助けてくれるかもしれない、ほかの誰かが助けてくれるかもしれない。でも私には、確実とは言いませんが、自殺のリスクを排除することができないように思います。我々の人生で、誰もがどこかのタイミングでそうであるように、彼女にとっても自殺は一つの選択肢であるので、そのことに注意を払っておくべきでしょう。彼女は、我々が思っているよりも、その選択肢に少し近づいている気がします。

生徒1　［かすかに苦しそうに］そう、彼女は、外的な出来事の制約を大いに受け、それらによって決定づけられていると感じているんです。彼女は自分のことをとても無力だと感じている。

スーパーヴァイザー　そうです。彼女はそう感じている。そうすると、あなたは治療者の役割をどのようなものだと思いますか？　あなたは、治療者として彼女のような人を助けるために何ができますか？　あなたはセッションから何を受け取り、その先に何をみるべきですか？

訓練生　［間を置いて］ひょっとすると、両親と苦痛を分かち合ったり、この結婚の失敗を責めたりすることが彼女には難しいということでしょうか？　結局、彼女はもうこれ以上耐えられないと思い込んでいるのです。ひょっとすると、彼女がつらいと感じているのは、結婚や仕事において、彼女に向けられた期待に応えなかったことでしょうか？　でも一番重要なのは、彼女は自分のアイデンティティを獲得しておらず、それゆえ誰か他人がしつらえたアイデンティティや考えや期待に従っているということです。

スーパーヴァイザー　そうです。よいですね。彼女は他人が期待する存在にならねばならなかった。なぜなら、彼女は自分自身が何者か分かっていなかったから。これが何かです。ただ私には別の何かがあるように思えます。ほかにも、何が起こっているのかをひもとく重要な手がかりがあります。［長い沈黙］あなたのしたことを考えてみてください。とても重要です。

訓練生　［ためらいがちに］彼女に指示を与えたこと……？

スーパーヴァイザー　そうです！　そこに手がかりがあります。彼女に指示を出すことによって、あなたは彼女が抱く、自分が誰だか分からないという考えと結託することになったのです。そうすることによって、あなたは彼女に分かるようにタスクを説明したり与えたりしたのです。でもそうすることはある意味、彼女に着飾るよう指示した夫のようになることです。大げさに言いましたが、私の言わんとすることが分かるでしょう。治療者はいとも簡単に患者が期待する役割に合わせてしまうものです。例えば、何らかの倒錯のある患者、完全な性的倒錯ではないにしろ、自分を苦しい状況に追い込むような**マゾヒスティックな**傾向のある（かつそのことが本人にとって自然で、楽しんですらいるような）患者を治療する際、この親和性は明らかです。そんな患者がいたとき、あなたは好むと好まざるとにかかわらず、どんなに厳しい努力をしても、彼らに対して非常にサディスティックになってしまう自分に気づくでしょう。数分遅刻したり、座り心地の悪い椅子を選ばせたり、解釈を与える際にその声音に何かしらが現れていたり、彼らをさえぎったり、ということかもしれません。それらは、とても小さなことかもしれませんが、それでいて**患者たちがずっとそうだったサド・マゾパターンを強化し、自分がサディスティックな立場にいると気づく**でしょう。

反対に、サディスティックな患者は、あなたを受動的、迫害的にさせたり、重圧感を抱かせたりするでしょう。こうしたことは、転移・逆転移のなかで、こうしたパーソナリティ特性あるいは倒錯的な特性、あるいはそれが何であろうとよいのですが、それらが治療関係においていかに再現されるかということの分かりやすい例です。重要なのは、そのことを検討できるよう、罠にはまらないようにすること、つまり宿題を出したりしないことです。ですので、あなたが患者に対してサディスティックに振る舞っていると気づいたとき、それはあなたの最も望まなかったことなのですから、**患者のマゾヒズムがはっきりし、そのことに取り組み、理解することができます。そしてそのことを、この患者の人生における早期の出来事と関連づけたり、早期の体験と結びつけたりすることで、患者が生きている反復に気づくのです。**

生徒1　ということは、患者が我々にどのような感じを抱かせるかということから、患者のパーソナリティの性質を感じ取るのですね。

スーパーヴァイザー　ええ、そのとおりです。我々は患者のパーソナリティに合わせ、彼らにとって親和的な存在となるのです。その親和的なものがいかに有害であったとしてもです。このことが、なぜ、子どものころに虐待された人の多くが、自分自身が虐待をする側の人間になるのか、あるいは大人になっても虐待されるようになるのかということの理由です。他人と関わる方法を、それしか知らないかのようなのです。これが、彼らが治療者ともそのように関わることになる理由です。そして治療者は、意識的にせよ無意識的にせよ、そのような態度を補完する態度をとってしまうことで、その関係を具現化してしまいます。でもほかの人と違って、あなたはこのことについて考察できるという恵まれた立場にいますので、このことを**患者の内的世界や内的対象**を理解するために使えばよい。このことが、あなたに強い責任感を与えてくれます。あなた方もみな知っているように、内的対象の概念は重要です。それは我々が自分のなかにもっている両親像と関係しています。内的な両親は、実際とはかなり異なります。彼らは、実際の両親よりも親切だったり、怒りっぽかったり、気難しかったり、神経質だったり、寛大だったりします。しばしば実際よりも厳格で恐ろしい両親もいます。これらの内的対象が、自己概念を決定づけているのです。

生徒2　実際の両親と、内在化された両親が同時に働きかけてくる……

スーパーヴァイザー　そうです。そうです。アーリヤに戻りましょう。彼女の内的な両親は、とても混乱しているか、怒っているか、不安がっているかといった脆い人たちだったと見受けられます。一方で、実際の彼女の両親は、まったくそういったところがなかったかもしれません。実際のところ、彼女の両親は、自分たちに決して話をしようとしない娘をもったことで非常に心配をしているでしょう。なので、実際には両親をますます悩ませているにもかかわらず、彼女は自分が両親を守っているのだと思っているのかもしれません。我々が本当に考えるべきは、現実ではなく、彼女のファンタジーです。また治療的介入の主要な部分は、これらのこと、これらの対象を探求し、それを問うこと、それに取り組むことです。そうすることで、望むらくは、これらの内的対象が実際よりも迫害的でも、抑うつ的でも、腹立たしくもなくなることです。すでに良好な内的対象をもっている人たちは、私たちのところにはあまり来ません。必要ないのです。そういう人たちは健康なのです。もちろん、そうしたことに対処できるだけの十分な内的資源をもっていても、どうしたものかうまくいかず、人々は結婚の失敗や、友人を失うことや、病気などを経験はします。でもセラピーを必要とはしません。我々が患者とともにできることが分かったように、患者について多少よく理解できたように感じますか？

短い考察と結論

次章で精神分析的病因論が意味するところについてより詳細な検証を加える前に、先のケーススタディで観察されたことを述べておきたい。この最後のセミナーは、二つの重要な点において、その前の二つのセッションとは区別される。

まず、のちに明らかとなる診断を示唆するような、部分的な診断（例えば、マゾヒズム）が示されている。というのも、のちにスーパーヴァイザーがアーリヤはマゾヒスティックな性質によって苦しんでいると言うようになったのである。[*128] このことは、「患者－治療者関係の力動」から推測されたものだ。[*129] ホームワークを課すという「サディスティック」な行動は、患者が慣れ親しんだマゾヒスティックな立場に安住したいという欲求によって、引き出されていた。マゾヒスティックな立場を実現するには、サディスティックな存在で補うことが必要とされる。この診断は、スーパーヴァイザーからの、彼女が貧しい「内的対象」しかもっていないという示唆により補強された。このことは、アーリヤのマゾヒズムを説明するだけでなく、なぜ彼女が自分の置かれた状況（より健全な内的対象を持ち合わせている人ならば、うまく対処できるような状況）を満足にコントロールできないのかをも説明している。

このセッションが前の二回と異なる二つ目の理由は、参加者グループの雰囲気が違うことである。このセッションでは、スーパーヴァイザーがこれまでよりもはっきりとした、真剣な態度をとっている。それは、彼がアーリヤの問題ではないかと疑っていたことについて、強い確信を得たからかもしれない。この新たな説得力に訓練生たちは喜び、より積極的になり、フラストレーションは解消され、より熱心に学ぶようになった。活気ある雰囲気のままセッションが終了すると、彼らは満足感をあらわにした。ある者は「今日は得るものがあった」と言い、ほかの者は「非常に面白かった。よいセッションだった。あのスーパーヴァイザーはいい」と言った。アーリヤの精神分析をしていた訓練生は、のちのインタビューでこうコメントしてくれた。

「非常に有益なセッションでした。彼からは、治療に必要な多くを与えてもらいました。ほかのセッションのときは、物事がいまいちクリアにならず、実際少し混乱してしまったりして、満足できないこともあったので……」

「では、今はアーリヤの抱える問題について、よりよく理解できるようになりましたか？」

「はい。以前はただ手探りしているだけでしたが、今はより明確な方針を立てることができます。次のセッションが楽しみです」

この翌週にスーパーヴァイザーと内々に話したところ、彼はこう言った。

「私は訓練生に、こうした関係上の手がかりにこだわるようにとアドバイスしたのです。というのも、働きかけられる何かがあるのですから」
「彼女の外的な環境は?」
「治療者は、環境に直接的に働きかけることはできません。でも患者のそれらに対する反応を変えることはできる。そして彼らの(無意識に)不幸を探し当てずにいられない内的な傾向を変えることはできます。今すべきことは、彼女の抱えている、将来的に同じ状況を繰り返してしまうかもしれない強迫から、彼女を解放することです」

要するに、訓練生たちは、今やある種の診断的洞察を得たと感じているのだ。彼らは、今後とるべき臨床的なステップについて、より明確な理解に至った。もしアーリヤの「マゾヒズム」が、サディスティックな「他者」を求めてしまうという強迫の一端を担っているのだとしたら、臨床的にすべきことは、彼女が提供する「素材」を通じて、彼女が治療者との間に体現している対象関係の力動を明らかにし、このマゾヒズムの根源に直面化することである。

「洞察」と「修正された関係」を通じて、早期の関係剥奪を修復するために援用されるこれらの臨床的技術は、患者の否定的な「内的対象(例えば彼女の実際のというよりはむしろ「内的」な両親像のような)」を扱うのにも用いられる。こうした内的対象が、マゾヒズムの本当の源なのだ。これらの対象は、患者のコミュニケーション能力や、トラウマとうまく折り合う能力を損なってしまう。このようにして、より明確な診断的理解があることで、治療者は臨床的にはどう進めていくのが最善かについて確信がもてる。この治療者も、今は彼女の臨床的な介入の目的が分かっている。それはすなわち、患者が身を置いている社会的な環境ではなく、内的な世界を変えることである。次章で、このような介入についてさらに探求していこう。

第7章 精神分析の病因論と訓練生の感じやすさ

前章では、精神分析の病因論がいかなるものであるかを明らかにするために、社会歴史的背景をみることから始めた。そして、それがいかに心理中心主義的 psycho-centric なものであるのかを論じ、訓練生が解釈や介入をするために、こうした病因理解をいかにして習得するのかを、ケーススタディを通じて明らかにした。

本章では、精神分析的な病因論と文化人類学の研究対象であるほかの治療体系の病因論とを対比することで、精神分析的病因論の位置づけを明らかにする。のみならず、精神分析的心理療法が患者の精神的苦悩に対してたしかに提供できるものがあるという治療者の確信が、精神分析的病因論によって築かれることを検討したい。

本章のもう一つの狙いは、心理療法の理論と実践が訓練機関という社会空間において伝達されるとき、その場のみえない圧力が訓練生の受け入れ態勢をいかにかたち作るかを記述することにある。いいかえれば、訓練機関によるプレッシャーによって、訓練生が指導者層の意向に従順になっていくありようを描いてみたい。

病因論をレビューする

前章で示したデータが、精神分析的病因論を分類し、位置づけることを可能にする。精神分析的病因論は前近代的な疾病分類（つまり、治療的共同体で作られたようなもの）とは違う。というのも、それらは心理療法的というよりむしろ人類学的な原理に基づいているからだ。しかしながら、臨床家の中核的なディスポジションとして身につけられた病因論をよりよく理解するため、あるいは明瞭に解釈するために、ここで前近代的な疾病分類を取り上げてみようと思う。

精神分析における病因論をほかの病因論体系との関連で理解するために、まずはこの主題に関係している人類学の文献をレビューしておこう。このことが、心理療法をより広い文脈のなかに位置づけることを可能にするだけでなく、比較対照によって精神分析的心理療法の病因論がいかなるものであるかを明らかにすることができるだろう。

人類学的・民族医学的研究

病因論についての民族医学的文献をみてみると、気がつくことがある。そこでは分類の基準として、実践よりも理論が重視されているということだ。リヴァーズ（Rivers, 1924）による初期の研究以来、この基準は、さまざまな治療体系の特徴を明らかにするのに役立ってきた。それはさまざまな病因論を分類、整理する際には役立ったといえるのだが、「理論の偏重」によって臨床実践への貢献度は低下してしまった。[*130] そこで以下では、実践を考慮に入れないことで生じる限界がどのようなものであるかを示したい。その前に、これまでになされてきたいくつかの分類の仕方をみておこう。とくにヤング（Young, A.）の「外在因 externalising／内在因 internalising」という二分法に注目したい。

病因論の分類

まずみておきたい病因論の分類の仕方は、セイヤス（Seijas, 1973）のものだ。それは非西洋社会における病因論を「超自然 super-natural」と「非超自然 non-supernatural」にカテゴライズしている。

> 超自然的病因論のカテゴリーとは直接に見ることのできない超感覚的な力、作用体、あるいは活動の中に病気の起源を位置づけている説明をいう。邪術、呪術、精霊の侵入、ススト susto、邪視 evil eye などでする疾病の説明は全てこのカテゴリーに入る。病気の非超自然的説明は観察可能な原因と結果の関係に完全に基礎づけられているものであり、それは、設定された因果関係が、不完全なあるいは誤った観察のために、間違っているか否かにはかかわらない。（Seijas, 1973, p.545）

セイヤスの分類と近いのは、それよりも前にナージ（Nurge, 1958）が示したものだ。ナージは、フィリピンの村落で調査を行い、「超自然的 supernatural」と「自然的 natural」の区別を見出した。前者は霊や魔術などを原因とし、後者は「自然界」での現象、例えば気候の変化、消化しにくい食べ物、身体的な感覚などが病いの原因であると考える。

その後のフォスターとアンダーソン（Foster & Anderson, 1978）による研究は、概念的には大いに異なるものを「超自然的」という一つのカテゴリーにまとめてしまったという点で、セイヤスとナージのいずれとも異なっている。

［セイヤスとナージの］用語としての「超自然」は自然、すなわち可視的で観察可能な自然を超えた、神、精霊、幽霊あるいは他の非物質的実態のような存在を含む存在の次元について言及している。しかし呪術師と邪術師は超自然的世界には属してはいない。しばしば彼らは超自然に頼るが、彼らの力は、呪文、護符、黒魔術からなる、魔術的なものとして捉えるのが最上である。セイヤスやナージがそうしなければならなかったように、超自然的なものとして呪術師や邪術師を分類することは、我々にとって概念をねじ曲げることのように思われる。

(Foster & Anderson, 1978, p.54)

フォスターとアンダーソンはこうした理由から、「パーソナリスティック personalistic」と「ナチュラリスティック naturalistic」という新たな分類を提唱した。「パーソナリスティック」な病因論においては、病い illness は外界の作用体によって引き起こされる。ここでいう作用体は、人間以外の存在（霊や祖先）のこともあるし、超自然的な存在（神々）のこともあるし、ほかの人格的存在（魔女や魔法使い）のこともある。一方の「ナチュラリスティック」な体系においては、病いは非人格的な病因によるものと理解される。病いは、外部からの自然な力の結果であり、体内の不均衡（例えば陰陽のような）、あるいは身体と社会的および自然的環境の間の不均衡のいずれかの結果と解釈される(p. 53)。

フォスターとアンダーソンの分類は、その後ヤング（1983）が提案した新しい分類体系のもとに包括された。ヤングは、すべての治療法の病因論を「内在因」か「外在因」かに分類したのである。外在的な病因論は、不健康の原因が社会的あるいは霊的な要因といった当事者の外部にあると考える。もう一方の内在的な病因論は、苦痛の原因として身体と心以上のものはみない。

例えば、患者の倦怠感に対して外在因を見出そうとする治療者は、その原因が患者の体内にあるとは考えず、外在的な変数の存在をほのめかし、以下のように問うだろう。倦怠感を招くような一連の出来事の結果か、人間関係上の緊張があるのか、はたまた魔法にでもかかったか（Evans-Pritchard, 1977, p.70）。

一方で、生物医学的な医師のように、内在因を求める治療者は、原因の連鎖のみを追求するだろう。倦怠感は貧血のせいであり、貧血は血液が失われたためであり、血液が失われたのは胃の腫瘍からの出血によるもので、胃の腫瘍は食べ物に含まれていた発がん性物質に起因する、というように。医師の推論は通常この時点で終了する。患者の食生活には何らかの心理社会的な要因が影響していたのであろうが、そういった要因は身体のみを治療するよう訓練された医師にとっては、**臨床的**にほとんど関係のないことなのである（Blaxter, 1979, p.160）[*131]。

ここまでヤングの「内在因／外在因」の分類について述べてきたわけだが、それがいかにして（セイヤスやナージのそれと入れ替わった）フォスターとアンダーソンの「ナチュラリスティック」な説明を包括するかを示したい。例えば**身体内部**の不均衡は、「内在因」に分類されうる。一方で身体と環境の**間**の不均衡に関する「ナチュラリスティック」な説明は、「内在因」と「外在因」いずれにも分類されうる（いずれの領域が社会的な標準からかけ離れているかによって変わる）。最後に、魔女や憑依体験のような「パーソナリスティック」な説明は、その外的な起源ゆえに、「外在的」な病因論にぴったりと当てはまる。

このようにヤングの分類は、ここまで議論してきたような体系を包含するが、限界がないわけではない。つまり、病気の原因について、**両方**の領域に等しく重みづけする体系については十分説明しきれないのだ。例えば、ホワイティング（Whiting, 1950）が行ったパイユート族についての古典的研究は、外在因か内在因かのいずれかのみでは説明のつかない体系に触れていた。

パイユート族にとって、病気の原因は外在因と内在因のいずれの視点からも説明できる。このため、彼女の調査対象者たちはその理由は「医者にしか分からない」と言う（Whiting, 1950, p.30）。しかしながら、彼女はそのような診断が行われる際の傾向をいくつか見出した。つまり、どんな病気も、原因となる四つの作用体いずれかによって引き起こされているのだ。

> 彼ら［医者］が、患者が自身の力をコントロールできなかったことを原因だと考える場合、悪いのはその人自身の行動だということになる［内在因］。幽霊による病気の場合は、悪いのは死んだ親戚［外在因］、あるいは彼らのことを考えた患者自身ということになる［内在因］。魔法による病気の場合、誰かほかの人が悪いということになる［外在因］。（Whiting, 1950, p.64）

パイユート族の治療者にとっては、いかなる病気も内在因と外在因の両方で説明でき、それは訴えてきた当人次第ということになる。それはヤングの二分法に反するが、パイユートの体系では両方のタイプの病因を用いているというしかない。

これに対して、ヤングなら以下のように返答するであろう。彼の二分法はどちらかといえば連続体であり、その中間点でパイユート族のそれのように内在因と外在因のいずれでもある体系もありうる、と（Young, 1983, p.1205）。この「連続体」という概念は折衷的な体系を説明できる一方で、ヤングは折衷的な体系が具体的にどのようなものかについて、概念的にも臨床的にも厳密には説明しなかった。ならば、すべての折衷的な体系は、パイユート族のように、ある疾病の原因を一つの領域（内在因あるいは外在因）に帰属させるのであろうか。あるいは**両方の**（あるいはさらに多くの）原因によって**一つの疾病**が引き起こされるとするのか。そういう問いが生まれてくる。

二番目の問いについて、ホートン（Horton, 1970）のニジェールデルタのカラバリ族についての研究は、一つの疾病に両方の原因が関係するという病因論の例を提示している。カラバリ族の占い師は、まずは宗教色がまったくみられない方法で、薬草による病気治療を行う。しかしこの治療であまり改善がみられない場合、「何かほかに病気の原因がある」と考える。そして治療者は、診断についての広範な知識を用いて、その障害をさまざまな環境因子と関連づける。つまり、病人の人間関係上の困難に結びつける。コミュニティで症状軽減のための行為（集団儀礼）を施す間、治療者は怒っている霊をなだめ、それによってさらなる治療を施す。占い師の治療法は多面的であり、それは彼らが複数の原因を想定しているということを意味している（Horton, 1970, pp.342-368）[*132]。このように、個人、自然、社会、そして超自然についての原因が、相互に排斥しあわずに共存し、ときとして同時に作用して、特定の疾病や苦悩を引き起こすということになる。

こうしたさまざまな「折衷的な病因論」についての補足説明があれば、ヤングの分類の有用性はさらに向上する。ヤングは、現時点ではこれらの「折衷的な体系」が病因をどのように概念化しているかについて言及していないし、厳密に外在因か内在因かに分類する体系と比べて、折衷的な体系では多様な治療法が用いられざるを得ないことにも触れていない。つまり彼の研究は、さまざまな折衷的な体系（あるいは二元的な体系）が生み出す独特な治療法を無視しているのである。例えば、生物医学のようなインターナルな治療では、生物学的関心がより基本で「真の」関心であると考えるので、治療行為も大部分は身体という一つの領域にのみ向けられたものとなる。一方で、カラバリ族のような体系では、治療行為は潜在的に多くの領域に向けられたものとなる。身体に、人間関係に、霊的な作用体に、などである[*133]。このように、厳密な内在因／外在因の体系を考えることでより限定的な治療的介入が予想できるのと同様に、「折衷的な体系」の複雑な病因論を考えることで、さまざまな臨床的介入のかたちを予想することができる。ヤングによってまだ探求されていないのは、この概念と実践の間のつながりなのである。しかしまさにこのつながりが心理療法を理解するうえで重要であり、ヤングの理論中心のモデルに取ってかわるのではなくそれを補うような試みとして、新たな分類体系が必要とされている。

私はこのような新たなモデルを考案するために、異なる基準で病因論を分類してみようと思う。それは、病因の体系的な記述ではなく、治療者たちの治療法に基づいたものである。この基準は、手段としての分類体系を構築するだけでなく、シュー（Hsu, 2004）が示したように、診断を下す際に西洋的な原因論に従っていない体系（例えば、古代中国の体系は「原因」よりも「シンクロニシティ」について多くを語っている）を説明できるという利点も持ち合わせている。そうした体系は、これまで議論されてきた理論中心のモデルのどれで分類したとしても、どうしても不正確になってしまうのである。[*134] 治療行為が焦点をあてる領域に従って体系を分類することにより、我々はすべての治療体系が共有しているもの——治療者の行う治療行為——に従った分類をすることができる。

この補助的なモデルは、外在因／内在因のカテゴリーを補完するもの[*135]として、単一指向型 mono-directive／複数指向型 multi-directive という分類を提示する。単一指向型の体系では、治療行為はある一つの領域（例えば身体）に向けられ、複数指向型の体系では二つ以上の領域（例えば、身体、社会的関係、霊など）に向けられる。さらにいうと、これらの「治療アプローチ」体系と「外在因／内在因」の分類体系は両立可能であり、次の要約が示すように、より包括的な分類体系へと統合されうる。

実践ベース—理論ベース[*136]

・単一指向型—内在因（例：生物医学——薬物や外科手術による治療など）
・単一指向型—外在因（例：魔術——いけにえの儀式による治療）
・複数指向型—内在因（例：精神医学——身体へのアプローチの薬物療法と精神へのアプローチの精神療法）
・複数指向型—外在因（例：魔術——集団儀式、祈祷、聖餐式による治療）

・複数指向型――外在因／内在因（例：妖術――身体へのアプローチの薬草治療や集団儀式を通じた治療など）

この分類は「一貫性のない」体系や原因論を重視しない治療をみるには限界があるものの、精神分析的心理療法をよりよく理解するために、理論と実践に注目する枠組みとして試みられたものである。

精神分析的病因論

生物医学と同様に、精神分析的心理療法の多くは**単一指向型かつ内在因の体系**に当てはまる。つまり、（前章で示したとおり）精神分析的心理療法は原因の説明において心理学を重視する点で**内在因的**であり、症状を軽減させるための介入がもっぱら健康の妨げとなる心理学的な障害を取り除くために行われるという点で**単一指向型**なのである。心理療法的な介入がめざすのは患者の「内的世界」の変容以外の何ものでもないからだ。患者の社会生活にはなんら介入せず、そのため「ソーシャルワーク」は存在せず、提案やアドバイスも存在しない。前章のケーススタディで示したとおりである。それよりも、患者に自分自身の状況を心理学的に解釈させようとするところに眼目がある。心理療法家は「知的に」ほかの影響要因を無視しているとはいわないまでも（例えば、スーパーヴァイザーは、アーリヤの移住が「アイデンティティの喪失」に関係しているとみていた）、治療者はそこにとどまらず、うまく対処できないことを主観的に理解するべく、引き金となる出来事などについて考えていく。そのため精神分析的心理療法は、外的な原因の向こうに、内的な「マゾヒズム」あるいは「対象」をみるような、ある種の心理学的な解釈主義を重視しているといえるのである。

この意味で、コマロフ（Comaroff, 1985）、クラインマンら（Kleinman et al., 1998）、シャープ（Sharp, 1993）のような人類学者が「社会的苦悩」[*137]と呼んだ社会環境についての説明は、よほどシビアなケースを除いてはおおおむね軽視されている。[*138] 実際、感情的な苦悩は社会的な要因によって生み出されるとする概念（例えば、「アノミー」「疎外感」「アンニュイ」「厭世」など）[*139] は、精神分析的な解釈（例えば、「うつ」「不安障害」「精神症状」）に取ってかわられる。それらは、精神分析的な解釈や介入のモードに合った主観的状態を定義した概念なのである。

前章のケーススタディで示したように、患者が現在抱える問題を精神分析的な用語で捉える方法を身につけることが、精神分析的に考え、行動しようとすることの核心に存在している。実際、訓練のプロセスで、ほかの理論的観点から理解したほうが現象の意味がよく分かるのではないかなどと考慮されることはほとんどない。心理療法家は、自分たちが単に心理学的な用語に現象を「書き替えている」のではないかと問うことを教わっていないし、かわりに心理学的問題を「掘り起こす」ことを学んでいる。つまり、訓練生は人生の苦境の背景に隠れている患者のルーツや覆い隠された意味を掘り起こそうとするのである。この心理療法的想像力という戦略は、ほかの観点からみれば心理学的な原因のみに単純化できず、心理学的な方法論で扱っても不十分な対応となってしまうような「問題」に対してすら、治療者が単一指向型あるいは内在因的な介入を行うことを正当化してしまう。

訓練期間中に多くのケースを考察することによって、訓練生はいかなるスクリプトでも心理的次元を読み取れる専門家へと育ってゆく。苦悩に満ちた現象に心理療法的に扱える意味を読み取るという心理療法的想像力が研ぎ澄まされていくことで、どんな患者の語りにも「心理学的な次元」が存在するという確信が生まれる。精神分析理論に基づいたこうした考えは、心理療法の戦略に目的と妥当性を与え、患者がいかなる感情的苦悩にあるときでも、治療者はきわめて重要な何かを提供できるという、広く浸透した確信を築いているのである。

診断と確信

個別に適用することができ、整合性のある、プラグマティックな病因理解によって、心理療法家は自らの治療法に対して確信をもつことができる。国民保健サービスの心理療法家が打ち明けてくれたように、その確信は臨床実践がうまくいくために不可欠な自信である。

「その自信があるから、ときにストレスフルで、不確かな状況下で、分からないことに直面しながらも、治療者は行動できるのです。……心理療法はつねにクライエントの助けとなり、インパクトを与えることができるわけですから、そのとき直面している問題に分け入るためのとっかかりを見つけ、その意味を理解することが重要です。そうしたあとで、自分たちの専門性を有効に発揮できるのです」

（心理療法家 2005）。

分からないものを分かるものへと突き詰めることには満足感があり、治療者を安心させ、自信と力を与えてくれる。ためらい、留保、動揺への不安は、この自信によってかなりの程度取り除かれる。その自信とは、自分が抱いているモデルが、得体の知れないものを推測可能にし、混乱を認識可能にし、奇妙なものを馴染みある平凡なものにしてくれるという自信である。十分に馴染んだ理論は、強力な拠り所となって、臨床家に方向性と安心感を与えるため、彼らの抱いている信念をその真実味や「妥当性」という点で守るのだ。[*140] 多くの心理療法家が自分の治療法を確信していることを示すために、フィールドワーク中にインタビューしたあるベテランの治療者の言葉をみてみよう。

「もし私が患者を断るとしても（もちろんそんなことはほとんどないのですが）、セラピーがその人の役に立たないという理由で断ることはないです。この患者は私には向いていないと思ったり、あるいはめったにないことですが、この患者はセラピーへの準備が整っていないと思ったりするからです。［「感情的な苦悩を抱えたすべての人にとって、セラピーは何かしらを提供できると信じていますか？」という質問に対し、］セラピーとは、ひとたび患者の準備さえ整えば、つねに何かしら私たちにできることがあるという信念とほぼイコールです。たとえ、患者自身がそうは思っていなかったとしても」

（ベテランの心理療法家・スーパーヴァイザー 2005）

臨床家が自分のオリエンテーションについて、いかにして確信するようになるのかは、議論のテーマとなってきた。その一例として、フォックス（Fox, 1957）の研究を挙げることができる。フォックスは、不確実性が存在するにもかかわらず、学生がいかにして医学に対する確信を育んでいくかを明らかにしたが、その際に医療的社会化に特有の三つの不確実性を見出している。[*141]

一つ目［の不確実性］は、既存の知識習得の不十分さあるいは不完全さによってもたらされる。誰であれ、医学が伝えてきた教えのすべての技術や知識を思いのままに習得できるわけではないからである。二つ目は、現代の医学知識の限界によるものだ。どんなに訓練を積んだ医師であれ、答えを出せないような問いがおびただしい数存在しているためである。不確実性の三つ目は、先の二つから生じるものだ。つまり、個人の無知と、現存する医学知識の限界とを区別することが難しいということである。

（Fox, 1957, pp.208-209）

フォックスはのちの論文で、それにもかかわらず生まれてくる確信について続けてこう論じている。

［これらの不確実性にもかかわらず］学生は医療の不確実性に対する「自己肯定的な態度」と呼べるものを発展させる。……臨床場面において、判断を行い患者を安心させるために、十分な「確からしさ」を感じたり、提示したりするようになる。（Fox, 1980, p.7）

キャッセル（Cassell, 1987, p.242）は、フォックスの研究を取り上げて、ほかの人類学者がこのことについて異なる解釈を与えてきたことを示している。例えばカッツ（Katz, 1984）は、フォックスが描いたような学生たちが自分の専門性についての確実感を得るのは、訓練を続けるプロセスにおいてであると指摘している。なぜなら医療的社会化とは、本質的に躊躇や臨床的な決断力不足を通過することだからだ。シンクレア（Sinclair, 1997, p.146）も示しているように、この種の「確実感のための訓練」を学生は喜んで受け入れる。カッツ曰く、確実性についての感覚とは、疑念をもつことで患者に対する治療効果が損なわれるという理由から、学生が動揺をみせることを批判する指導者によって、植えつけられるものなのである。

確信を得るためには、医学部、卒後研修、そして最終目標である専門医へと進んでいく医学教育のピラミッド的構造が有効だとカッツは指摘している。学生が確信を育んでいく医学的社会化の過程で、彼らは自分の専門性に基づいて提供された治療は優れた効果を有すると信じるようになるわけだが、実はそのことによって「［彼らの］**診断的な視野が狭まってしまうという危険**もある」（Katz, 1984, p.188　強調筆者）。[*142] 「確信」が育つことと「診断的な視野狭窄」の間にみられるこの相関は、生物医学だけに当てはまることではなく、精神分析においてもいえることである。なぜなら、ここまで議論してきたように、治療者はどんなスクリプトに対しても心理療法によって治療可能な問題を読み取るようになっていくからである。

ここから問いが立ち上がる。もし、これらの体系において、治療法（例えば単一指向型の）と、治療者のあり方（例えば、確信しているというディスポジション）がつながっているとするのであれば、その相関は単一指向型の体系の特徴として一般化してよいものだろうか。さらにいえば、ほかの病因論（例えば複数指向型の）もまた、何か特有のあり方を備えているのであろうか。つまり、広く行き渡った「折衷的な体系」の臨床家は、より限定的なシステムを用いて臨床実践している人たちよりも、疑念や不確実性にうまく対処可能なのであろうか。[*143]

そうした問いは重要だが、より核心に迫る問題からみれば、補足的なものに過ぎない。その問題とは、カッツとフォックスの研究が仮定していた要因、つまり確信を得ようとしている訓練生にみられる、「感じやすさ susceptibility」の問題である。

訓練の段階と感じやすさ

「感じやすさ（あるいは敏感さ）」の存在は、「自己肯定的な態度」とこの態度から生じる精神分析への確信に先行している。そこで、この章の最後で、訓練生が示すさまざまな敏感さだけでなく、彼らにそのような敏感さを引き起こす訓練機関のあり方についても検討したい。

訓練機関の設定によって、特定の反応（あるいはストレスや傾向）が引き起こされ、それらが臨床的なディスポジションの内在化に関して訓練生をさらに過敏にする。ここでは精神分析的心理療法を問題にしているわけだから、自己肯定的で、単一指向型で、内在的な臨床実践を実現できるよう訓練生が過敏になるということだ。

変容を促進するためのストレスについて、ワラス（Wallace, 1961）による儀礼学習の研究をまずはみてみたい。それによると、広範囲に及ぶ認知的、感情的な変容に結実するような、体験の再組織化のために、参加者にはストレスが加えられる。そのような学習は、部族的な通過儀礼や（La Fontaine, 1985; Herdt, 1987; Richards, 1956; Sarpong, 1977）、宗教的なムーブメントへの転向（Heelas, 1996, pp.35-52）、救世主的なカルトへの入信に付随して起こる「行動の再構築」、また物理学者（Gusterson, 1996）や精神科医（Luhrmann, 2001）、あるいは医師（Becker et al., 2002 [1977]; Sinclair, 1997）になる際のストレスフルな変化などにおいて認められる。

この点について、前章のスーパーヴィジョンにおける雰囲気について述べておきたい。スーパーヴィジョンは、感情的にフラットな状態で行われることは決してなく、むしろそこでは特定の情緒的な雰囲気（それは、訓練生を、差し出される臨床上の指示に従い、受け入れるような従順な状態にしてしまう圧力を生む）が生み出される。このとき、ベッカーらの観察が参考になる。

> 人の行動の多くは、その場のプレッシャーと、当人が今まさに行動している状況によって生まれる。社会的統制によって方向づけがなされ、そして人はそれらを説明し、それらに適応するために、自分の振る舞いを体系化していく。
>
> （Becker et al., 2002 [1977], p.442）

第2章ですでに、「感じやすさ」、すなわち訓練生に「自己肯定的」な教育技法を受け入れやすくする「同一化のディスポジション」に触れたわけだが、この基本的なディスポジションとして私はほかの敏感さを追加しておきたい。それらは訓練機関による潜在的・顕在的な圧力と要請への反応として、さまざまな段階に現れる。これらの敏感さは、互いに独立しており、各段階で入れ替わるわけではないのだが、各段階に特有の敏感さは、訓練の状況次第では、ほかの段階でもゆるやかに再体験されうる。

最後に、以下で示される感じやすさは、多くの訓練生たちが経験していることを描き出したものである。

実際、私が知り合った訓練生たちの多くが、それらの体験を共有していた。この「よくある体験」は、訓練機関においてはっきりと観察できるものなのだ。このことから、それらは「個人的」というよりむしろ「普遍的」と呼んでもよいと思う。そのような経験は個人の心理の産物というよりも、訓練機関という環境設定によって社会的に引き起こされたものとみなしたほうがよいと思われる。

評価される不安と恐怖

訓練の最初の段階から、訓練生は心理療法の専門家としてふさわしくないと判断されることを恐れて、指導者の指示に対して敏感になる。指導者の評価的な眼差しは、しばしば厳しく、あらゆる場に及んでいるように経験される。なぜなら、この段階の訓練生は、臨床家としてのスキル以上に人間としての自分自身について、スーパーヴァイザーたちの絶えざる評価とアセスメントにさらされているからである。臨床家としての適性が「好成績」や「うまくいった結果」によって語りえないことによって、訓練生はひどく敏感になってしまうのだ。自分たちはつかみどころがなく、「試験の成績」のように明確なものではなく、定量化できないもの、すなわち指導者たちが曖昧に判断する「適切さ」によって、自分たちが評価されているとすぐに悟るのである。

そのような「適切さ」を構成するものが何であれ、自分たちが指導者からどのようにみられているかを知らされるまでは、多くの訓練生にとってそれは謎めいたままである。私が観察した訓練機関では、訓練生が年間通じて出席する二つのチュートリアルのうちの一つで、自分の成長について知らされる機会があった。そこでは、概して学問的な成果よりも個人的な問題（訓練生の「特性」や「行動」など）に関心が注がれる。これらのミーティングでは、潜在的には動揺が生じていて、多くの訓練生は自分がどうみられているのかについての「恐怖」や「心配」が消えたときに「ほっとする」「安心する」のだという。「指導者が本当のところ何を考えているのかは決して分からないのです」とその訓練機関の訓練生は言った。

「つねに最悪の状況を想像している自分がいます。フィードバックを受けるまではよかったのですが、現在はまた何かが起きているのではないかと思う、内なる邪魔者がいます」（一年目の訓練生 2004）

この訓練生はのちに、最大の恐怖は彼が同棲している女性が正式な妻ではないことを指導者たちに気づかれることだったとためらいがちに教えてくれた（その訓練機関に所属していた彼の心理療法家はこのことを知っており、非公式にやりとりされるのではないかと心配していたのだ）。彼は、自分の置かれた状況によって偏見をもたれることを恐れていたのだ。

「私は三九歳で、自分の状況を思うと気が重いです……人生のこの年齢においては、こうあるべきという暗黙の了解が存在していると思うことがあります。彼らは私がこういう状況にあることで、私に対して反感を抱くかもしれない。少なくともこれが私のファンタジーです。私は間違っているかもしれない。でも反応が怖いのです」（三年目の訓練生 2005）

実際には、この恐怖は「ファンタジー」の産物かもしれないが、「人としての」評価が訓練生に与えられる場合、こうしたファンタジーは容易に悪化するというのも道理である。

指導者たちに適切な訓練生の特徴を挙げてもらったとき、彼らはしばしば「反応がよく」、「関わりやすい」という言葉を使った。彼らは、自らの反応を適切に（理解して）「受け止め」、自身の誤りについて「内省」できる人を高く評価する。また、高く評価されている訓練生は、仲間や先輩との関係において「人あたりがよい」。「自分自身を熱心に吟味する」ような「自己内省的」なスタンスこそが、指導者の望むところである。こうした言い方では、幅広い意味や行動を理解するにはあまりに曖昧なので、我々はネガティブな定義を通して、彼らの好みをより明確に定義してみよう。

過度に「質問が多く」、「批判的」で「防衛的」な態度、あるいは、ある指導者が言ったように、「過度に自信に満ちた」態度は好まれない。もう一つのあまり好まれない性質は、「過剰に知性偏重」、つまり「知性を防衛として用いる」訓練生であり、そういった人たちは、自分の主観についてコメントされていると受け取ると、自分にまつわる不快な事実に直面させるような理論を否定することに知性を用いる。要するに、こうした性質が好まれないのは、「自己肯定的」な訓練機関が採用している、アカデミックというよりは職業教育的な教育スタイルと符合しているからである。指導者は概して、円滑な知識伝達を可能にするような性質を評価するし、それを促進することが訓練機関の務めなのである。

訓練生たちの評価への不安をよくみると、否定的な評価が何を意味し、何をもたらすのかを理解できる。多くの訓練生は、訓練期間中にかなりの個人的、経済的犠牲を払っている。多くはフルタイムの仕事を続けているし、家庭をもっている。こうした事情があるので、訓練生の大半は訓練をうまく進めたいと強く願う。また訓練が長引くことで生じる経済的、私的な損失に対する不安のために、彼らは「もっと時間を割くよう」言われることや、もう一年やるよう言われることを恐れているのである。そして、実際にそうなるケースは稀であるにもかかわらず（全訓練生の五％程度である）、行き詰まることへの恐怖は多くの情報提供者にみられた。訓練生たちは、「ありえない人」「ひどい人」と思われて、行く手を阻まれるという不安を口にするのである。そういったことが「恥ずかしくて、動揺してしまう」と言った人もいた。この最後のコメントは、よくみられる別の恐怖の存在を明らかにしている点で興味深い。ある訓練生はこう説明してくれた。

「私は裸にされているようで、恥ずかしい思いをするのではないかと感じています。ここに居る人たち［訓練仲間たち］は、私が何をしているかに関心をもつと思いますが、日常で出会う多くの人は、自分が訓練を受けていると分かっているわけだから、調子はどうかとか、そういうことを尋ねてくるわけです。それなりに「いい感じ」と答えておけばよいのですが、実際、訓練機関から追い出されたとしたら、そうは言えなくなりますよね。それは陶芸のコースとかそんなものではなくて、健康と苦悩に関することなのです。つまり、心理療法の訓練とはパーソナリティに関わることであって、そういうことへの決定権をもっている彼らによって否定的に判断されることがありえるわけです。えーと、このことは私について多くを語っていると思いませんか？」

（一年目の訓練生 2005）

訓練生はしばしば、指導者がまるで自分の治療者であるかのよう感じる。つまり、特別な細やかさをもって、本人たちも気づいていないような落ち度を明るみに出そうとしていると感じることがある（その事実は、指導者は初心者よりも深い「秘密の知」を備えていて、より「パーソンフッドが成熟している」という考えと通ずる）。この「知識の非対称性」は、訓練生の心を把握する力がもっぱら評価者の手中にあることを意味している。このことによって醸し出される雰囲気が、訓練生を指導者のコメントに対して敏感にする。そうした非対称性は、はっきりと顕在化しているというよりも、そこはかとなく感じ取られるものであるので、余計にテストされることへの恐怖を生むことになる。この漠然とした恐怖が、高く評価される訓練生というイメージに自分を合わせるようなディスポジションを生むことになる。ここで訓練生は、相手方がルールと結果をコントロールしているゲームに参加しており、勝利などありえないのである。ジェーンはこっそりとその不安について話してくれた。

「実際のところ、自分が十分に成長したか、あるいはちゃんとできるかどうか分からないのです。成熟ってなんでしょう？　このことは私を不確かな気分にさせます。意見の合わない先生が一人いるだけで、ときどきその先生が私の運命を握っているように思うことがあって、うまく合わせなくちゃとばかり考えてしまうのです。でも先生が何を求めているのか分からないので、戸惑ってしまうのです［ジェーンは指導者が彼女に不満をもつのを恐れていた］。うまく馴染んで、よい方向に進めればいいのだけど」

（一年目の訓練生2004）*144

「評価への不安」が助長されるような組織のあり方についての研究ではないものの、フランクとフランクは、この恐怖が生徒を過敏にし、指導者の示唆に影響されやすくすることを記している（Frank & Frank, 1993［1961］, p.64）。シャーニーは、「注目を集め、権威あるスーパーヴァイザーの承認を勝ちとる」という隠れた指針にそって動く訓練生の姿に、この「感じやすさ」をみてとれると主張している（Charny, 1986, p.19）。また、アシャーストの観察によると、訓練生の不安は、スーパーヴァイザーによい印象を与えて、「お気に入りの子」にならなければいけないという信念によって助長される（Ashurst, 1993, p.172）。

私自身も、好ましくない人物と評価されるのではないかという不安を解消してくれるような承認を得ようとしているところや、「公式」な認可を確保するための戦略をとることで不安を和らげようとしているところを観察することができた。これらの観察に私は以下のことを加えたい。この恐怖は、実際に起きた迫害によって生じるというよりも、訓練生のファンタジーによって生み出されるものであり、そのためつねに「仮定」や「想像」に対する恐怖ということになる。

ここまで我々は、これらのファンタジー（そしてそのファンタジーが生み出したものに対する従順さ）を賦活するような、三つの組織のあり方を見出してきた。一つ目は**評価を受ける対象**に関することである。訓練の初期の段階では、訓練生は臨床家ではなく、人として評価される。二つ目は**指導者のみが「知」を有している**という**非対称性**によって、訓練生が「さらされて」傷つきやすい状態になることである。どのような訓練生が適格であるのかは、指導者のみが知りうることであり、それが伝達されない限りでは明らかにならないのである。さらに、そうであること自体の価値を訓練生もまた承認しているのである。このことから三つ目のあり方が導かれる。つまり、そのゲームは指導者に都合よくできている。表向きは当たり障りのない行動に、無意識の破壊的な動機を想定するような指導者の発言に訓練生は敏感である。そして彼らは、そのような精神分析的な概念を使って身を守ることもできない。「初心者」であるからそれを用いる「資格がない」とみなされているためである。

これらの条件によってかき立てられるファンタジーや不安は、否定的な評価によってもたらされるものへの恐怖とあいまって、訓練生が彼らより上の立場にある人たちのガイダンスに対してより従順になるよう働きかけるのである。

心理療法のストレスから生じる従順さ

次に訓練生が直面する不安は、彼らが最初の関門（初年度のアセスメントや最初のセミナー）を通過したあとにやってくる。つまり、最初の患者に会うということだ。この時点で訓練生は人間としての評価を受けると同時に、臨床家としても評価されるようになる。この新たな評価の地平において、新たな責任が生まれ、新たな恐怖が生じる。

この段階の不安は、心理療法家としての仕事を引き受けることへの覚悟や準備ができているかどうかと、患者とうまくやれるかどうかにかかっている。多くの訓練生にとって、訓練は、訓練機関と面接室をつなぐ架け橋そのものではない。そこにはつねにギャップがあり、飛躍がある。三年目の訓練生であるアリソンは以下のように語っていた。

「初めての患者を受け持つことは、私にとって恐怖であり強いストレスでした。本当に「初めての」経験だったのです。異様に神経質になっていたことを思い出します。本に書いてあったことは忘れ、突如として、悲しみや孤独感、絶望、拒絶などにさいなまれている人と向き合うわけです。間近に人間ドラマが広がり、患者は道案内を求めてこちらをみています。もし彼女ら（彼ら）が、こちらはこんなこと一度だってしたことがないと分かろうものなら……」（訓練生、ロンドンにて 2005）

この瞬間を乗り越えたとしても、次に自分の技能に関する恐怖が生じてくる。こうした恐怖は、まず患者にポジティブな変化（初学者はたえずこれを待っている）が生じるのに長い時間がかかることによって生み出される。次に、患者からの、ほとんど改善が感じられないとか、かえって状況が悪くなったという訴えによっても生み出される。そして最後に、セラピー終結時における結果の不確実性に要因がある。四年目の学生であるモーガンが打ち明けてくれたところによると、

「数年前、自分でも気づかないうちに、私は理想的なセラピストのイメージ（能力があり、成熟しており、といった）を作り始めていました。臨床を始めるときまでにそうなっていようと思ったイメージだったのだと思います。今となってはこのことをある意味で後悔しています。だって、その基準と比較したら、当時の私はかなり後れをとっていましたから。そして今もその姿に追いつけていないという罪悪感を抱いていて、自分の作り出したイメージに苦しめられています」（訓練生、ロンドンにて 2005）

経験不足であることについての恐怖は、患者を傷つけたり失ったりしてしまう恐怖に通ずる。患者を失うことについて尋ねると、多くの訓練生が、患者が突然去っていくことについて不安を感じていることを決まり悪そうに認めるのである。訓練生は評価基準を満たすために長期間にわたり患者を治療しなければならないため、わずか一年後に患者を失ってしまうと、その訓練ケースはキャンセル扱いになってしまう。このことは新しい患者とふたたびゼロから始めなくてはならず、それまでにかけたすべての時間がカウントされないことを意味している。このことが、訓練期間が延びることへの心配とつながる。このような心配が訓練生の臨床実践に影響する可能性について、訓練機関の長に尋ねてみた。

「この不安が訓練ケースにいかに影響するかという問題は、［コミュニティによって］あまり深く探究されてこなかったと思います。……そう、この不安が実践にどう影響するか、とくに最初の数カ月でどう影響するかは分からないのです」

（訓練機関の所長、ロンドンにて 2005）

こうした準備不足や失敗への恐怖に付随して、患者を失望させたり、ひどく悪化させたり、あるいは自殺に走らせるのではないか、という心配が生まれてくる。これらは、多くの治療者、とくに初学者を苦しめる問題である。新米の心理療法家は患者に対する恐れだけでなく、失敗が自分たちの能力と適性の決定的な評価となって、ひどいかたちで自分に跳ね返ってくるということをも恐れている。ある心理療法家は言った。

患者が「自分の眼の前で死んでしまうのではないか」と心配している治療者は本当に苦しんでいます。多くがそうであるように、彼らは思慮深く、エネルギーを費やして、自分の仕事をしようと努力しています。しかし、彼らは、患者の失望や死という結果によって、自分が傷つくことにも神経をすり減らしています。この類の心配は、治療者を摩耗させます。

(Charny, 1986, p. 23)

以下の描写は、多くの心理療法家が抱える不安を顕微鏡的にみたものである。経験の浅い訓練生は、このわずかな時間に、強いストレスにさらされることになる。

「私はある患者に約五週間しか会っていませんでした。彼女はひどく抑うつ的で、しばしば地元の崖から飛び降りるというファンタジーを語っていました。……六回目のセッションで、私はいつものように彼女を迎えに待合室に出ていったのですが、彼女はそこにいませんでした。そこで私は、五分後に確認しに戻りました。一〇分後にもう一度、そして一五分後にも。彼女はやはりいませんでした。こうやって過ぎてゆく時間とともに、私の恐怖が膨らんでいったことが想像できると思います。キャンセルが入っていないか予約帳を二度確認しましたが、何の記録もありませんでした。私はクリニックのマネージャーに連絡する前に、もう数分待とうと決めたのですが、……それを待っている間が最も恐ろしく動揺した時間でした。私は彼女を失ったと思い、非常に恐ろしくなり、いろいろ考えながら部屋のなかを歩き回りました。こうするべきだったか、ああするべきだったか、なんてこった！　おそらく、ああやって介入すべきだったのだ！　もっと優秀な治療者なら……もっと熱心に取り組むべきだった、あるいは自殺のほのめかしにもっと真剣に取り合うべきだったか……私はこのことが自分にどう跳ね返ってくるのかということも恐れていました。パニックになっていたのです……この数分のことは今でも私のなかに残っており、治療者として本当に何をすべきかを思い出させてくれます」

(訓練生、ロンドンにて 2005)

悲劇が起きたとき，自殺というかたちをとろうが，そこまでシビアでなくとも「状態の悪化」や治療中断というかたちをとろうが，非常に大きな罪の意識がついてまわる。別の心理療法家は以下のように言っていた。

専門家が，患者の悲運や治療の失敗の責任を負うことを求められたとき，生じてくる罪悪感にはいくつかのレベルがあります。……それも仕事の一部なのです。一つは，患者がもはや生活や仕事を楽しめないのに，どうして自分はそれができようか？　というものです。ほかにも，患者の悲しい結果に寄与したかもしれない自分自身のうちの敵意に対する罪悪感もあります。もう一つは，最善を尽くしていなかったことへの罪悪感です……

(Charny, 1986, p. 24)

心理療法家が耐えなければならないさまざまなストレスは，経験の浅い者にとってより困難なものだ。長年の経験からくる自信がないため，心理療法で生じたことは，訓練生にとって生々しく，深く痛いところに突き刺さる。これらのストレスが，さらに多くのファンタジーを生み出す。熟練の臨床家であれば冷静に対処できる患者の主張にも，初学者は容易に動揺してしまう。倒錯，ネガティブな空想，自己嫌悪の告白は，まだ不慣れな訓練生に拒絶したい感覚を引き起こす。経験不足によって，不安で一杯になるからだ。信頼できる臨床家は，どういうときに自殺の脅しが危機的なのか「ピンとくる」かもしれないが，初学者は自分がどうすべきなのかほとんど分からない。彼らは通常，自分の患者のことよりも，自分自身のことに神経質になっている。

こうしたプレッシャーに直面したとき，訓練生は指導者に安全装置になってほしいと望む。そして，スーパーヴィジョンがそれを提供する。「困っている患者」が訓練生との関係で体験する退行は，スーパーヴァイザーと訓練生の間でも奇妙に追体験される。つまりパラレルな力動が生じ、感謝や忠誠、そして依存が現れる。ここに、患者から治療者、治療者からスーパーヴァイザー、スーパーヴァイザーから訓練機関、という依存の連鎖を見出すことができる。

このようにして訓練生は初めて協働作業、つまり総合的な治療体験に入ってゆくことになる。この融合により、彼らは部外者ではなくなる。それゆえ訓練生が実践で成長することは、共同体に参入することであり、経験によってのみ獲得される「身内の」立場に立つことなのである。ハウスマンとセヴェーリ（Houseman & Severi, 1998）の言葉を借りるなら、訓練生は臨床実践を始めることによって、有資格者という支配的なステイタスに「組み込まれていく」。その動きはその後も加速していくが、訓練生はここでその第一歩を踏み出したわけで、無資格者というアイデンティティは消失していく。

これらすべての特徴（失敗、レディネス、患者からの拒絶に対する恐怖）が、従順さを生む主観的な条件の二つ目を構成する。それら自体が、訓練機関特有の環境によって生み出され、訓練生を指導者のリーダーシップや示唆に対してより従順にする。次のセクションで、私は三番目の従順さを記述しようと思う。それは、訓練に付随する多くの不安やファンタジーから生まれたものではなく、訓練が進むにつれて、臨床的に熟達し、自信を得たいという訓練生の欲求によって生み出されるものである。

習熟することの魅力と高揚感

最後の従順さは、訓練の形式による不安やファンタジーから生み出されるのではなく、むしろ訓練の結果として臨床的に習熟することの栄誉から生まれる。リバーマン（Liberman, 1978 b）、バンデューラ（Bandura, 1977）、そしてカレストロ（Calestro, 1972, pp.97-99）は、自身の治療法を確信している治療者によって、患者がよくなることを示してきた。問題をコントロールできるという感覚を抱いている信頼できる他者を得ることで、患者は自分の苦悩を理解したり、うまく扱えるようになったりする。このことは、治療の必要条件である。

さらに、文化人類学者たちは「専門技能の発達」が職業的な変容を促進することを示してきた。トーリー（Torrey, 1986）やエールヴァルト（Ehernwald, 1966）、そしてクラインマン（1988, p.188）は、治療の成功のためには、治療者自身が、自分の治療する力を信じていなければならないと指摘している。サミュエルズはいう。

> よく知られているように、分析家が自分の理論と臨床実践に自信を抱いているときに、患者は救われる。それらがどんなに常軌を逸していたとしても、だ。
>
> （Samuels, 1989, p.7）

しかしながら、ラーマンが精神医学について示したように、硬直化した独善的な臨床スタイルに対する過度の自信が助長される可能性もある（Luhrmann, 2001, pp.203-230）。キャッセル（Cassell, 1987）は、熟練することによるネガティブな結果について研究を行っている。外科医の専門技術が磨かれるにつれて、「他人」（看護師、若手の医師）を否定したり、彼らに不信感や被害妄想を投影したりする傾向も強くなるのだ。[*145]

このような習熟することのメリットとデメリットは、どうみるかによって変わってくるわけだが、自分の習熟を「実感する」のにある前提条件が必要であることには変わりない。そしてその前提条件が、精神分析的心理療法家に深い影響を与えることになる。

まず、習熟の感覚は、自らの技術に疑いを抱いている人たちには感じられない。それが有効であると言われたとしても、実際には偽りで彩られていると感じられているテクニックを用いることは、自信よりも不安を生む。シェイファー（Shaffer, P.）の『エクウス』に登場する精神科医が嘆いていたように、自身の治療法への不信感が、患者を騙しているような感覚を引き起こすのである。もし私の技術が怪しいもので、自分でもその怪しさを感じていたら、大きな苦しみを伴うが、それを捨て去るであろう。この方程式が当てはまらない例として、我々は若き魔法使いケサリードについてのレヴィ＝ストロースの議論を思い出す。彼は魔術を信じていなかったにもかかわらず、上辺だけの自信で自らの技術を巧みに駆使していた（Levi-Strauss, 1967, pp.175-178）。[*146] しかし、普通は、自分の技能を駆使するには、自分自身がその技法について納得していることが重要である。実際、ケサリードも最終的にはそれを信じることになった。[*147]

フィールドワークを行うなかで、私は客観的な妥当性をもって心理療法の主張することを否定した治療者にほとんど出会わなかった。

哲学的にいうならば、心的現実を描き出そうとしているときの治療者は「リアリスト」である。公的には、彼らは精神力動を（あるセラピストが表現したように）「顕微鏡ではみえず」、それゆえ仮説的なものであると認めている。しかし、心理療法家の私的な次元において、「仮説的」という言葉が意味するよりも、それは現実的なものでもある。「仮説的」というリップサービスによって無意識の力動を信じていない人をなだめつつも、心理療法の信念はメタ信念にまで高められているのである。

心理療法を信じることが、「習熟の感覚」を得るための前提条件の一つだとすると、さらなる前提条件は、指導者が自分の技能の熟達を認めてくれていると信じることにある。才能があるとみなされることの実り（例えば、同僚からの尊敬や、訓練生にとっては所属組織で注目されるという特権）は、初学者を励ますだけでなく、経験者から教えを授かることができるというインセンティブにもなる。このとき、指導者からの承認は、きわめて重要だ。なぜなら、自分が有能と感じられるか否かは、このような「分かっている」人たちの意見に大いに左右されるからである。能力に対する**主観的な感覚**は、評価する資格のある人たちの承認によって生まれてくるように、社会的に作り上げられるものなのである。
このようにして、訓練生は指導者からの承認に左右されることになる。なぜなら、それなしでは自分自身の信念を異端と感じてしまう恐れがあるからだ。ここまでみてきたように、指導者たちは優れた臨床を体現していると思われており、そのために訓練生は彼らの方法を、効果を証明された方法として見習うようになる。このような依存関係によって、訓練生は指導者が教えることに同一化していく。先達の承認を得る道筋は、彼らの教えに従うことだからである。
この事実を明らかにするために、ここで訓練生が先達から習得したいと願う、ある技術の例を挙げよう。

「直面化」の技術あるいは装置

あるスーパーヴァイザーは以下のように述べている。

「理論を知っていることは、それがあなたと患者との関係に影響を与えない限り、単なる想念に過ぎません。……理論を知るのは、ほかの人だったら見逃すような大切な瞬間に注意を払い、患者を内省や健康に向けるためであり、そのような重要な瞬間に効果的に介入できるようになることが目的です。……自分ではみることのできない側面に患者を向き合わせなければならないということです」

（精神分析的スーパーヴァイザー 2004）

訓練生は、患者の隠れた一面を意識させるために「大切な瞬間」を用いる技術を習得する必要がある。それは、患者にそれまで隠されてきた自分を見つめるよう勇気づける方法、正式には「直面化」と呼ばれている技法のことである。[*148] このことについて、三年目の訓練生は以下のように語っていた。

「それは最適なときに、はらみて、分かるでしょう！　と患者に言うための鏡をもっているかのようです。これは言うほど簡単ではないのです。というのも、映し返しとは必ずしも快いものではなく、［患者にとっては］不安が呼び起こされ、実際見透かされたように感じるものだからです。そのため患者が、どう反応するか（防衛的か、精神病的か、崩れるか、抵抗するか、明るくなるか）確信をもてないのです。抑圧されてきたものが返ってくるときには、さまざまな感情が伴うものなのです」

（三年目の訓練生 2005）

四年目の訓練生であるシェーンは、「直面化」の例を語ってくれた。患者はいまだに母親と暮らしている三〇歳の男性である。この患者は残念なことに、異性との継続的で親密な関係を築いたことがなかった。この患者に、母親との暮らしに耐えることが異性関係への問題となっていることに気づかせようとしたプロセスをみていこう。

「彼はあるセッションで、モノローグを続けていました。このときは、彼がその週に出会った女性についての話でした。彼女はこうだ、彼女はああだ、つまり「ちょっとうるさい」とか、「ちょっとだらしない」とか。概して彼女は「よくない」と彼は言いました。そこに私は注意を向け、彼に尋ねました。

「よくない？」

「いやあ、分かるでしょう」彼は皮肉めいて答えました。

私は少しの間沈黙し、注意深く言いました。

「私に何が分かっているのでしょう?」

彼はふたたび「分かるだろう」と言うようにそっけない反応をみせました。

「実際のところ(今度は少し強めに)、私には分かりません。なぜ教えてくれないのです?」

今度は、彼はみるからにいらつき、「あなたに分からないなら、言うべきではないでしょう」と答えました。

私はもう一度沈黙し、そして言いました。

「もう一度言いますが、教えてもらえませんか?」

これが最後の一撃であり、彼はついにこう噛みついてきました。「分からないって? いいか、母親はあんな女とは一緒に暮らせないんだよ!」

ここにきて彼は口に手をあて、視線は心ここにあらずという感じでさまよい、自分が口にしてしまったことで自分を責めているようでした」

(四年目の訓練生 2005)

患者に「直面させる」チャンスを捉えるのは難しい。そういう機会は簡単に消え去ってしまうためである。別の四年目の訓練生は、明らかに後悔の念を表しつつ、彼女がいかにその瞬間を取り逃がしたかを話してくれた。

「私はある患者に物事を感じられるようになってもらおうと悪戦苦闘していました。彼は本当に空想家でした。最近のセッションで、彼は私が彼のことを評価していると言ったのです。今思えばこのコメントは重要でした。なぜなら私の患者は、つねに厳しく評価されていると感じており、この感じが彼の生活を多くの面で制限していたからです。私は今となっては大事なことに気づいており、この告白をしていますが、このときの私は彼にその感覚についてそのまま語らせるかわりに、「あなたが私に対してそんなふうに感じるなんて興味深くないですか？」と言ったのです。今思えば、そのセリフは完全に間違っていました。私の「興味深い」という言葉が彼を空想に引き戻してしまったからです（彼は「じゃあ彼女は私が間違っているというのか？」と考えたのです。「私が心配しているだけなのか？」と）。そして私はこの感覚にとどまるチャンスを逸し……投影を助長しました……彼を長らく悩ませてきた内的な審判者が舞い戻ってきてしまったのです」

（四年目の訓練生 2005）

この訓練生は、セラピストにとって「正しく理解すること」がどれだけ重要かについての自己批判を行いながら、話をしてくれた。彼女は、有効な介入を行う技術を習得することが非常に重要であると感じていた。なぜなら患者が自分に気がつくように「変えられる」チャンスはめったにないからである。心理療法家は患者の信頼を得て、効果的な介入を行うのに必要な事実を知るために、何週間も何カ月間も悪戦苦闘する。このように、訓練生が指導者の助言を求めるのは、それが承認（これは有能だと感じるための前提条件である）を得る方法を示してくれるだけでなく、心理療法という仕事で成功する方法について本当の洞察を与えてくれると思っているからなのである。

ここまでみてきた組織のあり方は、訓練生を順応と依存に向かわせる強烈な精神状態を引き起こすものであった。このことは、依存によって、訓練生がスーパーヴァイザーや指導者の「模倣を行う」ようになるというフランクとフランク（1993）のコメントと合致している。そのような模倣あるいは「モデリング」は、とくに子どもの場合（Bandura, 1977）、学習の最も強力なメカニズムの一つと考えられている。心理療法の世界では、訓練という場に特有なありようによって、このメカニズムが活性化される。スーパーヴァイザーのガイダンスが、経験不足の不安を和らげる一方、スーパーヴァイザーは「訓練生に何が必要か」という問いに対する「正解を体現する者」としても存在している。そうすると模倣は、学習の源や、自分の適性を感じる源となるだけでなく、「評価されることへの不安」や、それと関係した恐怖（すなわち、失敗やネガティブな評価への恐怖などである）を一時的に和らげるものにもなる。

まとめよう。指導者たちの期待に沿うような従順さを喚起させるべく、**意図して**訓練状況がデザインされているというわけではないにしても、よくよく考察してみるならば、それらが訓練生を従順にするように仕向けており、彼らが自分の主観性を再構成するのに寄与しているのは明らかである。ストレスフルな状況下で変容が起こること自体は、文化人類学者には長く知られてきたことであるが（La Fontaine, 1985; Richards, 1956; Herdt, 1987; Turner, 1967）、心理療法の訓練において特有なのは、喚起されるストレスやそれらを生み出す暗黙の条件だけでなく、こうした訓練機関の環境を生み出す精神分析的な実践と信念にこそあるといえるだろう。

第6章および第7章のまとめ

私は本章を、さまざまな分類体系のどこに精神分析的病因論が位置づけられるのかを明らかにすることから始めた。比較をすることで、精神分析的病因論をどのように分類できるのかを明確につかもうとしたのである。そのうえで、そのような病因論に精通することで、精神分析的な解釈や介入が導かれることを示し、そのようにしてそれぞれの臨床家が患者の感情的な問題に対して、重要なものを提供できるという確信を得ることが可能になることを論じてきた。

さらには、訓練生がいかにして指導者の確信やリーダーシップに対して従順になるのかを示しながら、訓練機関という環境下で生み出されるいくつかの重要なストレッサーを示した。「組織的なストレッサー」が

「個人の感じやすさ」を生み出す過程をみてきたことで、スーパーヴィジョンが訓練機関という社会的な環境が生み出す主観的雰囲気から切り離された出来事ではないことを指摘した。スーパーヴィジョンは、訓練のほかのすべての局面と同様、訓練生が指導者の言うことを受容するようになる雰囲気のなかで行われるのである。この受容性が、心理療法的想像力を強化し、精神分析的な内在因的で単一指向型の介入を可能にするのである。

「組織的なストレッサー」と「習熟することへの高揚感」のみで、これらの従順さの存在を説明しようとするといささか不毛に終わってしまう。この章の中盤で指摘したように、訓練生は、彼らが習得したいと願う理論や技法への同一化のディスポジションを伴って訓練機関に入学する。このおかげで、訓練生は初めから精神分析的な実践と信念を促進するような状況に対して従順になっているといえるだろう。

職業的社会化をやり遂げようと決めた人々にとって、心理療法がそれだけ魅力的なものであることについて、次章そして最終章で迫っていきたい。それだけの魅力を備える心理療法の専門家とはいかなるものであろうか。それは、心理療法家の人生にいかなる変化をもたらすのであろうか。また、治療が個人を変化させるというとき、正確にはどういうことを意味しているのであろうか。どんな効果に対して、どういう方向性に対してのものであろうか。それらの問いに答えてみようと思う。なぜなら、そうすることによって精神分析的社会化のより深い意味に近づけるだけでなく、精神分析運動そのものの目的を見極めることができると考えられるからである。

第8章　心理療法家の変容

ここまで精神分析の訓練の中核的なプロセスがいかなるものであるかをみてきた。第1章では精神分析の訓練機関が現在どのような社会歴史的位置にあるのかを検討し、第2章と第3章ではすべての訓練生が通過する「セラピーを受けること」について検討を行った。その際に、事前訓練セラピーが心理療法的想像力を耕すための最初の機会になることを論じた。第4章と第5章では訓練の第二段階であるセミナーに注目した。このとき、心理療法の知がいかにして伝達されるのかを検討した。とくに、訓練機関が異議から自らを守るために用いる「疑念のマネジメント」に注目した。さらに、精神分析的社会化にはある種の制限が埋め込まれており、それが「自己肯定的」に機能していることを明らかにし、それが訓練機関の求めることと調和するような訓練生のディスポジションを育んでいることを示した。最後に、第6章と第7章ではスーパーヴィジョンについて精査することで、心理療法家が学び、身につける病因論を記述し、訓練機関が望むようなありようへと心理療法家が自ら変容するように働きかける力について検討を行った。

心理療法的社会化の中核的な段階について議論を行ってきたわけだが、最終章ではこれらの各段階を超えたところについて議論を行ってみたい。つまり、精神分析的ディスポジションに同化することで、心理療法家の人生がどのように変容していくのかを明らかにしたいのである。そうすることで、心理療法的社会化の背景にあるものを明るみに出すことにしよう。

この目標を達成するための方法は二つある。まず、心理療法がひそかに要求している暗黙のコミットメントがいかなるものかを明らかにしてみたい。参与観察と調査によって得られたデータを、精神分析が暗黙裡に求める倫理性・政治性・共同体へのコミットメントに結びつけることで、「専門家」としてのエートスがいかにして心理療法家の「私的」な人生に浸透していくのかに光をあてる。これまでの章ですでに議論してきたように、訓練生は心理療法の世界では弱者として扱われるわけだが、彼らは自分をそのように扱う力に自ら身を投じていく。それがなぜ生じるのかをみてみたい。

第二に、ベテランの心理療法家の伝記を研究することによって、心理療法家の人生全体において心理療法へのコミットメントが重要な役割を果たしていることを示すことにしよう。これらのコミットメントを彼らの人生という視点から検討することによって、我々はある洞察に達する。つまり、なぜ系譜的構造が現在のかたちで序列化しているのか、そしてさらには心理療法を実践することだけではなく、心理療法が心理療法家の人生の意味づけや人間としてのあり方において重要な役割を果たしていることを明らかにしてみよう。

神話的世界

第2章において、ダウ（Dow, 1986）やクラインマン（Kleinman, 1988）、カレストロ（Calestro, 1972）などの人類学者たちが、心理療法家が信奉している神話が癒やしのために果たす役割を強調していたことを述べておいた。彼らは「神話」を、象徴や概念を連結するシステムと理解している。神話は、患者の問題の起源や本性を規定し、理解するための枠組みを与えてくれる。癒やしが生じるのは、患者がこのシステムと結びつき、自分自身の私的な世界をその用語で定式化することを学んだときである。これらの神話は広い意味のシステムと結びついており、そのシステムの信奉者が統合感覚を味わうことを可能にしてくれる。そのようにして個人的な経験に公共的な意味合いが与えられ、さまよえる個人は統合されることでもう一度共同体と結びついていくのである。ダウ（1986）はこのシステムのことを「神話的世界」と呼んでいる。「神話」という言葉が使われているのは、その説明システムが実証的な意味での現実と対応しているか否かは本質的な問題ではないからである。重要なことはそれが経験的な真実性を備えているかどうかだ。なぜならそこで効果を発揮するのはある種の「信念」だからである。それはレヴィ＝ストロースがシャーマンの神話に対してとった態度と大きく変わるものではない。

シャーマンの神話［あるいは精神分析家の神話］が客観的現実に照応していないということは、大したことではない。患者はその神話を信じており、それを信じる社会の一員である。守護霊と悪霊、超自然的怪物と魔術的動物は、原住民の宇宙観を基礎づける緊密な体系の一部をなしている。患者はそれを受け入れる。あるいは、より正確には、彼らはそれらを疑ったことがない。（Levi-Strauss, 1967, p.21）

この点で、象徴人類学者は治療のシステムを「神話」として理解することによって、フロイトが自分自身の理論的構築に際してとった態度とは違って、迷うことがない。フロイトは欲動理論を定義するときに、以下のように書き残している。

欲動理論は、私たちにとってのいわば神話学のようなものです。欲動は神話のような存在でして、その不分明さたるや実に途方もないものです。私たちの仕事では、これら欲動からは一瞬たりとも目をそらすことは許されないのですが、そのようにしていてもなお、これらをきちんと見据えているという確信はもてないのです。

(Freud, 1977 [1932], p.127)

象徴人類学者とフロイトの違いとは、フロイトが神話の根拠をそれがいかに現実と密接に対応しているのかに置くのに対して、レヴィ＝ストロースのような象徴人類学者は神話の信奉者の「信念」に置くところである。つまり、信念が個人に作用し、社会的世界に影響を与えるような力を神話に見出すということだ(Calestro, 1972, p.97)[*149]。

神話の力の源泉を信念に見出すことによって、これらの象徴人類学者たちは心理療法の「神話的世界」を独特の視点から研究することになった。第3章で指摘したように、彼らはほかの治療(感覚治療など)と比較して、この神話がどのようにして個人の変化を引き起こすのかに関心をもたなかったし、後述するようにその神話が生み出す霊的な権威が、いかにして治療者の人生に意味を与え、人生を支える足場となるのかを明らかにはしなかった。彼らが後者の点について見過ごしたことは理解できる。なぜなら第一に彼らは神話が心理療法家をいかに支えるかということよりも、いかにして患者を癒やすのかに関心を向けたからであり、第二に彼らの研究は象徴的治療の一例としての心理療法を記述することをめざしたからである。心理療法家の専門家としての人生、あるいは彼らのプライベートな人生において、これらの神話が果たしている役割には、象徴人類学者は無頓着であった。したがって、彼らの探求はいかにして神話や象徴が心理療法を促進するかを明らかにしようとしたものであり、彼らの問いと本書で私たちが答えようとした問いの間には懸隔がある。つまり、神話を取り仕切っており、それによってすでに癒やされ統合された者たちにとって、神話がいかなる機能をもつものであるのかという問いが問われていないのである。

この問いに答えるために、神話の機能をよくみておく必要があるだろう。ただし、このとき神話が患者をどのように変形し癒やすかということではなく、神話に仕える心理療法家のほうに関心を置く。ここでマリノフスキーが神話について語っていたことを引用しておこう。彼は最初の人類学者であり、注目すべきことにフロイトについて批判的に思考することを試みた人でもある。

〔例えば人類学者によって〕現在なされている神話についての研究……は科学的関心を満足させるような説明ではなく、むしろ原始的リアリティを復活させるようなナラティブになっている。それは深い宗教的な需要、道徳的渇望、社会的献身や主張、そして実践的必要性を満足させるものなのである。神話は……以下の欠くことのできない機能を果たす。それは信念を表現し、強め、成文化する。道徳性を守らせ、施行する。それは儀式の意義を保証し、人の生き方の実践的なルールを含んでいる。このように、神話は人間の文明の不可欠な要素なのであり、単なる意味のないお話ではなく、……むしろ原始的信念と道徳的知恵の実践的な憲章だといえよう。(Malinowsli, 1971 [1926], p.79)

これらの言葉を念頭に置きながら、私は治療的神話がもつ三つの機能について探求を行ってみたい。それは倫理、政治、そして最後に共同体のための機能である。*150

倫理

一二世紀から初期近代に至るまでの間、ヨーロッパの基本的な道徳的枠組みは『ニコマコス倫理学』の影響を受けてきた。それはアリストテレスが「偶然そうであった人間のありよう」と「自ら実現しようとする人間のありよう」の二つの状態の根源的対比として描いたものである(MacIntyre, 2001 [1981], p.52)。このようにして構想された倫理学は、私たちがいかにして「所与」の状態から「変容した」状態へとうまく移行するのかについての理性的探究であったといえる。以下の研究が示すように、そこでは個人を自分の目標telosに向かわせ、彼らの「本性」を実現することがめざされている。この人間の変容についての概念は、それぞれの本能的な自然状態を、洗練された人間性をもつものへと変換していくための潜在力を前提としている。もしも、我々が完全に人間性を達成している状態をめざすのであれば、最も高い目標に合うように習慣を洗練させ、自身の欲望や衝動を抑制する必要がある。

私たちの潜在力をフル稼働させることで変容を達成するというアリストテレス的な考え方は、それ以前の時代に存在した救済のプロジェクトの装いを新たにしたものである。ただしこのとき、その救済には倫理的な変容を前提とするという根本的な考えが付け加えられている（MacIntyre, 2001 [1981], p.53）。合理的、経験的、あるいは象徴的な基礎に支えられていようといまいと、すべての倫理的プロジェクトは、その正統性が権威によって支えられている。そのときの権威が聖書なのか、合理性なのか、啓示によるものなのか、経験によるものなのか、象徴的なものなのか、あるいはそれらの総合によるものなのかはそれぞれであるにしても、である。

心理療法の中核には心理療法家自身の変容を促す義務が埋め込まれており、それがほかの治療文化と同様に、自らの象徴や概念を正当化するものであると認めるとすると、心理療法のシステムは以上で述べてきた西欧の倫理的ありようとほぼ重なることが理解できる。心理療法のシステムは、知識や意味の体系を備えたほかの変容のシステム（象徴的、経験的、合理的のいずれであったとしても）と大きな差があるわけではない。

このとき、精神分析的心理療法において、倫理と神話がどのようにつながっているのかを示す必要がある。それは、例えば、いかにして心理療法のシステムが倫理的システムにみえるのかという問いとして現れる。したがって、最初に精神分析的心理療法の倫理的目標が何であるのかを明らかにしてみる。このとき、先駆者たちが示したさまざまな治療目標をみてみることにしたい。目標の内実やそのための手段はさまざまであるにしても、すべての力動学派が倫理的な命令を備えていることは明らかである。

例えば、リビドー理論はその目標を「性器性」に置き、ランク派は「積極的創造的意志」に、アドラー派は「社会的関心」に、サリヴァン（Sullivan, H.S.）は「統合的自己」に、フロム（Fromm, E.）は「生産的パーソナリティ」に、ボウルビィ（Bowlby, J.）は「安全なパーソナリティ」に、スターン（Stern, D.N.）は「成熟した人格」に置いている。マーマー（Marmor, J.）が指摘するように、それらは表現型において違いがあるにせよ、明らかに同じ倫理的目標を指し示している。つまり、個人が感情的な成熟を遂げること、非利己的なやり方で他者を愛すること、健康な関係性を維持したり創り出したりすること、機能して働けること、自分自身の能力の限界のなかで社会的な責任をもち、生産的な人間となれることを、心理療法は倫理的目標にしている（Marmor, 1962, p.288）。換言するならば、パーソナリティの発達の理論化や、人間の究極目標についての具体的なあり方についてはさまざまな意見があるにせよ、健康であるためには質的で倫理的な変容が不可欠であるという共通認識がそこには存在している。この倫理的命令の例を挙げるために、「文明」と「人生の意味」を明らかにしようとしたフロイトの成熟理論に目を向けてみたい。

円熟期のフロイトは、一般に信じられているよりもずっと倫理的目標についての考えを深めていた。フロイトの関心は、人間の欲動についての以下のような考えを反映したものである。つまり、フロイトはすべての心理的現象を二つの図式から捉えようとした。エロスとタナトス、あるいは生の欲動と死の欲動という相矛盾する欲動のことだ。タナトスとは「反復強迫」という用語で知られるような、繰り返すことへの衝動であり、それは退行や抑圧、そして攻撃性の中核にあるもののことである。

［欲動とは］より以前の状態を再興しようとする、生命ある有機体に内属する衝迫である。ただ、生命体はこの以前の状態を、障害を及ぼす外的力の影響ゆえに放棄せざるを得なかったのだ。

この欲動が実際には何を達成しようとしているのかと問うなら、以下のようにフロイトは答えるだろう。

(Freud, 1955 [1920], p.36)

生命あるものはすべて内的根拠に従って死に、無機的なものへと帰ってゆくということを、例外なき経験として仮定することが許されるなら、我々は次のようにしか言いようがない。すなわち、あらゆる生命の目標は死であり、翻って言うなら、無生命が生命あるものより先に存在していたのだ、と。

(Freud, 1955 [1920], p.38)

この無機物へと分解していく原初的な力が死の欲動であり、その力はすべての現象に浸透し、生の方向へと導く欲動であるエロスに反発するようにして働く。死の欲動が無力に向かっていくとするなら、生の欲動はフロイトが人間活動の最高峰としたもののうちにその姿を見出すことができる。つまり、文明の永続化と発展である。彼は文明について以下のように述べている。

エロスの目的は、個々人を、ついで家族を、それから部族、民族、国家を、人類という大きな単位へと統一することである。ところが人間に生まれつきそなわっている攻撃欲動、すなわち万人の万人に対する憎悪が、この文明の計画に反対する。この攻撃欲動は、エロスと並んで宇宙を支配する二大原理の一つである死の欲動から生まれたものであり、死の欲動を主に代表しているものである。ここまでくると、文明の進展の持つ意味はすでに明らかだろう。文明とは、人間の間で繰り広げられる、エロスと死との、生の欲動と破壊欲動との、戦いなのである。この戦いこそが、すべての生命の本質的な内容であり、したがって文明の進展はたんに、生に向けての人類の戦いであると言うことができよう。そして、我々の乳母たちが、来世を歌った子守歌でなだめようとするのがこの両巨人の戦いなのである。

(Storr, 1989, p.53 の引用より)

大昔にオーストリアの小さな診察室で医学的治療として始まった営みは、最終的には光と闇の宇宙的闘争の場となったのである。[*151] フロイトが教えるように、精神分析は本質的に叙事詩的なものなのだ。それは、「神経症症状と神経症的制止、そして性格の異常性からの人間の解放」(Freud, 2004 [1937], p.225)、つまり人間の原初的な発達段階における幻想からの解放を意味している。抑圧を取り払い、未来の退行を防ぐために意識の領域が拡大するとき、偉大な自由、解放、そして意識性が達成される。フロイトは人間性のより高い段階を追求するような意識を拡張する作業を神話的主題に例えている。

精神分析の意図するところは、言うまでもなく、自我を強化して、これをますます超自我から独立したものに仕立て上げること、自我の知覚領域を拡大し、自我の編成を拡充して、自我がエスのさまざまな部分を新たに獲得できるようにすることにあります。つまり、かつてエスがあったところに、自我を成らしめること、これなのです。

(Freud, 1977 [1932], p.112)

つまり、闇のあるところに、光をもたらす、ということだ。自我がひとたび内的な拡大を成し遂げたならば、人生の重要事に以前よりもずっと正面から取り組むことができるようになるのである。

神経症の人は、快復するとほんとうに人が変わってしまうのですが、もちろん根本においては同一であり続けます。すなわち、もっとも好都合な条件のもと、もっともうまくいった場合に成りえたかもしれない人物に成り変わるということです。

(Freud, 1975 [1917], pp.486-487)

以上から分かるように、精神分析はその根底に変容目標を含んでいる。その目標とは、心理療法の歴史においてそうであったような穏やかな意向として存在しているだけではなく、ほかの救済プロジェクトにおいてそうであるように、その象徴や概念によって倫理的目標を達成しようとする個人を動機づける。ここでの議論と第3章での議論によって、無意識からの解放によって個人にパーソンフッド(それは文明化のための不可欠な質となる)をもたらすという心理療法の神話を示し、それが人間の進化という壮大なプロジェクトとつながる大きなコスモロジーに埋め込まれたものであることを示した。

さらには、この神話に従うことがメンタルヘルスを損なうようなアクシデントに対する防壁になるとされているので、心理療法家たちは神話が命ずることに調和するように振る舞うようになる。神話が勧めるように振る舞うことには利益があるので、我々は神話の語ることが倫理的で、人生の実質を支えるものと思って、それに従うようになるのである。このようにして神話は社会に埋め込まれたものとなる。実際、社会的活動には大なり小なり神話的信念が刻まれているものである。

心理療法の根本に救済論的目標が埋め込まれているという事実は、心理療法というものを大多数の治療者にとって医学的治療以上の何かにする。その倫理的目標が心理療法家たち自身の救済を約束するからである。それは心理療法がクライエントのためだけではなく、心理療法家のためにも存在していることを示唆する。

フロイトが主張したように神経症の治療における心理療法の重要性はたしかなものであるが、同時に面接室の外での、心理療法家たちの人生がいかに心理療法に支えられているのか、証拠を示してみよう。そのために、ロンドンとサウスイーストを拠点にしている熟練の精神分析的心理療法家に回答してもらった質問紙の結果を以下に示したい。[*152]

この調査は、それぞれの心理療法家にとって心理療法という営みがどのような意味をもっているのかについて質問を行ったものだ。ここで議論したいことと関係している質問として、心理療法家たちに訓練修了後にさらなる個人分析を受けることがあったかを聞いている。四三件の回答がなされ、そのうちの三八人が訓練と訓練分析を終えたのちにふたたび治療を受けたということを語っている。そのなかの一一名はさらに長い期間の分析を受け、一二人はさらに二つの分析を受け、三人は三回受け、一人は四回、そして二人は六回以上の分析を受けているとのことだった。四二人のうち四人だけが、訓練が終わったあとに二度と個人分析を受けなかったと回答した。[*153]

そこで、なぜもう一度分析を受けたのかと問うてみたところ、興味深い反応が得られた。

・「分析は決して完了するものではないのです。人生の新しい段階に立てば、新しい問題と取り組まなければなりません。……心理療法はその都度私を助けてくれました」

・「私の場合、クライエントに対する抵抗を克服し、自分の人生の問題と取り組むために心理療法を使っています」

・「心理療法は現在進行形で進んでいるパーソナルな発達を助けてくれます」

・「私の受けている分析は、自分自身についての理解と治療で起きているプロセスの理解を助けてくれます」

・「私の訓練分析は女性の分析家によるものだったので、男性の分析家と心理療法を行えば、今までとは違う転移のことなど、新しいことを学べると思ったのです」

・「パーソナルな成長をし続けるためです」
・「専門家として、個人として、前進していくためです」

大多数の心理療法家がさらなる個人分析を求めるのは、専門家としてのキャリアのためだけでなく、自分自身の個人的な問題を解決するためでもあった。多くの心理療法家にとって、自己探求は訓練と共に終わるのではなく、個人分析を通して続けられるのである。そして、心理療法は神話に支えられているものであるので、個人分析を受け続けることで、その神話は心理療法家に個人的成長をもたらすことになる。この心理療法の神話がもつ支持的機能は、心理療法家が自身のキャリアを通じて自己分析を続けていくということからも明らかである（「自己分析」とは「自らの無意識的プロセスをモニターすること」とここでは定義しておこう）。四二人に尋ねてみたところ、そのうちの四一人は自己分析が彼らの人生の日常的で重要な部分を占めていると答えた。例えば、以下のようなことが語られている。

・「すべての患者との日々の臨床に自己分析は含まれています。それは私の仕事と人生にとって中心的な位置を占めるものです」

「どれくらいの頻度で自己分析を行いますか?」という質問に対して、

・「つねにです」
・「ひっきりなしに、ですね」
・「自己観察は一日のうちの多くの時間で行われています。それを自己分析と呼ぶかは分かりませんが」
・「多くの時間を費やしています。それは人生のあり方であって、とくに「セッション」として行うものではないのです」

・「イエス、患者の治療で難しいことが起きたときには、スーパーヴァイザーと話し合います」
・「していない人がいるのでしょうか？　毎日、いつ何時もしてますよ」
・「常時です。無意識的にはかなりの時間でしょうが、意識的には仕事の間と、あとは自分自身の個人的なニーズに合わせて、ですね」
・「毎日ですよ」
・「もしかしたら、非公式にはいつもかもしれません」
・「私は毎日、自分自身を観察し、吟味し、探求することを行っています」
・「もちろんですよ、そうじゃない人がいるんですか？」
・「精神分析は「生き方 way of living」になっています。それを使ってつねに自分と他人を理解しながら生きているわけです。私は自分の感情と行動について正直でありたいと思っています」

のちに、私は自己分析がどのようにして人を支えるのか、その方法をみてみようと思うが、今のところは上記のコメントは驚くべきものではないといっておきたい。というのも、心理療法が救済論的で自己変容的なプロジェクトであることについては、すでにみてきたからである。

このプロジェクトが患者に与える影響については公言されているが、実はそれが心理療法家の人生にも影響を及ぼしているということは気づかれにくい。しかし彼らは、心理療法の理論がクライエントに影響を及ぼすのと同じくらい、自分自身の魂にも影響を及ぼすと信じているのである。訓練生は心理療法的想像力を身につけることによって、人間の異常性の多様なあり方を理解するわけだが、それは彼ら自身の異常性にも適用されることになる。だから、自己分析や個人分析を続けることで、彼らの人生は進んでいくことになる。

以上のように、心理療法の理論が自己へと適用されていくことを踏まえるならば、心理療法の神話がただ信じられているだけではなく、それが個人のなかに埋め込まれ、そして究極的に行動につながっていくのがなぜなのかを理解できるだろう。

政治性

ロンドン大空襲があったとき、精神分析共同体は危機に瀕していた。アンナ・フロイト（Freud, A.）とクライン（Klein, M.）という当時の精神分析運動を代表する二人の間に、発達論の中核の部分で和解しがたい亀裂が入っていたのである。その亀裂は精神分析インスティテュート（Institute of Psychoanalysis）に取り返しのつかない裂け目をもたらそうとしていた。これを回避するために、英国協会の会長であったウィニコット（Winnicott, D.W.）は多くの議論の機会をもうけた（今日では「大論争」として知られている）。

このような論争がなされていたある晩に、ドイツ空軍によるロンドン空襲が起きた。サイレンと共に空襲が知らされたが、分析家たちはそれを無視した。まだ近所で爆発が起きているわけではなかったのもあり、ウィニコットは椅子から立ち上がり、「議論は今重要な局面だ、爆弾ごときで結論を急ぐべきではない」と言った。爆弾よりも議論のほうが重大な問題だったので、メンバーたちは自分の持ち物をかき集め、議論を続けるための安全な場所を探して回ったのだ。[*154]

この逸話は、「外にある」世界に対する精神分析的態度だと、多くの人が考えていることの優れた寓話であるといえよう。爆弾は社会の愚かしさを象徴するものであり、理論についての議論こそが政府と戦争の野蛮さのただなかで文明の進歩を象徴するものなのである。この人生の重要事に対する平然としていて高貴な態度は、ときには賛同を得られるかもしれないが、さもなくば友好的とはいいがたい反応を呼び起こしてきた。

内向性という魂の非政治的・非社会的な例を示すために、ここでジョーンズ（Jones, E.）の手紙を紹介したい。ここに示される魂こそが、多くの批評家が精神分析を批判するよう駆り立ててきたものだ。ジョーンズとは国際精神分析協会（International Psychoanalytical Association: IPA）で長い間会長を務めた人物であり、彼は国際精神分析協会のメンバーが社会的・政治的活動の基礎となるような精神分析的理論を作ることをやめさせるために、手紙を送っているのである。

水と油以上に、政治と科学が混じるのは難しいということを私たちは一度ならずみてきました。心理学者として、社会変革への動機がさまざまな姿をとることを私たちは知っています。それは称賛に値する動機と愚かしい動機の混合物があり、実際のところ真実を確かめたいという欲望によるものであることはめったになく、むしろ支配したいという欲望の結果なのです。だから、政治活動に参加している人は誰であれ、科学的ではない動機に突き動かされているといえます。フロイトは、人間生活の改善のための人道主義でよく知られている一方で、科学的な仕事からこの政治性を厳格に隔離しています。そうすることで、学問の純粋性を守ろうとしたわけです。ほかの多くの点でもそうなのですが、彼は我々がどう振る舞えばよいかの例を示してくれています。我々のなかに、社会状況に対する耐えられなさや、それを変えていこうとする意志があるわけではありません。ここまで述べてきたことから、そのような衝動に突き動かされる人は誰であろうともまったく精神分析家だとはいいがたいということになります。そして、精神分析の名のもとに特定の社会思想を広めていこうとすることは、精神分析の本性を歪めるものであり、精神分析を誤用しているのだといえると思います。このことを私は強く非難し、拒絶したいと思います。

（Young, 1993, p.134 より引用）

ここで重要なのは二つの点である。最初に、これらの警告はただの脅しではないことだ。実際に過剰に政治的な発言をする人々は処分を受けてきた。例えば、ライヒ（Reich, W.）の国際精神分析協会からの除名は、スタイナーによれば、「精神分析が政治において居場所をもっていないことから、精神分析を政治化しようとした」（Steiner, 1989, p.59）攻撃的な振る舞いによるものだとのことである。ほかの場合でいうならば、第5章で示したように、ホーナイ（Horney, K.）やフロムなど、社会・政治的な心理療法を志向したことで疎遠になったメンバーたちもいる。

第二の重要な点は、フロイトが政治と精神分析を完全に隔離していたというジョーンズの主張である。一見この主張は正しいようにみえるが、詳しく吟味してみるならば、それはある限定された意味においてのみ正しいということが分かる。というのも、精神分析が政治的意図からまったく自由であるかどうかは曖昧だからである。政治と精神分析のつながりについての問いは現在の議論にとって本質的なことであるので、もう少し立ち入って考えてみたい。

精神分析共同体に備わる「内向性」について、多くの論者がその非政治的なスタンスと現状肯定的なところを批判している。例えば、マルクーゼはある面では精神分析理論を称賛する一方で、面接室で生み出されるものには現実社会に変化を与えるものがほとんどないとコメントしている。

> 精神分析療法とは病んだ文明の一部分としての個人が、それに屈することなく機能し続けるために個人を癒やそうとするものである。
> （Marcuse, 1966 [1955], p.245）

ゲルナーは『精神分析運動』のなかで心理療法文化の非政治性を批判している。

フロイト主義はその発端のときから、［マルクス主義と違って］政治的な穏健主義をとっている。救済は適応のなかにあるということだ。適応というのは、深層心理学によって、近代人の道徳的ボキャブラリーに取り入れられたものである。潜在的にあるいは顕在的に、それは外的現実の秩序を受け入れるように伝道している。このことがヒトラーの時代に生じた困惑とつながっていく。（Gellner, 1985, p.xxxv）

精神分析（とくに対象関係論）が社会的現状を肯定することについて、大胆にも批判してきた数少ない心理療法家の一人であるサミュエルズも、これに同意している。

対象関係論は知らず知らずのうちに政治的な現状を永続させるものとして機能してしまう。［彼らは］人格的発達や機能不全についての精神内界的、あるいは対人関係的な説明を重視する。心理学的苦痛における社会政治的、あるいはほかの集合的な側面が除外されているのである。……西欧の我々にとって、これらの事情は、人格概念 personality-idea（私独特の表現かもしれないが）そのものがヒューマニスティックで、ロマン主義的で、個人主義的な伝統と親和的であることの反映だといえよう。……対象関係論が人気を博したのは、彼らが既存の秩序に挑戦を行ったからではなく、むしろ既存の秩序に潜在的に同調したからなのである。（Samuels, 1993, p.276）

そこに、マッソン（Masson, 1989）、ラッシュ（Lasch, 1979）、セネット（Sennet, 1976）そしてホルモス（Halmos, 1973）といったアメリカの批評家を加えることもできる。彼らはみな同じことを批判をしている。このようなさまざまなコメントの存在はある興味深い問いを提起する。この非政治的な運動の創始者であるフロイトが一八年間にわたって、偉大な政治的な指導者になり社会変革を行おうとする野心をもっていたという事実に突き当たるのである。

フロム（1959）は、フロイトが政治的指導者になることに憧れており、その欲望がいかに若きフロイトの顕著な特徴であったかを明らかにしている。フロムは、フロイトが学校時代の親友であるブラウン（Braun, H.）――彼はのちにドイツの最も著名な社会主義者になるわけだが――に対して抱いた親愛の情を明らかにし、フロイトの政治的な関心が彼の学問にいかに大きな影響を与えたかを示している。フロムはこれらの主張を支えるさまざまな証拠を提示しており、そのなかには後年フロイトがブラウンの遺された妻に対して彼らの友情を説明した手紙も含まれている。

> 高等学校では、我々は互いに離れがたい友人でした。放課後の時間はすべて彼と共に過ごしました。……我々の大望の目標も手段も少しもはっきりしていませんでした。その時以来、私は彼の目標が本質的には消極的なものであると考えるに至ったのです。しかしある一つのことだけは確かでした。それは私が彼と一緒に仕事をしたいこと、および私が彼の仲間から決して離れないということでした。彼の影響を受けて私もまたそのときに大学で法律を勉強する決意をしました。
>
> (Fromm, 1959, pp.74-75)

フロイトの次の同一化は、オーストリア民主党の指導者であったヴィクトール・アドラー（Adler, V.）に対するものだ。ベルクガッセ一九番地にあった彼のアパートに、若きフロイトは一度訪れたことがあった。その数年後にこの場所が売りに出されたとき、フロイトが購入し、その後の四五年の住居となったことは、この場所に対する彼の思い入れを示すものであろう（そういうことは古風な人にはよくあることだ）。この魅力のない乱雑で小さな家になぜフロイトがそれほどまでに惹きつけられたのかについて、フロムは、フロイトがこの政治的指導者に同一化していたことを挙げ、家が売り出されたときに彼への憧れが無意識に影響を与えたに違いないと説明している。[155]

もし若きフロイトの政治的野心についてのフロムの主張を受け入れるのであれば、私たちは法律を学び政府に入ろうという情熱をもっていた若者と、後年になって政治的穏健主義を非難される精神分析運動の創始者とをどのように一致させたらよいのだろうか。可能な答えとして、フロイトの情熱がラディカルな変形を遂げて、みえにくいものになったということを挙げられる。それこそがジョーンズによる理解である。

しかし重大なことは一六、七歳の頃に起こっていた筈の異常な変化である。遊び仲間たちと盛んに戦った喧嘩好きの子供時代はすぎて次に軍人に憧れる少年となり、青年になると大臣になって国の政治を支配している夢を見た。結局田舎娘との二日間の出会いがそれほどの宿命的なものであったのだろうか。

(Fromm, 1959, p.85 より引用)

ジョーンズはフロイトの初恋がこの変化を引き起こしたとほのめかしている。この示唆をフロムはにべもなく拒絶する。彼は以下のように説明している。

宿命的なものは他に何もなかった、というのはこれらすべての青年の空想や欲求がすぎさったと考えて、ジョーンズが、単純な誤りをおかしているからである。かかる青年の空想や欲求は、単に新しい形をとったにすぎず、一部はほとんど意識されていなかった。大臣になりたいという少年フロイトは、人類にある新しい知識をもたらすモーゼのようになりたいと願うようになり、……その知識とは、自己および世界の理解のために残されている最後のものであった。よりよき人生へ導くものとして信頼するに足るものは国家主導でもなければ、社会主義でも宗教でもない。人の心の完全な理解は、かかる答に含まれる不合理性を明らかにすることができ、人をその宿命に応じて導くことができる。すなわち、真剣な、懐疑的な、あるいは合理的な過去および現在についての評価や自らの実存についての根本的には悲劇的な本質の受容にまで導くのである。……フロイトは自らをこの知的な革命の指導者とみたが、これこそ合理主義がなし得る最後の段階なのであった。人類に対する楽しくはないが現実的な新しいメッセージを与えたいというフロイトのこの熱望を理解する人だけが、彼が始めた精神分析の運動を理解することができる。
(Fromm, 1959, pp.87-88)

フロムの見解では、フロイトが一七歳のころの政治的リーダーになりたいという情熱は消滅したのではなく、抑圧されたということになる。つまり、この欲望はフロイトの人生にあって目立たないかたちで影響を及ぼし続けたのである。彼が精神分析運動を始めるときもそうであり、精神分析協会は彼のリーダーシップへの欲望と社会に新しいかたちの救済をもたらしたいという願いの受け皿となったのだ。

そして、例えばこの説明のもっともらしさを受け入れたとしても、まだ決定的な疑問が残る。つまり、ジョーンズやゲルナー、マルクーゼなどが主張していたように精神分析が非政治的なものだとすると、フロイトはいかにして社会改革への欲望を満たすことができたのだろうか。この問いに応えるうえで興味深い方法が、フロイトが精神分析を開始した本である「夢解釈」で示された以下のヴェルギリウスの『アエネイス』の文章を分析することである。「天の神々を動かす能わずば、冥界を動かさん」(*Aeneid* 7, p.312)。

フロイトが長い逡巡の果てになぜヴェルギリウスのこの警句を選んだのかを示す唯一の説明は、フリース(Fliess, W.)にあてた手紙のなかで彼がこの引用を「抑圧を示すもの」と述べたことにある(Freud, 1985, p.361)。では、この短い説明でフロイトは何を意図していたのだろうか。その一つの読み方は「抑圧されたものは夢によって回帰してくる。夢を解釈することで抑圧されたものを理解することができる」というフロイト自身のやり方に従うことだ。すると、この引用からは抑圧された欲望がいかなるものであるのかを読み解くことができる。それはこういいかえることができる。「もし私があなたの意識していることを取り去ることができないならば、私は無意識に悩むだろう」。この読み方が満足いくものであるのは、『夢解釈』の理論的コンテクストであるパーソナリティ理論を無視するときに限られる。もし、当時フロイトが構築を始めたパーソナリティ理論の広大な視野からこの警句を解釈するならば、（ヴェルギリウスのいう「天の神々」が社会、「冥界」が無意識となって）この警句は新しい意味をとる。「もし、私、フロイトが社会を変えることができないならば、私は人間の深層を動かすことにする」。[*157]

このようにフロイトによるヴェルギリウスの引用を解釈することは、フロイトののちの倫理的目標にそぐわないだけではなく（人間の深層に「文明」を創造させようとすること、タナトスに対してエロスが勝利するように仕向けること）、同時にここまでみてきたような、病理が社会ではなく心における不満に由来する、という精神分析の病因論とも一致しない。この精神分析的病因論は精神分析的介入によって心の不満（実はそれは広く社会的結果でもあるのだが）に取り組むという試みを正当化するものだ。だから、この点で、私たちはフロムの意見に同意しなくてはならない。つまり、フロイトの政治的目標が生き残っていること、それは個人的なものを政治的にすることでのみ可能になること、それが個人を通じて社会的救済を行うというものであること、である。[*158]

ある精神分析からの離反者は、私がここまで示唆してきたことを要約し、成功した分析を成し遂げることを精神分析的な社会政策の本質として示している。彼女は以下のように記している。

［治療の］達成は、本人とその家族にとっての個人的な成果だけを意味しているのではなく、社会全体にとっての成果をも意味している。自らの感情の助けを借りて過去を発見した人々は、セラピーを通じ

て自己の感情を明確化すること、自身の問題の真の原因を探すこと、転移を解決することを学ぶことで、もはや憎しみをほかのものに置き換えることがなくなる。……一度勇気を出して誰が自分を苦境に陥らせており、それがいかにしてなされているのかをみたならば、彼らは現実に以前よりもよく位置づけられるようになり、無意識的に、盲目に行動しないでいることが可能になる。

(Miller, 1994, p.126　強調筆者)

フロイトが精神分析の将来の社会的意義について述べた最初期のエッセイである「精神分析療法の将来の見通し」には、以下のように書かれている。

神経症の疾病利得は、やはり全体として最終的に個々人にとっても社会にとってもひとつの害悪なのです。……とりわけ、今日、現実離れした空想世界に仕えて神経症の諸症状を産み出すのに消費されるすべてのエネルギー、これらは、たとえすぐに生活の役に立つということはなくとも、後世のための唯一の救いと見なしうる、私たちの文化における一連の変革に向けて、それを求める雄たけびに加勢してくれることでしょう。……皆さんは、患者に対して、その苦しみに対処するのに今日、手にしうる最も有効な治療法を提供していらっしゃるだけではない。**皆さんは大衆の啓蒙にも一役買っておられる。この啓蒙に、私たちは、社会的な権威という回り道を経て、神経症の発病に対する一番徹底した予防となってくれることを期待しているのです。**

(Freud, 2001 [1912], pp.150–151　強調筆者)

ここで示されているのは、人間の救済が広く社会においてなされるのではなく、むしろ人間の心が親密に交流する局面でなされるという考えだ。それは社会に先行しており、社会の前提となるものなのだ。だから、このような自己実現をめざす社会政策が、共同体の結びつきや義務を腐食させる唯我独尊的なものであり、個人主義をもたらすものだとする主張は、一部の心理療法家たちからは拒絶される。彼らはこれらの政策が行われるのは社会の進歩だと考え、そこにリスクがあるとは考えない。[*159] このような態度が精神分析共同体に浸透していることを実証するために、以前に行った調査での心理療法家たちのコメントを再度引用して、現実世界の文脈においてこれらのことがどのように反映されているのかをみようと思う。

倫理性についてと同じ調査において、社会変革が個人を通じて行われるか（人を変えることを通じて）、社会を通じて行われるか（社会政策を通じて）、いずれを回答者たちが信じているのかを尋ねた。その結果、社会の変化は個人に置かれているという回答が多勢を占めた。三一人の回答者のうち一八人が「両方」が必要だと主張したわけだが、実はこれらの一八人全員が個人のレベルに照準を合わせた社会政策にコミットしていた。さらに、八人の回答者が個人を通じた社会変革を主張していた事実と併せると、**三一人中五人のみが社会変革の原動力として「社会的方法」を優先させているに過ぎなかったのである。**

実際の回答をみることで、回答者たちが何に関心をもっているのかを理解することが可能だ。例えば、社会と個人の両方を重視する一八人のうち一二人が教育に関心を寄せていた。

・「社会政策は教育と扶養に影響を及ぼします、それはとりわけ子どもと家族にとって重要です」
・「対人関係の理解の促進に関心があります」
・「自然科学によって若者たちを教育することです」
・「政治家が変化を起こすことが必要だと思いますが、彼らは心理学的洞察を得る必要があります」
・「社会の「改良」は（教育による）態度の変更によってのみ成し遂げられると思いますし、そのような態度は社会政策に影響を受けるでしょう」

・「子どもとその親や家族を支えるための政策立案が必要です」
・「社会政策です（だけど、それは人々を変化させることで機能すると思います）」
・「人々をよりヒューマニスティックに教育し、対人関係のやり方を教えることによってです」

そしてさらに、個人を通じた変革の重要性を強調する人たちは、以下のようなコメントを寄せてくれた。

・「私は治療を通じて社会に影響を与えてきたと思います」
・「私は風景画よりも人物画を好んでいるのですよ」
・「進歩というのは、それが権威に強制された場合よりも、個人の選択から生じたときによりよく起こると思います」
・「社会政策よりも個人に関心をもっています」
・「正確には思い出せないのですが、マーガレット・リトルから引用します。『小さな集団が世界を変えることに成功しないと信じてはいけません。それは実際に起きたことなのです』」
・「私は早期の養育環境と幼少期の体験を改善することが重要だと信じています」
・「人々を変えるためには、我々が社会政策の最も深い部分に触れる必要があります。私はそう信じています」
・「私は個人を通じて、と思っています、そうじゃなきゃ治療者になっていません」

もちろん、これらの解答だけで、最終的な結論を出すのは早計だろう。しかし、社会的方法だけ、あるいは個人的方法と社会的方法の「両方」を好む場合でも、多くの心理療法家が教育や早期養育環境の改善を通じて、個人を変えることに集中すべきと考えていることは指摘してもよいだろう。アンケートに回答してくれた心理療法家の政治的志向性とは、ミクロな領域における個人に焦点をあてた政策を支持するものなのである。このことは政治的変化の出発点は個人にあるという広く行き渡った信念を反映したものだといえる。このような政治的志向性のさらなる根拠を示すために、精神分析共同体における私の体験をいくつか述べよう。

精神分析共同体においては、ほかの政策課題に比べて、心理療法と教育に関わる社会政策に対して強い関心が向けられている。例えば、私の知っている心理療法家たちは、地方や貧困地域に心理療法を普及させることに非常に熱心であった。彼らは同様に教育とヘルスサービスに関わる政府の政策にも関心を示していた。とくに、国民保健サービスによる精神保健についての政策には熱心であった。

さらにいえば、心理療法を社会のなかで拡大していこうとするプロジェクトは広く支持されていた。例えば、心理療法家は大学や職場、そして家庭において心理療法を制度化する試みを強く支持していた。心理療法の拡大についてアンケートを行った結果はそれを裏づける。三三人の回答者に心理療法を広めるために働きかけたか否かを尋ねたところ、二九名が「何らかのかたちでの促進活動に参加」したと答えた。それらは自助グループの設立から新しい訓練コースの開設あるいは新しい心理療法サービスの提供までさまざまであった。これらの活動は第1章で示した心理療法の拡大と共になされたものであり、それはある部分で社会のニーズによるものであったが、ある部分では当事者である心理療法家たちの意向を受けて可能になったものだといえよう。

もちろん、以上の結果がすべての心理療法家の意向を正確に反映しているわけではない。実際には、彼らの政治的志向性はより曖昧である。つまり、政治に対してより積極的であるほかの専門職と比べれば（法律や報道関係の共同体など）、心理療法家は個々人のミクロな問題に関わるような政策に関心を寄せてきた。そのような志向性は精神分析理論における人間の変形のメカニズム（文明というものが進化した人間の産物であるということ）と一致しているだけではなく、前章で論じたように内在因的で単一指向型の実践を正当化するものであろう。訓練を通して教え込まれる精神分析理論は、個人的なものが政治的であるという考えを知的に基礎づけるのである。この意味で、我々はリトルウッドとリプセッジに同意したい。

> 心理療法、あるいは「ホリスティック」アプローチは、生物学的医学に比べて決して純粋でもなく、社会的政治的イデオロギーから自由なわけではないのかもしれない。
> (Littlewood & Lipsedge, 1987 [1982], p.309)

心理療法家たちは精神分析的思考に従うことで、特定の方向の社会運動を行うよう導かれているのである。

共同体とアイデンティティ

心理療法家たちの倫理的・政治的なありようが、彼らが同一化している「神話的世界」と調和したものであり、その神話が心理療法家の倫理的・政治的ありようを支えてきたことをみてきた。神話がもたらす三つ目の次元を吟味するために、ここで彼らの共同体についてみてみようと思う。

訓練のさまざまな段階において、訓練生たちは神話を徐々に身につけていくわけだが、その神話が心理療法共同体を基礎づけ、卒業生たちに所属感とアイデンティティを与える。このとき、その共同体は「同一化」と「分化」という二つの方法によって、かたち作られている。

同一化とは心理療法家が特定の治療理論あるいは学派と結びつくことで自身を定位することであり、それに対して分化とは訓練生たちがほかの競合する学派から距離をとり、自らを差異化することを意味している。この同一化と分化によって、心理療法共同体の分裂状態が維持されていることが、ここでのさらなる探求のポイントである。

これらの二つのプロセスの分析に進む前に、共同体を支えるものとしての神話の役割について説明しておこう。精神分析共同体は自己のアイデンティティを専門化された知識体系と組織的な研究によって打ち立てている。そういうものを本研究では神話的世界と呼んでいる。このことは、専門家が「排他的認知アイデンティティ」を発達させるというラーソン（Larson, M.S.）の知見と一致する。それは専門家に固有の道具や技術の基礎を与えるだけではなく、専門職が自身の専門知識や技術を社会的・経済的報酬に変えることを可能にするものでもある（Sinclair, 1997, p.14）。

ラーソンは専門家としてのアイデンティティと経済活動との関係に興味を抱いていたわけだが、実際にはそこにはほかのつながりも存在している。言葉をかえるならば、専門家集団にせよ、ほかの集団にせよ、多くの共同体が単純に経済的利益のみには還元することができない多様なコミットメントやモチベーションを生み出すアイデンティティを備えているということだ。例えば、社交クラブや、労働組合、あるいは旧来的な企業連合において維持されている同盟は、金銭的な利益のみによるつながりだけでなく、深い結びつきと忠誠によって作り出されたものである。

共有された理想や信念、願望に基づく共同体とは、しばしば個人の範囲を超えて献身するようなメンバーを含むことになる。ここで想定しているのは、現代魔女の集会（Luhrmann, 1989）、ニューエイジ運動（Heelas, 1996）、フリーメイソン（Hutton, 1999）、そして我々がここまでみてきた心理療法家の共同体である。このような共同体はパーソナルで、情熱的な関与を行うメンバーを高い割合で含んでいる。なぜなら、それが宗教的であろうと政治的であろうと、あるいは哲学的であろうと、信念というものが個人のアイデンティティの不可欠な部分を構成するからである（Storr, 1989）。

さらにいえば、心理療法の場合はとくにそうなのだが、そこでのコミットメントが強固なものである場合には、周囲の組織や広い社会的状況によってその絆は脅威にさらされる（第1章参照）。だから、分化によって他学派と距離をとろうとする傾向と同様に、同一化を用いて結束しようとする傾向は、きわめて顕著な特徴となる。そこで、同一化と分化という二つのプロセスを明確にし、それらが広い社会的プロセスにいかに埋め込まれているのかを明らかにするために、ここでそれらを「社会的合意」と「社会的葛藤」という既存の理論と結びつけてみたい。[*160]

デュルケム、マルクス、そしてエヴァンズ＝プリチャード

社会理論家で一番初めに、社会学の問題として社会的同意という概念を取り上げたのはデュルケム（Durkheim, 1915）である。社会的組織（宗教関係、法律関係、あるいは政治関係）が、相互依存的に、そして調和的に機能することで、社会は円滑に機能できると、彼は考えていた。これらの相互関係は、全体としての健康を各器官がそれぞれの機能を果たすことで保とうとする人体のアナロジーとしてみることができる。

それはまた、それぞれの器官の機能がほかの器官の作用との関係で理解されるという生物学的理解と同じように、社会学においてもほかの関連する組織との関係を抜きにはいかなる組織の研究もすることができないということでもあった。それらの相互作用が社会を特徴づけているとする信念が、デュルケムの方法論の基礎となっている。一つの社会のなかの複数の組織が織りなす関係性を理解することで、ほかの社会で生じている関係性と比較できるということだ。この比較論的アプローチは「社会」がいかに機能しているのかに

ついての一般理論に到達することを目的としている。

デュルケム社会学が（各組織が全体のために調和して機能するという）「合意」モデルをとっているのに対して、ほかの理論家は組織同士がそれぞれに「葛藤」をもつとしている。マルクス（Marx, K.）とその信奉者たちは、支配的な社会組織（階級）は生産体制の物質的な基盤の表現なのであり、生産の社会関係と協働しようとしてそれぞれ「生産様式」を構成するわけだが、それが特定の集団の利益になるものだとしている。ある集団の経済的成功がほかの集団の経済的不利益によるものであるように、（デュルケムとは違って）マルクスは社会とは全体としての善を達成するために機能するのではなく、特定のグループや階級の利益のために機能しているとした。社会的関係はそのような潜在的・顕在的な葛藤を永続化させるのである。

合意か葛藤に焦点を置くこれら二つのアプローチは、エヴァンズ＝プリチャード（Evans-Pritchard, E.P.）のヌアー族研究で探求された「分節モデル segmentary model」において統合されている（ほとんど知られていないが）。エヴァンズ＝プリチャードは、遠い祖先との関係によって個人のアイデンティティを決定する部族社会において、合意と葛藤は社会の凝集性を維持するために欠くことのできないメカニズムだと述べている。合意と葛藤がともに生じている組織というのは、無頭的で、中心のない政治システムである。

このシステムでは、明確なリーダーシップなしで、きちんとした社会的組織を維持できる。それは「アイデンティティの相対性」によって成し遂げられる。表現を変えるなら、個々のメンバーが社会集団に誓う忠誠を頻繁に変更するということである。例えば、紛争関係にある二つの集団は、もし外部のさらに強い力に襲いかかられたときには同盟を築くことが可能になる。このように、ある点では葛藤を抱えていた集団同士も、ほかの点で社会全体の利益のためになるとなれば連合することが可能になる。

これらの理論家は、個人がどのようにアイデンティティを得るのかを直接取り扱ったわけではないが、社会を支えるためにアイデンティティがいかに使われているのかをモデル化している。デュルケムの「合意」

モデルの観点からみれば、個人のアイデンティティは彼らが所属している集団に対する深い帰属によってかたち作られる。したがって、社会集団が生き延びようとするならば、これらの集団への帰属を（主に儀礼の実践を通じて）強いもの、安全なものに保っておくことが不可欠だと考えられるのである。

あるいは、マルクスの「葛藤」モデルではアイデンティティの別の面が強調されている。人は自分のことを何よりもまず分化を通じて作り上げる。「私とは、私じゃないものである I am what I am not」。このように差異化のための消費（「あなたがいかに私と違うのかをみせつけるために、私はこれからあなたにできない消費を行う」）とイデオロギーの宣伝（「あなたの人生がいかに守られるのかについての考えをあなたに売りましょう。あなたが守られているのは私を支え、私に投資するためなのです」）のような戦略は、「彼ら」とは本質的に異なる「私たち」というアイデンティティを構築するために利用される。

最後に、エヴァンズ＝プリチャードの「分節モデル」によれば、人は同一化を用いて集団に帰属する一方で、分化を用いて別の機会には対立する。このように、分節モデル社会では、アイデンティティは多層的であり、移ろいゆくものであって、ときによって同一化と分化を両方用いるということになる。

精神分析共同体における同一化と分化

以上のことを心にとめたうえで、ここで精神分析共同体の問題に戻ろう。第1章と第5章ですでにみてきたように、心理療法家の共同体が分節的なことは明らかである。「分節モデル」をとる場合、構成員は自身の忠誠とアイデンティティが変更可能であることを必要とするので、心理療法共同体においても同一化と分化の双方が用いられているのをみることができる。[*161] そこでまずはそのプロセスをみることにしよう。

心理療法家というアイデンティティは多くの臨床家の人生にとって中心的なものである。例えば、調査に答えてくれた四二人のうち一人を除いて全員、心理療法家であることが自己のアイデンティティの中核になっていると答えている。それがどのくらい重要なものなのかと尋ねてみたところ、以下のような反応が返ってきた。

・「そうです。私のパーソナルな成長や、自己と他者を理解するうえで、それは中核にあるものです。さらに、それは私の知性や個性、専門家としての社会的地位を与えてくれるものでもあります」
・「以前の安全ではあるけど限界ある環境のなかでは出会わなかったような自分と出会うことができたと、治療者として仕事をしていると感じます。それはとても重要なことです」
・「私が何者であるのか、私はいかように考えるのか、そしていかにして私が自分の人生の意味を捉えているのか、そういったことを、それは映し出していると思います」
・「そうです。それは私に家庭での自分とは違う、専門家としてのアイデンティティを与えてくれました。そして、私は自分自身や他者、そして世界について考えるために、それを用いています」
・「治療者としてのアイデンティティは私にとってきわめて重要なものです」
・「重要です。それは私の世界の見方と感じ方に深く影響を与えています」
・「イエス、それは母になったということと同じくらい重要な私のアイデンティティです」
・「当たり前ですよ！　私は自分にとっても、自分の患者にとってもこの仕事は価値があると思っています。私は専門家で、そのことによってお金を稼ぐことができ、自分がつつましくではあるにしても、地域のメンタルヘルスを改善するのに貢献したいと思っています」
・「もちろんです。これからの私の成長と生き方を決めるものです」
・「治療者であるというアイデンティティは重要です。それは仕事、家族、ジェンダーを統合するものです。精神分析的な見方はすべての役割における自己を示してくれます」

・「イエス、私は心理学者であり、心理療法家です。その両方で長年あり続けました。その両方が私の価値や選択を含んでおり、それを伝えるものだと思っています」

・「もちろんです、私は自分が治療者であることを誇りに思います」

ここまでの章で心理療法家の選抜や訓練、そして評価についてみてきたことを思い起こすなら、心理療法家というアイデンティティが臨床家の中核にあることはなんら驚くべきことではない。しかし、興味深いのは、このいわば「中核的アイデンティティ」が人によってさまざまな装いをとるということである。それどころか、この専門職は多くの異なるチームで構成されているリーグのようなものだ。というのも、学派への強力な忠誠が、治療者のアイデンティティ形成のうえで非常に重要な意味をもっているからである。私たちは訓練生がいかにして重要人物の学説に同一化し、それを内在化するかをみてきた。それは同時にほかの学派に対して距離をとることを奨励されるということでもあった(第4章)。

実際のところ、以下のコメントからも明らかであるように、特定の学派の教育を受けた訓練生は、最終的にはその学派の主要な構成員を支持し、そこに同一化することになる。伝統的なクライン派の訓練機関で訓練を受けた一五人の回答者のうちの一〇人は、同一化できる治療者としてクラインを挙げている。逆に、クライン派ではない訓練を受けた一五人ではたった二人しかクラインに忠誠を示さなかった。同じような傾向は至るところでみることができる。例えば、クラシックなフロイト派の訓練を受けた心理療法家で、同一化の対象としてユングに言及する人はいない。もちろん、ユング派の訓練を受けた人のほとんどすべてが同一化の対象としてユングの名前を挙げる。実際のところ、アンケートに回答してくれた四二人のうち、誰ひとりとして非 - 力動的な臨床家をメンターに挙げた人はいなかった。このように、人間性学派や実存学派、あるいは人類学的精神科医などの非力動的な心理療法家の分野全体が、彼らの意識から除外されている。

このような傾向は、系譜的構造のほかの訓練機関を観察しても同じである。人間性学派の臨床家は人間性学派の治療者に、実存学派は実存的心理療法家に、トランスパーソナルの治療者はトランスパーソナルの理論家に、同一化を行う。以上より明らかであるように、「心理療法家のアイデンティティ」とはつぎはぎのように分裂したものである。心理療法家のことを外部からみると統一されているかのようだが、内部ではそれぞれにまったく分断されたものになっているのだ。

心理療法の訓練の「自己肯定的」なあり方（それは理論体系 theoretical body によって縁どられる）、指導者と訓練生の間で醸成される強い忠誠、「真の」伝統に沿って自分の臨床スタイルを組み立てることで得られる自信、そして他者の複雑性を読み解くことができる理論によって自己を統治できる感覚、それらすべてが自分の学派への同一化を醸成する装置となるのである。なぜなら、ほかの領域と同様、心理療法家もまた自分と同じように考え、感じる人たちと結びつくことによって確かさの感覚を得ることができるからである。そして、この確信は所属する組織が権威的な象徴や、知識体系、神話、組織によって正統化されるときにずっと深められる。ある心理療法家は以下のように言っている。

> 「そうですね、私が思うに心理療法家ではなく、会計士の隣に座っていたとするならば、私はクライン派を仲間だと感じると思います。イギリスの労働者と官僚がパリの中心で出会えば仲間だと感じるだろうけど、もし地元で出会ったならば何も共有するものはないということを、慣習は教えてくれるといったのは、たしかジョンソンだったと思います」
> （心理療法家 2005）[*162]

「同一化」のプロセスだけでなく、「分化」によっても、心理療法共同体は断片化していく。分化は、訓練機関が学派に対する忠誠を求めることだけでなく、彼らが疑念や不同意を管理することによって生じてくる。そこでは、異なるものとされる理論や理論家を統合しようとする試みは断念させられる。ここまでに、いかにしてこれらのバラバラになった集団同士が互いを貶め、そしてアンチの集団を作り出してきたのかについてはみてきた。心理療法の歴史においては、反発したはずの集団と自分たちが鏡像のように同じものになっていく。そうやって、心理療法共同体は多様なものへと分裂していくのである。もし我々が訓練過程で生じる同一化が信奉を生み出すだけではなく、同一化する対象への**依存**をも生み出すということを受け入れるならば、この分裂と分離の意義はよりはっきりしてくる。

この依存は同一化によって得られるもの――安全感、地位、所属感、リファーをしてもらえるメンバーになること――によって強められる。これらの利益があるため、そこから離脱したり同一化をやめることはコストのかかるものとなる。

同一化によってそれぞれの心理療法家に利益がもたらされているという事実から、なぜ彼らが同一化している対象に懐疑の目を向けることが、その心理療法家個人への攻撃だと受け取られてしまうのかを説明できるだろう。さらに、攻撃されることによる不安は攻撃してくる人を貶める排除、軽視、反攻、無視、あるいは関係を絶つことといった方略によって防衛される。これらの同一化（集団を強固にする）と分化（他者と自己を差異化する）は心理療法共同体にとって重要な社会的機能なのである。それらによって、「学派」やその「構成員」が自己のアイデンティティと地位を確保する場所である共同体の構造はたしかなものとなる。

以上に鑑みれば、心理療法の神話による教育、雇用、そして共同体の分断が、理論的差異によって分裂した系譜的構造を反映したものであることは驚くべきことではない。このような神話の多様性は、異なる学派同士の複雑な網の目を支えるものとなっている。この網の目こそが、それらの学派の構成員たちのアイデンティティを強固なものにして、そして守るものとして機能しているのである。

ある心理療法家の人生

ここまで私は、心理療法の神話が臨床実践のためだけにあるわけではないと論じてきた。というのも、それは心理療法家の人生における倫理的ありよう、政治的ありよう、そして彼らの共同体を規定するものでもあったからである。このように主張するために、ここまで、私の観察と調査に基づいて議論を行ってきた。しかし、このような問題を論ずるにあたって、心理療法家たちの個別の人生をみないのには問題があるだろう。だから、その部分を補うために、ここである心理療法家の人生を精査してみたい。そうすることで、パーソナルな変容の複雑さを徹底的に把握するのみならず、私が「変容」ということで何を意味してきたのかを明らかにしたい。

その心理療法家を取り上げる理由は、彼の精神分析共同体におけるポジションにある。彼はある段階では正統派の訓練機関で訓練を受けた正統派の心理療法家であり、その後精神分析の主流派からはいくぶん独立したポジションをとることになった。この心理療法家の経験したパーソナルな変容を精査することによって、彼の人柄というプリズムを通して精神分析共同体において心理療法の神話がどのように変化していくのかをみることができるだろう。この方法はスペルベルのよく知られた以下の主張と合致している。

> 文化の伝達・保全・変容は個人の心理的プロセスのなかに存在している。文化は人々を通じ、すなわち彼らの心と身体を通じて伝えられていく。そして多くの場合、そここそが文化が生まれるところなのである。(Sperber, 2005, p.1)

ここで心理療法共同体の著明な古参メンバーであり、多くの著作があるマイケル・ジェイコブス（Jacobs, M.）の来歴を通じて、心理療法文化の伝達について検討してみたい。以下に示される彼の人生は、彼の書いた自伝および私が行ったインタビューに基づいている。

個人的伝記

マイケルは最初から心理療法家であったわけではない。彼は神学を修めたのちに、まずイギリス国教会の牧師補になった。しかし、若き日の彼が思い描いていた聖職者生活を裏切るような教会の現実と直面したことで、彼は「大いなる不安の時期」を過ごすことになり、自分の選んだ職業について再検討しなくてはならなくなった。自分の得たポジションに対する不満と、自分をとりまく社会的環境への違和感が増すなかで、彼は別の選択肢を考えざるを得なくなったのである。そして、決定的な瞬間はやってきた。

「大学時代のチューターから手紙を受け取ったのです。彼がサバティカルをとるので、その間にかわりに教えてもらえないだろうかという手紙でした。もちろん私は快諾したわけですが、そのためには必死になって読書をしなくてはなりませんでした。すると、そのチューターはあるチャプレンに連絡をとるよう勧めてくれました。彼が何を読めばよいかをガイドしてくれるというのです。チャプレンのところに行き、私は精神分析、とりわけユングに関心があると伝えました。すると、彼は即座に「ユングを読んではいけない、彼は非科学的だ。君はフロイトを読むべきだ」と言いました。そういうわけで、私は彼の提案に従い、フロイトを読み始めることになったのです」

この疑惑の時期にフロイトと出会ったことで彼は教会を離れ、魅惑的な心理療法の世界に入っていくことになった。その新しい世界が職業・専門的技術・所属についての新たな可能性を提供してくれた。なぜ精神分析がそれだけ彼の心を捉えたのかについて、彼は自伝的エッセイのなかで振り返っている。

［振り返ってみると、精神分析が］魅力的だったのにはさまざまな理由があります。……精神分析は知的な興味と情緒的熱情を現在においてもかき立ててくれるような知の体系を有していました。……言葉をかえるなら、私が宗教において魅力を感じていたのと同様の問題を精神分析は問いかけていたのです。フロイトもまた「世界における謎」を解き明かそうとしていたわけで、……それは私が以前に取り組んでいた存在と宇宙 universe の謎を、小宇宙において解き明かそうとするものだったのです。

その後になってみえてきたけれども、そのときの私にはみえなかったのは、精神分析もまた、それが教会と同じように学派的であるからこそ魅力的であったということです。心理療法家やカウンセラーは彼らの学派とそのなかでの地位に情熱を注ぎます、もちろん私も例外ではありませんでした。精神分析はある種の必然性を読み解きます。……そして、それ自体としての理論をもっています。実際、徐々に分かってきたのですが、精神分析は信条をもっていますし、いくつかの協会ではそこから飛び出ようとした人には困難が降りかかります。精神分析は道徳的なものの見方を備えているわけです。それは「罪」というよりは「精神病理」と呼ばれるものではありますが。私は人々の告白に耳を傾けるのではなく、「分析」するのです。彼らに赦しを宣告するのではなく、罪悪感からの解放を手伝うわけです。私がついたのは、聖職者の地位が低下したのに伴って上昇した心理療法家やカウンセラーという新しい地位だったのです。

本質をあぶりだすために、少しだけ誇張したかもしれません。ただ、精神分析は私に合っていました。ぴったりではなかったにせよ、少なくとも私のパーソナリティを支えるうえでは十分でした。皮肉だったのは教会がドグマチックであり、不寛容で、狭い範囲でしかものを考えることができないからこそ、私が教会を離れたことです。私のラディカルで、懐疑的で、独立した心はそこに居場所がありませんでした。その意味で、私が精神分析に身を捧げたことは驚くべきことではありません。それはまさに「抑圧されたものの回帰」です。これは私が今でも真実だと思っていますし、長い間治療を受けたうえでもほとんど評価が変わらない、フロイトの偉大な発見だと思います。ある意味で私は一難去ってまた一難を迎えたわけです。

(Jacobs, 2001, pp.16-17　強調筆者)

マイケルが精神分析への転向を「一難去ってまた一難」と表現したのは、ある点で彼が精神分析の制約的な側面に気がつくようになったということを意味している。完全にではないにせよ、彼の人生にあって精神分析は教会に取ってかわったのだといえよう。

少なくとも私の意識は変化し、無意識にもそのような変化は浸透していきました……［つまり、「抑圧されたものの回帰」とは、一つの権威的な構造（教会）から別のものへと置き換わる必要があったということだ］。そして、それは私の自由に考えようとする魂［の回帰］にも影響を及ぼしました。私が一方でパブリックスクールからオックスフォード、そして国教会へと至るような順応主義者であったとするのであれば、もう一方の私は周囲の人や組織に従順であることを居心地悪く感じていました。学校では注意深くではありますが反抗的でしたし、教会においては急進派になりました、そして今でも心理療法の世界においても独立的であろうとしています。そうすることで、精神分析がいかにして私を捕らえてしまったのかをみることができるところまできたわけです。

(Jacobs, 2001, pp.17-18)

マイケルに対して、精神分析を教会のかわりにしないよう押しとどめたのは何であったのかと尋ねたところ、彼は以下のように過去を振り返った。

「そうですね。〔新しい可能性への気づきは〕徐々に訪れました。それは懐疑を呈さないようなあり方から、より自己省察的な臨床家への変容だったといえます。あなたが読んだ章に書いてあったように〔先の引用〕、私はあのときに何が生じたのかをみることのできるポジションに至って、ようやく過去を振り返っています。それが的確な反省であったらよいと思います。ですが私の態度が変化したときには、私は自分に何が起きていたのか、その全体を分かっていたかどうか、定かではありません。今になってみて思い出そうとするならば、そこには三つの要因があったと思います。

精神分析的オリエンテーションのかなり頑固なスーパーヴァイザーがいました。その人も時とともにある程度は柔軟にはなったのですが、全体的にはフロイトの流れに強くコミットしている人でした。もちろん、例えばあなたが臨床家としての自分自身を見出そうとするときや、何らかの答えを欲しているときには、そういう頑固さは魅力的なものです。だから、私も初めはそれがとても価値あるものだと思っていました。しかし、彼女とのスーパーヴィジョンは実質的には週一回になり、結局彼女が引退したこともあり、なくなってしまいました。そのとき同時に、私はピア・スーパーヴィジョンに出席するようになりました。このことが事態を動かした二つ目の要因です。そうやって徐々に私は彼女のスーパーヴィジョンから離れていったのです」

マイケルが正式なトレーニングを受けなかった三つ目の要因についても、自伝のなかで書かれている。

［このことは］私にとっては幸運なことでした。……というのも、とくにロンドンの場合、精神分析協会のトレーニングのなかにいては、理論と実践についてすでに普及している知識に疑問をもつことは難しかったからです。あるいは保守的な専門職として、学派に対する疑念を声に出すことはなかなか難しいものです。……［そういった訓練機関が臨床家を創り出している］。さらにその頃、自分の感じている疑いや確信のなさを表明することに許容的な人たちと多く出会いました。彼らは訓練のなかでそのようにすることが危険だと思うようになった人たちでした。

(Jacobs, 2001, pp.17-19)

訓練についてここまでみてきた我々は、マイケルのコメントに共感を抱くことができるだろう。つまり、訓練とは「自己肯定的」なものであり、反対意見や不同意を抱くことは居心地の悪いことであり、従順なディスポジションをもつよう方向づけられているのである。

さて、マイケルが正式なトレーニングを受けていないと捉えてはならない。実際は、彼は二年間にわたって力動的心理療法の成人部門でのトレーニングをタヴィストック・クリニックで受けている。とはいえ、それはタヴィストックにおける専門的資格を得たり、そこの構成メンバーになったりすることを意味してはいないのだが。

マイケルの専門家としてのキャリアをより詳しくみると、彼が二つの変容を遂げていると捉えるのが公平である。一つは牧師から心理療法家に、もう一つは心理療法家からより「リフレクシブ」な臨床家に。すでに述べたように、教会を離れて心理療法に向かったときの最初の変容は、「混乱」と緊張の時期になされていた。この時期について、彼は以下のように語っている。

この時期［教会を離れて、訓練を始めたころ］、私は社会的に引きこもるようになりました。それはまるで観察的で、注意深くて、自己開示的でない心理療法家が、面接室の外側の私の人生にまで現れてきたようでした。私が思うに、それは牧師のかわりに心理療法家という新しいアイデンティティを得ることを必要としていたからだと思います。そして、そのアイデンティティが外にさらされても大丈夫なくらいにたしかなものになるまでは、自分を殻のなかに置いておく必要があったのだと思います。

(Jacobs, 2001, p.20 強調筆者)

彼はインタビューのなかで、さらに以下のように続けている。

「それはタフな時期でした。実際のところ、一日の始まりに患者をみたいと思うようになるまでに三年間かかりました。……私が何者であるかの感覚が定まり、ユーモアが戻ってくるまでに長い時間がかかったのです。

[濃厚な導入期が終わったあと] 私の自然なパーソナリティは患者と一緒にいても安全だと感じられるようになりました。思うに、心理療法家として仕事を始めたときに最も苦しかったのは、私自身でいることができないということでした。ブランクスクリーンにならなくてはいけない、そういうことに非常に不満を感じていました。だけど、あるときから、出かけたり、授業をしたり、誰かと話をしたりをしていると、素晴らしい解放感を味わうようになりました。そう、私はどうやらふたたび自己顕示的になっていたのです。……私は公の場を楽しんでいましたが、ほかの心理療法家にはそういう場所はないようでした。それは個人的な場所なのです。公で振る舞うことは私を昔の自分に戻しました。それは教会にいたころにまさに慣れ親しんだものだったわけです」

マイケルは公式の訓練機関で講義を行ったことはない、必要とされている資格を取得していないからだ。[*163] むしろ、彼の講義は教会信者や素人向けに在野でなされたものだ。だから、それは第4章で検討したような教育的制約からは比較的自由なものであった。

最初の変容がこうして完了し、自信とユーモアが戻ってきたうえで、マイケルは第二の変容を徐々に進めていくことになった。つまり、正統派の心理療法家から、リフレクシブな心理療法家への変容である。この第二の変容がいったい何をもたらしたのかを把握するために、マイケルが最近の精神分析共同体に対してどのような理解をもっているのかをみてみよう。彼が徐々に気がつくようになったその共同体の大きな特徴は、「置き換えられたサディズム displaced sadism」である。彼はそれを以下のように説明する。

それが精神分析的心理療法家、教師、スーパーヴァイザーを批判的にしています。彼らが患者たちの前でもそう振る舞っているかどうか、私は知りません。しかし、**学生やスーパーヴァイジーが教師たちからそのような扱いを受けていることについては多くの証拠があります。この過剰な批判的・分析的態度は私自身のうちにあるものでもあります。それはクライエントに対して以上に、自分自身に向けられていたものです。さらにいえば、それは私自身が選択したのとは別の学派の心理療法に対しても向けられました。私の批判精神が戻ってきたのかもしれませんし、他学派と和解したことの影響かもしれませんし、時間をかけて私も成熟して柔らかくなったのかもしれませんし、あるいは私のところに学びに来た人たちから聞いた迫害的な教育法やスーパーヴィジョンの影響もあるかもしれませんが、**いずれにせよ私は自分に対しても他人に対しても分析的なコメントをするときには、できるだけ軽い雰囲気で、迫害的な棘をなくし、理解し共感するように努め、上からラベルを貼るようなやり方を避けるようになりました。それが私に生じた変化です。

(Jacobs, 2001, p.22　強調筆者)

さらに、話は精神分析的心理療法の政治的次元へと広がっていった。

彼［フロイト］がヒステリーの病因論について、現実に生じた外傷と同じだけの重要性をファンタジーに置いたことで、精神分析は内的世界に過剰な関心を置くようになりました。その結果、政治的次元や実際の歴史を軽視することになったのです。それは精神分析全体としても、個々の心理療法家にとってもそうです。……［このことによって］**精神分析は広い世界の政治よりも、自分たちの政治に関心を注ぐようになり**、現実世界への影響は限定されたものとなったのです。（Jacobs, 2001, p.13, 23　強調筆者）

しかし、彼は自分自身をも批判の対象にする。

私は心理療法家としては政治的ではないと思います。個人的には政治には関心がありましたが、専門家としては「現実の社会」に対して関心をもってこなかったからです。もしかしたら、精神分析的心理療法家に対して政治に無関心だと非難するのは公平ではないかもしれません。（Jacobs, 2001, p.24）

最終的に彼の「第二の変容」が「自己省察性」をもたらし、専門家として今まで以上の寛容さを得ることになった。

私にとって、精神分析の世界で寛容さ tolerance を見出すことは難しいことでした。イギリスにおいて学派の分裂が永続化しているように、精神分析内部での分裂は、寛容さよりも規範を好むことの証拠だといえるでしょう。このような内輪揉めは精神分析に限りません。ユング派でも同じような分裂がありますし（Casement, 1995）、おそらく人間性学派においても、同じような緊張があるのだろうと思います。しかし、私が選んだ治療的「家族」は内輪揉めに熱中しているようにみえました。このことに私は苦しみました。それらを「どっちもどっちだ」といって、自分の道を行くほどには、私は個人になり切れていなかったわけです。

(Jacobs, 2001, pp.22-23)

彼がいかにして「自分の道を行く」ことができたのか、そして基本的には正統を大事にする専門職のなかで独立派としてどのように生き残ったのかは、以下のように語られている。

私が……とある力動的心理療法の訓練を受け始めたこと、創設を手伝った団体に所属したことは幸運なこと［でした］。それは私にぴったりと合ったものだったのです。

(Jacobs, 2001, p.23)

新たな訓練のなかで生まれた視点によって、自分自身の好みに合わせて教育法とカリキュラムを決める自由を自分自身に与えることになったのである。その意味で、ウェーバー（Weber, M.）の言葉でいえば、マイケルは「司祭」役割を離れ、もともとあった「預言者」精神を発揮していったのである。

マイケルの専門職としての軌跡を分析する

いくつかの理由から、マイケルの物語には興味をそそられる。それはここまで私が示してきた心理療法家を悩ます問題を浮き彫りにしてくれるだけではなく、同時に彼という人物を通じて系譜的構造がいかに「拡大」され、「維持」されているのかの洞察がもたらされるからだ。ここで「拡大」とは、マイケルによって新たな訓練コースが開始されたということに現れており、「維持」というのはこのような新たな訓練コースの開始にみられる、個人が主流派からの分離を成し遂げるような社会化の力動のことである。[*164]

マイケルはリフレクシブな心理療法家への道に進んだにもかかわらず、一方で今でも心理療法の情熱的な布教者であり、アクティブなメンバーでもあり続けている。マイケルにとっても、彼の患者にとっても、秩序づける原理である神話は今でも魅力をもっているということだ。だから、彼は「独立派」というブランドを身にまとってはいるが、心理療法家としてのアイデンティティを保持している。彼が拒絶したのは、主流の力動的心理療法の社会化であり、それはここまでみてきたように、おおむね「自己肯定的」であり、保守的なものなのだ。

変容とは何か

以上を踏まえることで、我々は以前よりも、訓練によって心理療法家が変容するということが何を意味しているのかをうまく理解することができるだろうか。

第一に、訓練生の変容について語るために、まずは一般的現象として、新しい知識・経験・技能を習得するときに生じることをみておこう。この事例においてユニークなことは、その変容が組織的な仕掛けによって促進されていたということである。それは専門家としての人生とパーソナルな人生の両方にまたがって、信念とディスポジションを植えつけるだけではなく、同一化する学派に従ってアイデンティティと差異化をも植えつける。

私はこれらのディスポジションについて、彼らに起こる変容の心理学的メカニズム（認知的・力動的・行動的）をみるのではなく、第一に変容を支える社会的・組織的な仕掛けに注目し、第二にそれらの仕掛けによって生み出された文化が何をもたらすのか（ディスポジション、アイデンティティ、実践、志向性）を明らかにし、最後にこの文化が（組織的および個人的実践を超えて）社会的に何を引き起こすのかを明らかにしてきた。訓練機関が個人の変容を起こし、それを支えていくという事実から、そこに二つの前提が存在していることが理解される。つまり、訓練機関が自分たちのやり方に合わせて新しいフォロワーをかたどる能力と、将来のフォロワーたちが訓練機関に合わせて「転向」し、「変容」しようとする傾向である。訓練機関がどのように訓練生を誘導するのかについては以前の章で述べたので（それは専門技術、患者の紹介とコンピテンスを保証する）、ここでは二つ目の前提について検討しよう。それは変容に向かう傾向が訓練生の内側に存在するということだ。[*165]

変容のための条件

個人を「変容」させる何らかの要因があるかどうか、もしあるとするならそれはどのようなものなのか、この問いが本章、そして本書全体の最後の関心事である。その答えを得るための最初のステップとして、第2章で行った議論を思い起こしてもらいたい。訓練生はもともと自分自身のために心理療法を受け、その経験から他者を援助するための訓練を始めるということだった。多くの場合、自分自身の私的な葛藤を解決したいとするニードが、訓練への参加をかき立てるのである。[*166]

このとき、人々の葛藤を解釈する道筋は二つある。ミルズ（Mills, 2000［1959］, p.9）の定義を思い起こすかもしれないが、心理学的にはこれらの葛藤は「個人的な悩み」に還元される。つまり、個々人の心理へと還元されるのである。もう一つの道筋は、それを「公共的問題」へと社会学的に還元することである。つまり、それを個々人の内的生活の範囲を超えた社会的世界に起源があるとするのである。第7章ですでにみたように、精神分析共同体に属する多くの人は、彼らに治療を受けさせ、訓練を求めさせた問題を心理学的に解釈するだろうが、私は彼らが見逃してきた可能性、つまりそれらの葛藤が部分的には社会的要因や「公共的問題」に根ざしたものである可能性をここで指摘しておきたい。[*167]

人々がなぜ心理療法を求めるのかを説明するための社会学理論について議論する前に、精神分析共同体に入会するのがいかなる社会階層の人間であるのかをみてみよう。心理療法家たちが自分のエスニシティ、教育レベル、そして階級をどのように位置づけているのかをみてみようと思う。

第一に、階級に関してだが、自由回答式の質問に対する四二の回答者のうち、一人も自分のことを「労働階級 working class」とした人はおらず、三七人が「ミドルクラス」とし、二人は「専門家階級」とし、三人は「アッパーミドルクラス」と答えた。彼らが中等学校に通っているときに、彼らの両親が自らの階級をどう位置づけていたのかを尋ねると、八人が「労働者階級」と言い、四人が「アッパーミドルクラス」、残りの三〇人は「ミドルクラス」と答えた。

エスニシティに関しては、二人が「アフリカ系」と言い、一人は「白系ギリシャ」、一人は「複合 complex」、残りの三九人は「白人」と答えた（「ヨーロッパ系」「スコットランド系」「ユダヤ系」と付け足した人がそれぞれ一人ずついた）。最後に、教育についての質問への答えは以下のとおりだ。質問に答えてくれた四〇人のうちのわずか二人が学位をもっていなかった。したがって、三八人が学士号をもっており、二〇人は修士号以上の学位をもっていた。

これらの結果はどのような人が精神分析的心理療法家になっているのかについての既存の見解と合致する（Littlewood et al., 1999, p.403）。つまり、精神分析共同体は、大まかには大卒以上で、白人で、ミドルクラスの、イギリス人の専門家 British professionals たちによって占められているということだ。[*168] ここまでみてきたような社会集団としての傾向は、彼らが抱えている「公共的問題」がいかなるものであるのかを明らかにするうえで、有益な示唆を与えてくれる。それは、彼らが心理療法に惹きつけられたのはなぜなのかという問題を問うことでもある。

心理療法の魅力とは何か

ミドルクラスの人々が心理療法に抱く信頼について、最初に説明を試みた人類学者はゲルナー（Gellner, E.）である。心理療法の魅力についてのゲルナーの説明は、二〇世紀におけるヨーロッパの社会的リアリティの変化によってもたらされたアノミー、疎外、そして脱呪術化に応答してきたのがマルキシズムと精神分析であったというものだ。彼が主張するところによると、精神分析はその「疑似科学」的学説を通じて、*pays reel*（誰しもが本能的に正しいと「知っている」もの、つまり隠された力が私たちの生を作っていることに気づかないならば、私たちは自分の運命を誰かにゆだねることになるという信念）を *pays legal*（説明システム）に連結したということになる。

それはまるで旧約聖書に人生を賭けるようなものだ。つまり、すでに否定された宗教について、信者たちに信じられるかどうかを問いかけるような英雄的賭けだったのだ。恐れにもかかわらず行動し、疑いにもかかわらず信頼し、救済と破壊の両方を信じるといったものだ。換言すれば、産業化と近代資本主義の発展がもたらしたモラルの崩壊と個人の孤立によって、人々は失われた共同体が与えてくれていた意味体系や関係性を求めたのだとゲルナーは考えている。近代人は個人的救済を可能にする手段としての人間関係（親密で、意味深い）をもたらすシステムを求めたのである。

心理療法がいかにして近代固有の問題を緩和することを可能にするのかを示すために、ゲルナーは心理療法の魅力と優位性の社会・歴史的要因について研究してきた学者たちを取り上げている。例えば、ヒーラス

(Heelas, 1996) は、ニューエイジ運動についてではあるが、「近代のさまざまな不確かさ」が個人の救済のための新しくて魅力的なビジョンを生み出したのだと指摘している。それらが近代的生活から生じる「種々のアイデンティティの問題」を緩和するのである (Heelas, 1996, p.137)。

例を挙げよう。ヒーラスはバーガー (Berger, P.L.) が「仕事の問題 problems of work」と呼んだ、近代の混乱を取り上げている。それは資本主義に伴って生じたものだ。バーガーはこの問題を以下のように述べている。

[公と私という] 二つの領域が、地理的にも社会的にも分離されました。そして、人々は後者に自分の本質的なアイデンティティを置くようになったのです。働いているときの自分は生きていないと……言う人だっています。「本物の人生」そしてその人の「真正の自己」は私的な領域に置かれるようになったのです。このとき、職業人生というのはニセ現実やニセアイデンティティとされます。私的領域、とくに家族は「その人が本当は何者か」を表現するものとなっていて、逆に仕事の領域は「本当の自分ではない」場所、あるいは「なにがしかの役割を演じる」場所として捉えられたということです。

(Berger, Heelas, 1996, p.146 からの引用)

引き裂かれ、混乱した人間は、部分的には「ニューエイジ運動」によって救済されるとヒーラスは主張している。専門家としての活動が「世界を癒やす」目的と一致することで、「公的」活動にふたたび意味を吹き込むからである。私的領域に公的企てをもちこむことで、近代的個人が抱える痛ましい公／私の分裂は解消されるのである。

ニューエイジと心理療法の間にはもちろん大きな差異が存在するのだが、同時にそこには明らかな共通性も存在している。つまり、バーガーがいうところの「仕事の問題」に対する応答が心理療法にも含まれているのである。精神分析のエートスはただ「公的」領域にのみ限定されているわけではないのは明らかである。それは心理療法家が患者を自分の家で診るということに限らず（このことは象徴的に公私の二律背反を崩壊させるものだ）、公的領域のものであるはずの心理療法的神話がプライベートにおいても信じられ、実現されていることにも表れている。その倫理性・政治性・共同体のありようは、面接室のなかに限定されずに機能しているのである。家庭にあっても、治療にあっても、「自己」においても、「他者」においても、心理療法的エートスは明らかに影響を及ぼしている。セネット（Sennett, 1976, pp.6-13）による、心理療法が近代における公的生活と私的生活の差異を掘り崩すという洞察を拡張するならば、心理療法は二つの明らかに別々の領域を混ぜ合わせる営みの最も明確な例であるといえよう。*169

心理療法がプライベートな領域を貫くこと、そしてそうであることが心理療法の魅力であるというのは、フレディ（Furedi, 2004）も指摘していたところである。ゲルナー同様フレディは、ウェーバーが「日常生活の脱魔術化」と呼んだ事態――伝統的システムのもっていた道徳や意味づけを剥奪するような官僚的社会の登場――に対する反応として心理療法を理解できると主張している。*170 つまり、道徳と意味の崩壊が精神分析的心理療法の興隆に一役買っているということだ。彼は以下のように記している。

> 道徳的コンセンサスの断片化によって、人々は自分自身のための意味の体系を探し求めるようになった。日々直面している問題と取り組むための社会的に受け入れられた道徳的羅針盤がなくなるとき、いかに事柄を意味づけるかという問いは曖昧さと混乱にまみれるのである。共有された価値の弱まりは、この意味の探求を断片化してしまうからだ。……心理療法は個人による人生の意味の探求に答えを提供する。
>
> (Furedi, 2004, p.89)

ここでフレディは心理療法をある種の宗教の代行者だといっているわけではない。なぜなら、心理療法は個人主義と反共同体主義を推し進めるものであるからだ。それは共同体の凝集性や意味の網の目、そして儀礼的信仰の集合的な型という主流の宗教が布教し、是認していたものに対して反対する（Furedi, 2004, p.91）。しかし、フレディの主張は、カウチの上で孤独にも横になり、そこで自分の両親や家族との早期の絆を「発見」したり、ある意味で弱体化させるような患者についてのものであるので、それが心理療法家が経験することとどの程度一致しているのかを問う必要があるだろう。

実際、患者と心理療法家ではその経験は大きく違うものになる。患者の場合、心理療法の終結に伴い心理療法共同体への参加は減退していくわけだが、心理療法家の場合、彼らの専門家としての変容の果てには訓練機関による承認があり、心理療法的社会ネットワークへの参加が待っている。実際、フレディが心理療法とは違うものとした伝統的宗教がそうであるように、心理療法家にとって、心理療法はただ非物質的なもの、例えば彼らが継続して相互作用をもつ非身体的なもの（無意識）、彼らが所属する階層構造（その訓練機関のメンバーになること）だけを提供するというわけではなく、経験を解釈し定式化するための共有されたイディオムや、それを支えるための儀式と社会的ネットワーク、そして正統として承認された象徴的・「神話的」システムを提供するのである。

以下のアナロジーにあまり縛られるのは望ましいことではないにせよ、精神分析の学派の分裂は、一九世紀のプロテスタントに起きたことと構造的によく似ている（そして、広い意味では、近代においてキリスト教に生じた宗教改革のことを思い起こすことができる）。初期のプロテスタントの教義（信仰、聖書への信頼、そして神との個人的な関係など）がどのように実践され、関係づけられ、概念化され、実践されたのかについては、数え切れないほど多様な解釈があった。この多様なビジョンが、教会の共通基盤を壊すことになった。それはここまで心理療法についてみてきたこととよく似ている。

この「宗教の代理人としての心理療法」仮説が何を前提としているのかを確認するために、もう少し先ほどのアナロジーを続けてみよう。つまり、ここで心理療法家が宗教についていかなる志向性をもっているのかをみることにする。心理療法家たちに、彼らが何らかの宗教的信仰をもっているか、そしてもっているならばそれは彼らが心理療法家になったことで強まったか、アンケートを行ってみた。七人は今までまったく宗教の信仰をもったことがないと言い、九人は現時点では信仰をもっていないと答えた（この九人のうち、四人はトレーニング中に信仰を失い、三人はトレーニングの前から、二人はトレーニングが終わったあとで失ったとのことだった）[*171]。さらに九人は今でも「霊的なspiritual」、あるいは不可知論的な何らかの信仰をもっていた。そして三人だけが組織化された宗教との継続的な関係を維持していた。したがって、質問に答えた二三人のうち、宗教にコミットしていたのは三人のみだったといえる。

もちろん、これらの結果だけで心理療法が宗教の代理人であるという仮説を正当化することはできない。しかし、本章でみてきたような解釈をするならば、心理療法は構造の面で、宗教組織や宗教的信念と密接に結びつくような要素をもっていることが分かる。このような考えによって心理療法の興隆を伝統的宗教の没落に還元したくなるわけだが、心理療法の興隆についてのほかの意見をみるために、いったん立ち止まる必要がある。彼らは一致して心理療法の魅力の源泉が一つではないとしているからである。

例えば、ギデンズ（Giddens, 1991）は、心理療法の興隆を、近代的状況によって生み出された「リスク」と「不確実性」への反応だとしている。ある程度自分でコントロールできる主観的領域を創り出すことで、心理療法のフォロワーは人生のある側面をコントロールできるという感覚を得る。それは不確かな世界で生きるうえで、穏やかさを与えてくれる。

同じように、バーガー（1965, p.39）は、人々の人生が織りなす役割や組織がきわめて複雑なものになったことで、人々が多様な社会的力に服するようになり、それが人々にとってほとんど理解しがたいものになっているると主張している。心理療法的想像力は、これらの圧力を理解できるものにするのではなく、むしろこれらの「不可解さ」を最終的に自己理解と自己統御を可能にするイディオムへと結びつけるものなのである。それは近代社会における一般的な体験を理解するだけではなく、人々にある信念を与えるものなのである。その信念とは自己を探究することによってのみ、「不可解さ」を理解することが可能になるというものだ。ここでは、社会生活の理解しがたさが自己の無理解へと置き換えられている。このように、無意識を吟味することが、現実を理解しコントロールするための第一の方法として、社会的なことを吟味することに取ってかわったということだ。

心理療法の理解が個人の葛藤の社会学的理解や伝統的理解の置き換えであることは、スメイル（Smail, 2001）の強調するところだ。彼は心理療法の魅力の源泉を「医療化」とその付属物である「心理学化」の興隆に見出した。つまり、それは日常生活の諸問題を、トラウマや神経症といった心理学用語へと変形していくプロセスである。医学的解釈が力をもつことに付随したこれらのプロセスは、不可避的にある信念を生み出す。つまり、主観性のマネジメントがうまくいくためには心理学の専門家の助力が必要だという信念である。「訓練された専門家」のみに主観の理解が可能だという信念は、人々の自己への信頼を切り崩すことになったのである。この信念によって、患者も訓練生も専門的技術を求め、身につけようとすることになった。このようなロジックが心理療法の市場を創り出し、そのことでそれらに以前よりも強い権力を与えることになった。

ほかには、心理療法の興隆と政治の没落との関係を強調する論者がいる。彼らは、一度は政治に注がれたエネルギーの新たな矛先として、心理療法が近代人にアピールしたのだと主張する。例えば、ラッシュ（Lasch, 1979, p.43）は「集合的不満」がますます「心理療法的介入によって緩和される個人的問題」へと変形していくようになるとしている（あるいはミルならば、「公共的問題」が「パーソナルなトラブル」として捉えなおされるというだろう)。

人々は政治の世界で挫折した変化への希求を、「自己変革」というナルシシスティックな舞台へと注ぎ込むようになった。ラッシュは、このことを自己決定と「選択」という保守主義的なイデオロギーと親和的なレーガンやサッチャーの社会政策を支持するものだとする。個人が責任の所在となるならば、国家の介入の削減を正当化できるからだ。このことはホルモス(Halmos, 1973, p.24)も主張していることである。彼は政治活動の衰退を心理療法的信念と心理療法的介入の興隆の結果であり、同時に原因であると解釈している。つまり、急進的革新の場所は環境ではなく、「自己」に置かれたということだ。

社会学的理論の統合

これらの多様な人類学的/社会学的分析の共通点は、彼らが心理療法の魅力の源泉をどこに位置づけたのかというところにはない。実際、彼らはそれぞれに異なる社会的要因を強調している。むしろ、西欧において心理療法がなぜ人々を教化するものになったのかについて、社会的ルーツに着目したところにこそ彼らの共通点がある。彼らは心理療法の興隆を説明するのに心理学的概念を用いるのではなく、個人の不満を社会的状態として捉えることによって心理学的循環(心理療法の興隆を心理療法理論の言葉によって説明しようとすること)を避けたのである。そして、人々の落ち込みを心理学化することによって、心理療法が社会的・政治的行動をとることを怠ってきたという点でも、彼らは一致している。

これらの短いレビューは、心理療法の興隆についての社会的要因を正確に同定しようとしたものではない(例えば、経済的、政治的、専門集団的、宗教的な)。もし私にそのような複雑性を解明できたとしても、そうすることで現在の関心から遠く離れたところに連れて行かれてしまうだろう。そうではなくて、ここでの狙いはもうちょっと控えめなものだ。心理療法家が専門家と呼ばれるようになるのが、彼らの抱えている苦しみによってであることを明らかにしたいのだ。訓練生が教えられていることとは対照的に、その苦しみは実は彼らが生きている社会によって部分的に生じているのである。

第8章のまとめ

本章では、心理療法家にとって、心理療法の実践が単なる臨床実践以上のものであることを示してきた。それは倫理性、政治性、そして共同体へのコミットメントを伴うものであった。その具体的なありようをみることで、多くの心理療法家の人生の全体的な様相が明らかにされた。すでに重要な事実として吟味してきたように、多くの心理療法家が自分自身の私的な苦悩を扱うために心理療法を受ける。心理療法は、人生の究極的な疑問の回答となるような統一的な意味の体系によって、個人の危機を解釈することで、その魅力を勝ち得てきた。それは内的な「力動」と人間の目的についての決定論的な仮説を用いることで、成し遂げられてい る。この仮説を前提とすることで、心理療法家は安全感を得て、そして彼らが向かう方向性がいかなるものであるのかを知るのである。そして、「不確実な時代」にあって、自分たちを強力な意味のシステムに巻き込んでいくことによって、仲間やフォロワーを得るだけではなく、さらには疑似儀礼的な組織を得る（それは継続的な「自己分析」、スーパーヴィジョン、個人分析を通じて示される）。その理想の基礎は組織的な実践とテキストによって形式的に守られる。心理療法の神話が、過去の伝統的な解釈枠組みや儀式的なやり方が個人に適用されたものであると主張してきたのはこの意味である。

心理療法的社会化のウラにあるものを明らかにするために、本章ではさまざまな事実を示し、主張を重ねてきた。それらを踏まえて、最終的な結論を次に示そう。

第9章　結　論

心理療法は、哲学によって事実を産み出しながらも、その哲学を当の事実から引き出されたものだと主張する。それは、ほかの多くの解釈学的営みにも当てはまるありようだ。

しかし、例えば実験や量的方法を用いる科学者とは違って、人類学者は問いを定めてから現象にアプローチするのではなく、物事の細部が十分に明らかになるまでは物事を決めつけるのを避けて、心を開いておく必要がある。だからといって、人類学者はほかの学問から妬まれるような立場にいるわけではない。というのも、ほとんどの場合、人類学者は自らの問いを前もって知ることができず、観察を行ったあとになってのみようやくそれを知ることができるからだ。それぞれのフィールドに身をひたしていくことによって、人類学者は自分が探し求めていたわけではない多くの事実に出会う。異常さや困惑、そして予期せぬハプニングが彼らのフィールドに満ちあふれる。そのような曖昧さに身をひたすことで、彼らはようやく霧のような不透明さによって覆い隠されていたものたちのつながりを見出すことになる。そして、「事実」はそのようなつながり全体を考慮して吟味されることになり、曖昧さのベールの裏側に秩序が探し求められるのである。そこにある主観性と構造、つまり人々の葛藤と一致は、関係性と相互依存性の観点から明らかにされる。そこでは理論還元主義が退けられ、全体論的な理解がめざされる。

以上の人類学者のやり方に忠実に沿いながら、精神分析共同体のエスノグラフィーを書いてきた。私は好奇心に突き動かされながらも、自分を戸惑わせた物事の意味が分かるまでは問いを立てようとはしなかった。物事の意味は「共同体で生きること」によってのみ、もたらされるからである。参与観察をすることで多くの問いが生じたが、そのなかで私が選んだのはごく少数であり、多くの問いが退けられた。だから、本書で書いたことは、精神分析共同体を完璧に記述するものではありえない。私が選択したのは全体像のある一部分でしかない（実際、ほかの物語を語ることは可能なのだ）。しかし、それでも、事実が立ち現れ、そして問いを選択したあとにのみ、私は解釈のために人類学の知を用いてきた。

このアプローチによって得られた結論を要約する前に、本書で問われた二つの人類学的な問いを確認しておこう。それは「精神分析的訓練機関に特有の目的とは何か？　そして、それはいかにして訓練生の専門職的社会化を可能にするのか？」というものであった。

第1章でみてきたように、現在、精神分析共同体はさまざまな外部の脅威に包囲されている。メディアから、ほかの学問から、精神医学から、そして系譜的構造内の新しい学派から挑戦を受けることで、精神分析学派は団結を強め、自らの価値とビジョンに対して自己肯定的なあり方をとるようになっている。そのような自己肯定こそが、最も確立された専門職の特徴であることを専門職の社会学は教えてくれるわけだが（例えば、さまざまな戦略を使って、彼らは富と地位、権力追求という目標を死守するのである）、私はそのような「力への欲望」と経済的利益のみでは、心理療法の訓練がなぜかくあるようになされているのかを説明できないことを人類学的に示してきた。ほかの要因があるのだ。

訓練機関の最も際立った特徴は、彼らが「自己」に深く関わる特別な知識を教え込むという点にある。精神分析の神話は新たに参入する臨床家に自己‐知識、アイデンティティ、所属の新しい可能性をもたらす。同時に、それは専門家として、あるいは個人、つまり人間として、彼らの向かうべき方向を指し示す。訓練機関とはある意味で自己変容のための機関といえるのだ。それは単に、そこで臨床のための専門技術の伝達が行われるというだけではなく、自己治療のための共同体への参加がなされるということをも意味している。精神分析的社会化は、公的には患者を癒やすことを目的としているが、同時に心理療法家に生計を立てさせ、人生に対する個人的な意味を与えるようにも機能しているのである。このことは制限されていてそして体系的な知が伝達されることによって成し遂げられる。つまり、自己や社会、他者を理解するための知的枠組みが心理療法家たちの人生に機能するようになるのだ。

本書を通じて、私は精神分析的社会化が「自己肯定的」なものであることを描いてきた。というのも、それは保守的なありようをしているからだ。制限された理論体系（第4章）、役割の非対称性を正当化するパーソンフッド概念（第4章）、疑念のマネジメント、二次工作、代理形成といった教育的装置（第5章）、臨床のために不可欠であるとされる精神分析的病因論（第6章と第7章）、そして訓練生が指導者の指示に従うよう促す「感じやすさ」（第7章）によって、訓練生は専門家としてのハビトゥスを体現するようになる。それは事前訓練セラピーにおいて吹き込まれ、訓練生の選考手続きにおいて確たるものとされる「精神分析への忠誠」と「心理療法的想像力」という根本的なディスポジションのうえに打ち立てられるものである（第2章、第3章）。

もし、このような自己肯定的な装置が、訓練生と指導者の間で結ばれる、従順さやフェローシップ、そして暗黙の「社会契約」を生み出すとするならば、訓練機関の定める規範や境界を越え出ることは、訓練生たちには非常に難しくなる。境界侵犯が起きるとき、そして低い確率ではあるが革新的なビジョンをもった組織が生まれようとするとき、そこにはいつでも対立する人々が現れ、葛藤が生じる。

しかし、以前の章でみてきたように、そのような「葛藤」は組織の全体的な断片化をもたらすわけではない。そのような葛藤は心理療法の各学派間の友好的な絆を壊すかもしれないが（第1章、第3章、第8章で強調したように)、同時に外の学派と対抗するために、学派内の個々のメンバーの絆を強める。人類学的には、ライバルに対する対抗意識と同じように、学派内で共有された感覚と結束が彼らの凝集性を高めるのである。ライバルとなるような「ほかの学派」が登場することで、心理療法家は自分のアイデンティティをたしかにし、自らの原理を自己肯定し、そしてその目的を明確にしていく。

学派が分裂するとき、心理療法の神話は、系譜的構造内で一つの訓練機関の外部に広がっていくだけでなく、訓練機関内部における下方にも広がっていく。というのも、訓練生は臨床家としてだけでなく、人間としても、価値を評定されるからだ(第7章)。その評定の基準は精神分析的神話からくみ出されるので、訓練生は患者と同様の治療を受けることになる。この治療は「役割の非対称性」(訓練生と指導者の間に存在する)によって正当化される。さらにそれはパーソンフッドという概念によっても正当化される(第3章)。このとき、訓練機関に対する不同意は、彼らの個人的な不満として「心理学化」される(第4章)。そして、好ましい患者や望ましい患者がそうであるように、教えられたことに従順である訓練生がよき訓練生とされる。心理療法のエートスは心理療法の場面だけにとどまらないということだ。そのエートスは(治療場面では)患者に適用され、(訓練場面では)患者/訓練生に適用される。そしてそれは(治療場面では)治療者によって、(訓練場面では)指導者によって運用がなされる。したがって、それは別々な方向へと屈折して広がっていく。そのエートスは系譜的構造のなかに拡散していこうとすると同時に、訓練という装置を通じて訓練機関の下方にも広がっていくのである。

神話が精神分析という営みのさまざまな領域に(理論における人間像に、訓練機関に、心理療法家に、訓練生に)浸透していくものだとして、そのことは何を意味するのだろうか。第一に、そのような浸透によって、多くの心理療法家が切実に欲しているはずの組織の改革の進行が遅れることになる。というのも、この神話は「システム」と「自己」の双方に立脚しているがゆえに、この神話が衰弱すると、個人の成長を支える自己肯定的プロジェクトを正当化するための多くの部分も掘り崩されてしまうからである。このような結論は、以下のような目的意識がなぜ伝統的な訓練機関で省みられないのかを説明してくれる。

> 私たちの目標はただ「セラピー」にだけあるわけではなく、自分自身の偏見や、イデオロギー、そして権力への意志を吟味するような自己省察にあります。それは自分自身のなかにあるアイロニーと矛盾に気づくことであり、それに挑戦することを可能にするものです。
>
> (Littlewood & Lipsedge, 1987 [1982], pp.309-310)

自己省察を行うことによって神話が弱まり、その神話が支えていたさまざまなものが不安定になるということからは、二つの懸念が生まれる。一つ目は心理療法家たちの生に関わる。つまり、自己肯定的社会化(それは心理療法家のコミュニティを守るものだが)は、有能な治療者の育成という訓練の究極的な目的を損なうのではないかという懸念だ。この問いに答えるには「有能な治療者」の定義を吟味する必要があるわけだが、今はその基準について議論するよりも、改革を望んでいるか、あるいは自己肯定的社会化こそが規範を作ると信じているか、という心理療法家のあり方の問題だとしたい。(例えば、訓練生に自己肯定的ディスポジションを吹き込むことで)保守的な訓練は訓練機関の保守主義を維持するものであるが、そのことによって、訓練生はどのような人間に変形し、かたどられるのであろうか。医学教育の改革は外側からの圧力によってのみ生じるとするシンクレア(Sinclair, 1997, p.321)の指摘は、ここでも有効なのだろうか。

このような問いに直面したとき、まず本来は共同体を守るはずの自己肯定的社会化が、反対者を生み出すことが思い出される。次に、そのような自己肯定的態度によって生み出された反対者(彼らは違った見方をもったことで一度は追放された)は、のちに再統合されるということを思い出すべきだ(第1章で述べた英国心理療法家協会のように)。このような二つの洞察からは、訓練機関の自己肯定的なありようが、間接的に働いて、改革に結実していくというパラドキシカルな結論を得ることができる。この意味で、誰が訓練機関を改革するのか(外部の人間か、内部の人間か)というシンクレアの問いから、改革はどのようになされ、どのようなペースでなされるのかという問いに移るのである。

いかにして改革が生じるのかと問うならば、分派同士を結びつけ、新しい合従連衡や統合をもたらす外的な圧力と答えることができる。さらに改革のペースのことを吟味するならば、間接的な改革が、改革者が望むのと同じくらい急進的で迅速に進むのか、そして迅速な改革を拒むことで、患者に不利な影響があるかどうかを、彼らがどう考えているのかを問う必要があるだろう。

改革者が直面する倫理的ジレンマとは、間接的な改革は患者にとって不利益をもたらすものではないかというところにある。つまり何もしないことで改革は起きうるのか、あるいは迅速性、自己省察性 reflexivity、そして気づきをもって、積極的かつ自覚的に改革はなされるべきなのか。そして、もし後者の選択をするのであれば、どのような方向での改革を行えばよいのか。より深い保守主義と保護主義の方向か、あるいはオープンで、自己省察的で、統合的な方向なのか。

もし自己省察的で統合的な方向を選んだとするならば、本書で取り上げてきたような訓練の仕掛けが改革を拒むものとして機能していることを認めざるを得ないだろう。その改革とは二一世紀にあって、精神分析が生き生きとした発展を遂げうるものであるために、多くの人間が必要と信じているものである。ここで、心理療法家たちは選択をなさなければならない。

もうひとつ人類学者としての関心がある。訓練機関による神話の再生産は、職業的社会化について何を教えてくれるのだろうか。

ここまで本書は、強いイデオロギー的なコミットメントを暗黙裡に要求する専門職的社会化がどのようなものかをみてきた。そして、そのような要求があることが、潜在的にも顕在的にもイデオロギーを教え込むことの少ないほかの職業的社会化と違うことをみてきた。ここで想定しているのは、産業領域の専門家や、マニュアル的な専門家、芸術家、官僚、あるいは科学者といった専門家のことだ。精神分析的社会化は医学的訓練とも違う。というのも、医学における「パーソンについての概念」は公に明示されるというよりも、語られない潜在的なものとなっており、そこで伝達される内容が訓練の装置を規定したり、自己救済のためのプロジェクトとなったりするものではないからである(Sinclair, 1997; Luhrmann, 2001; Becker et al., 1977)。

さらには、理念よりもスキルを基盤とした専門職が完璧をめざすのとは違って、精神分析的社会化によって得られるある種の能力はその不完全性が特徴である。モノの交換によって人々を相互関係の果てしないサイクルへと結びつけるカビル人の儀礼のようであるが(Bourdieu, 1979)、心理療法というプロジェクトと同様、訓練機関というプロジェクトも永遠に完結しない。

訓練で受け取ったものは返還されることを義務づけられている。つまり、訓練の果てには訓練機関への永続的なコミットメントが求められる。このようにして訓練生はある物語のなかに導入されていく。それは終わりのない物語であり、換言すればパーソンフッドは永遠に達成されず、分析の最終的な目標は到達できるものではないということだ(第3章)。訓練機関を卒業するための大団円というものはないのだ。というのも、心理療法的神話は果てることなく人に語りかけ続けるからだ。宗教の信奉者と同じように精神分析においても、果てることのない語りかけから逃れる唯一の道は、信念を放棄することだ。なぜなら、心理療法の神話を信じている限りは、永続的な自己分析を信念の表れとして行わざるを得ないからである。この未完の訓練機関への同一化は、その起源を心理療法の神話に見出すことができる。ここでふたたびこの神話が訓練機関の基礎の部分にしみ込んでいることを観察できる。つまり、訓練機関によって、パーソンフッドの基礎がかたち作られるということだ。

ここまで述べてきたような観点から、専門職的社会化について、最もあからさまにイデオロギー的なもの（例えば政治、宗教、心理療法）から、より実践的なもの（マニュアル、工学、産業、官僚）まで把握することができるだろう。今後はそれぞれの社会化においてどのような構造化された暗黙の仕掛けが用いられているのかを明らかにしていく必要がある。

例えば、神学的訓練のどのような特徴と形式が、軍隊の訓練や心理療法の訓練と似ているか。専門家の融通の利かなさ、あるいは柔軟さを促進するような訓練とはどういうものか。社会化のありようが同じ形式である場合には、似たような共同体の構造や断片化が生じるのか否か。さらには、倫理的観点からして、それらの社会化の規範は専門家のよりよき統制を可能にするのか。そしてふたたび、より広い社会的・歴史的文脈の変化が社会化のあり方に何をもたらすのかも問われる必要があるだろう。実際のところ、ヨーロッパにおいて権力が市民と政府から専門家へと移っていったことで、専門家がいかにして維持されているのかが問われるようになり、専門家たちのひそかな戦略や狙いが暴露され、批判されている。

本書は、精神分析の訓練が訓練生たちに特異なコミットメントを植えつけることを示してきた。そのコミットメントは、当の訓練機関さえはっきりとは認識していないのだが、それでいて訓練機関の方向性と個人の人生をかたち作るものである。

この意味で、訓練機関は自らの規範と、その背景にある前提、そして経験を構成するやり方のディスポジションを個人のなかに再生産していくものだといえよう。これらのことは訓練機関のメンバー自身によって支えられている。内省に勤しみ、感受性を高くし、それについて思索を重ねる（それは訓練機関の装置と雰囲気によって強いられるものなのだが）ことで、そこで構造化されているルールや役割に対して、メンバーたちは従順になっていく。ここで生じているのは、構造化された「他者」が、「自己」が指向することに対して確実で恒常的な基準になるということだ。

そのようにして、訓練機関のリアリティというのは固定された実体となり、そこに人々は自分を適応させ、自分なりのあり方を作り出していくことになる。そして、訓練の目的が、心理療法家にとって必須のものとして感じられるような「自己」の統合を促すディスポジションを与えることにあるために、公的なもの（訓練機関）の私的なもの（自己）への浸透がなされ、共同体のプロジェクトを再生産するような主体が創り出されていくことになる。自己肯定的なありようが共同体の分裂の前提となっており、共同体の分裂が心理療法の歴史を通じてつねに起きてきたことから、この自己肯定的プロジェクトが時を超えて自らを再生産していく能力を発揮してきたことは明らかである。そして何より、新しく専門家になることで、自己の道徳的な基盤を得ようと訓練機関にイニシエートされていく人を抱えるだけの力が精神分析的神話にあることを、この再生産の過程は示すのである。

原注

＊1　それゆえ、こうした人類学者はいわゆる「異国」や「遠隔地」といった通常人類学の研究対象となる文脈よりも、「ホーム」に近い文脈の研究により関心がある。よく引かれる諺を逆転させれば、彼らは、変わったもののなかの身近な点を見出すよりも、身近なもののなかの変わった点を明らかにしようとするのだ。そして、ローカルな訓練の細部に着目することで、社会的に重要な洞察を生み出そうとしてきた。というのも、権力や知、信念がローカルな水準でいかに伝達されるのかを調べることで、影響力のある専門職が、いかにして社会のなかでそのように機能するようになったのかを明らかにできるからである。

＊2　「医学生の自律性」に関連して、ベッカーは「医学生文化」を構成する思想や行動に言及している。この医学生文化には、訓練期間中に医学生集団が正しいと認識するあらゆる行動や思想が含まれている。そのなかには医学部の公式の考え方とは矛盾しうるものもある。それゆえ、この医学生文化は医学部全体の文化とは区別されねばならない。医学部全体の文化には、価値観や指向性、期待などが含まれる。それは学部段階からはっきりと伝えられ、制度の構造においても実現されている(Becker et al., 2002 [1977], p.437)。

＊3　すでに紹介した著者らに加え、カッツ(Katz, 1984)、キャッセル(Cassell, 1987)、フォックス(Fox, 1980)らの研究を挙げることができる。「臨床家の自己確実感」に関する彼らの理論については、第7章で議論される。

＊4　これはレイブとウェンガー(1991)の主張である。私は彼らに賛同することで、知識の習得についての認知理論を暗に批判している。認知理論は、それ自身多くの問題をはらんでいる。その理由は、第一に認知理論が学習とそれ以外の行動の間に差異を仮定していること、第二に認知が働く基盤となるような知が創造される瞬間を説明できないこと、第三に社会的な影響を受けない普遍的で均質な装置を想定していることである。このほかの批判としては、チャイクリンとレイブ(Chaiklin & Lave, 1993, p.12)を参照のこと。私が述べたのは、彼らの主張のパラフレーズである。

＊5　すぐあとで確認するように、心理療法界における行動は、政治や医療の界と同様に、多くの原則や象徴によって境界づけられている。そしてその覇権が、界を構成するさまざまなサブグループによって争われているのである(Webb et al., 2002, p.22)。

＊6　チャイクリンとレイブ(1993)によって編纂された『実践を理解する』に、こうした研究の一覧がまとめられており、有用である。ここには、教訓主義が認知にどう影響するかという観点ではなく、実践がいかに「個人

のあり方」に影響するかという観点からなされた人類学者や教育学者の研究も含まれている。

＊7　ブルデューは次のように書いている。「「技芸」や生き方の諸原理が気づかない無意識の内に獲得されるような、純粋に馴染むことによる学習（獲得されるものには、模倣される実践や仕事の生み出し手にも知られていないものも含まれる）と……その一方で、規則と掟による明示的で明確な伝達とがあり、そこには差異がある。あらゆる社会は、実践的習熟のあれこれの形式を伝達する構造的な練習問題を用意している」（Bourdieu, 1977a, p.88）。

＊8　ブルデューにとって、主体と社会は、弁証法的で機械論的な関係にあって、不可分に編みこまれた実在である。「文化リテラシー」を獲得することでより自己省察的になった個人は、社会との関係においてより弁証法的に存在するようになる。そして弁証法的であることで、今度は彼らが自分たちをかたち作った構造に影響を与えるようになる。このようにして主体は構造を乗り越えるのだが、それは自己省察的であることが決定論的な領域をうまくやりこなせるほど十分だった場合に限られる。そのような極限の自己省察は明らかに稀であり、したがってそうした個人は必然的に数少ない。私は「立場」ではなく「傾向」という言葉を用いる。というのも、立場というのはつねに対立物に向かってとられるものであり、そこには二分法が暗に存在しているが、ブルデュー（1990［1980］, p.25）が述べるように、「社会科学を分断するあらゆる対立のうちで、最も根本的かつ破壊的なものが、主観論と客観論の間の対立である」。

＊9　例えば、専門職の科学的地位が広く社会的にその専門職内部の力動に影響する限りにおいて、科学的地位は人類学的に重要性をもつことになる。というのも、その専門職内部の力動こそが関心の対象だからである。

＊10　バーガーは「歴史的には、思想が影響力をもつのは、それが真実であるからではなく、特定の社会的プロセスと関係があることによる」（Berger, 1965, p.32）と述べている。だから、信念の真実性は、（信じられるにしろ疑われるにしろ）その信念が生む社会的影響に従属するものであり、私の関心はそこにある。

＊11　例えばヒンシェルウッド（1985）はクライン派の社会的防衛理論を用いて、心理療法の組織を相互に懐疑的な状態にする分裂の力動について説明している（例えば、報復される恐怖に基づいた迫害的、抑うつ的不安が、悪い対象、すなわちその領域の競合する理論に投影されている、といった具合である）。また、ブルッツォーネら（Bruzzone et al., 1985, p.411）による説明もある。訓練生が訓練分析において経験する退行（これによって、訓練生は自分のセラピストを「ママ」や「パパ」と言ったり、よい訓練経験を「ごちそう」と言ったりするようになる）が、十分にコンテインされない場合に、学習場面や、訓練にも漏れ出してしまう。それは、訓練生が自身

の個人的病理に迫害的になったり被害妄想を抱いたりすることに簡単につながる。

*12　二〇〇五年の精神分析のセミナーにおけるブラッドック博士（Braddock, L.：オックスフォード大学セント・ジョンズ・カレッジ）のコメントによる。ここに謝意を示す。

*13　精神医学の訓練に関する情報は、ウォーンフォード病院（オックスフォード）のデイ・センターの精神科医との議論に基づいている。私は短期間、その精神科に配属されていた。

*14　本書では、ラカン派とユング派の訓練については取り扱っていないことを明記しておかねばならない。

*15　ゲルナー（1985）の第三版に寄せた序文で、ブルーナーが引用している。

*16　二〇〇四年の個人的なやりとりによる。

*17　私が拒絶された回数も数え切れない（今日では訓練機関の数が増えているので、拒絶される数もそれだけ増える）。さらに、拒絶の理由はしばしば明らかにされなかった。「フィールドワークを受け入れることはしていません」といった、はっきりとした回答もたしかにあったが、一方で、なかには「この研究を認めることは倫理的にできません」という、理解に苦しむ回答もあった。なぜ倫理に反するのかの説明もないのである。その他の訓練機関には要求を無視された（ある訓練機関に対しては、私はずっと要望を出し続け、六カ月後に拒絶の手紙を受け取った）。その他には企画書を提出するよう求められ、提出の一年後に却下されたこともあった。

*18　つまり、調査協力者にデータ提供を依頼する際、**インフォームド・コンセント**を得ることを徹底したということだ。調査協力者にはすべて、研究に参加するかどうかを選択することができるのに十分な程度に研究目的を伝えた。ただし研究目的を伝えることでデータが損なわれないようにしなければならなかった（どういうことがなされようとしているかは伝えた）。非公式の会話のなかで興味深い発言があったときは、その情報を使用してもよいか必ず確認するようにした。のちになって会話が思い出されたときは、同意が得られるか確認し、断られた場合には匿名でデータを引用してもよいか確認した。事例素材に関してはすべて提供者の同意を得た。そして、要求があった場合には最終版を送り、熟読してもらった。

*19　医学が精神分析に抱いていた感情がいかなるものかは、一九一〇年から第二次世界大戦までのイギリス医学研究誌 *British Medical Journal* からみてとることができる。力動的心理療法を扱った論文の大半は、敵意が強すぎて、質の高い論文とはいえない。当時の精神科医の多くは、精神分析を厳しく批判している。例えば、当時のイギリス精神医学の主導的立場だったクライトン＝ブラウン（Crichton-Brown, 1920）は、食事であれ再教育であれ「心理学的なマッサージ」であれ、医療的反応を適

切に与えれば脳が文字どおり修正されることを示唆し、反射的な脳活動と連合的な精神発達の結びつきを強く主張して、お話療法の価値には触れていない。ほかの専門家による批判として、マクドゥガル（McDougall, 1908）は、本能の多元性を強調し、あらゆる症状を性欲動に帰着させることを拒んでいる。タンズリー（Tansley, A. G.）やブラウン（Brown, W.）、クライトン（Crichton, H.）、リヴァーズ（Rivers, W. H. R.）といった心理学者や精神科医は、フロイト派が科学的な分別をもたないとして、心理学的分別をもつよう主張している（Porter, 1996, p.389）。著名な精神科医であるメルシエ（Mercier, C.）も頑強な批判者であり、力動的心理療法の失墜を予告してこう述べている。「精神分析はすでにその絶頂期を過ぎた。それが生まれてきた静かな暗い底へと速やかに退いていくだろう。不要になった数多の治療法と同様に精神分析がリンボ界に行き、潰れたヒキガエルや腐ったミルクの仲間入りをする前に、精神分析について体系的に記述しておくのも悪くないだろう」（Porter, 1996, p.389）。

＊20　イギリスとは違い、アメリカ精神医学は当初から精神分析を受け入れた。フォレスター（1994, p.183）は以下のように述べている。「アメリカにおいて、精神分析の歴史は医療とりわけ精神医学の歴史と切り離せない。（遅くとも）一九三〇年代後半から六〇年代にかけて、精神分析はアメリカの精神科医にとって必須の訓練であり、権威のある知であり、彼らの社会的地位の重要な構成要素だったのだ」。この傾向は一九六〇年代以降、向精神薬の台頭に伴い変わることになり、一九八〇年代の初頭までには、精神分析は精神医学から排除されることになった。

＊21　ロイヤル・カレッジ精神医学校は、今でも精神科医の専門家としての訓練中に何らかの心理療法を経験することを推奨している。この訓練は心理療法家が訓練機関で受ける訓練ほど徹底したものではない。また、力動的心理療法に限ったものでもなく、若い精神科医たちはしばしば認知行動的アプローチを好む（個人的な往復書簡 2004）。

＊22　これらのセンターにおいて強調すべき点は、中期および短期の、個人心理療法および集団心理療法の訓練が行われていたことである。つまり、長期的な心理療法は実践されていなかったのだ。ホームズ（2000）を参照。

＊23　Lafromboise, D.（1997）. One of their own blasts therapists for their shoddy work（*The Montreal Gazette* 11）を参照。フレディ（2004, p.9）に引用されている。

＊24　この表はジェイコブス（Jacobs, 2000, p.457）に基づいている。しかし彼の表には二〇〇三年までの数しか記載されていないので、私自身のＵＫＣＰ、ＢＰＣ、ＢＡＣＰでの調査に基づき修正している。

＊25　これは「認定された」カウンセラー、つまり、臨床

実践を行うことが可能なカウンセラーの数である。しかし、本書の執筆時点で、ＢＡＣＰ（British Association of Counselling and Psychotherapy）にはさらに二万人のメンバーがおり、その多くは資格認定完了に向けて活動している。

＊26　第二次大戦後間もなく、心理学の専門的知識はさまざまな行政場面で新たに用いられるようになった。ポーターは以下のよう述べている。「軍隊や就職・採用、病院、学校、刑務所などの場所で心理学の専門職員とその技法が、個人の品行を検査したり、個人の問題を適切に扱ったりするのに用いられるようになった。適性検査と知能検査はお決まりになり、臨床心理学、犯罪心理学、教育心理学、産業心理学、軍事心理学などの新しい心理学の分野が地盤を得た。……精神医学や心理学の訓練を受けた人間が（教育や採用、裁判所、保護観察所、軍隊、企業などの）社会的に影響力のあるポストにつくことが、徐々にだが大幅に増えたことは、国立精神衛生協議会（National Council for Mental Hygiene）が声明を出したように、精神衛生陣営の目的が少なくとも部分的には達成されたことを意味する。……第一次大戦後最初の管理委員会報告書（Report of the Board of Control）と、王立精神病・精神障害委員会報告書（Report of the Royal Commission on Lunacy and Mental Disorder, 1926）からフィーバーシャム委員会報告書（Report of the Feversham Committee）に至り、精神衛生の哲学は公的な判断に組み込まれたのだ」（Porter, 1996, pp.396-397）。

＊27　うつ病患者数の変化については、国際比較共同調査グループ（Cross-National Collaborative Group, 1992, pp.3098-3104）にまとめられている。うつ病の長期的動向については、ショーター（1994, pp.118-148）を参照。

＊28　この記述の根拠は、ＢＡＣＰとＵＫＣＰに、非力動的な心理療法を志向するメンバーのほうが多く在籍していることである。また、ＢＡＣＰの副理事から非公式に聞いたことだが、認定されている個人開業の臨床家は、力動系よりも非力動系のほうが多いとのことである。

＊29　この図は、すべての学派が含まれてはおらず完全なものではない。それゆえ、あくまでシステムがどのように秩序づけられているかを例示するものに過ぎない。

＊30　これは私が行った非公式の調査の結果によるものだ。調査は、ランダムに選ばれた異なる理論的スタンスの心理療法家やカウンセラーを対象とした。二五名の協力者にＵＫＣＰの心理療法の訓練を序列づけるように求めたところ、二三名が精神分析インスティテュートをトップに置き、二二名がＢＰＣを二番目に置いた。そして、二一名がＵＫＣＰを三番目に置き、二四名が、ＢＡＣＰのカウンセリングの訓練を一番下に置いたのである。

＊31　これらの数字は英国認知行動療法協会、ＵＫＣＰ、英国心理療法家連盟から収集したものである。だから、

認知行動療法、精神分析、および人間性／統合的心理療法の学派のみを扱っている。また、ＢＡＣＰにおける訓練の増加に関するデータも除外している。そのため、これは系譜的構造を完全に表現したものではなく、そのなかの三つの学派の広がりを示したものである。

＊32　ＢＡＣＰの広報担当者に名称の変更について尋ねたところ、精神分析系のメンバーが多いため変更すべきだと、会員ら自身から要求があったとのことだった。名称変更した今、カウンセリングの訓練を経た者でも心理療法家を自称することが可能なのかと尋ねると、「私たちには、彼らが自分の好きなように名乗るのを止める法的な権利はない」とのことだった。カウンセラーの訓練（二年間）は、心理療法家の訓練（最低四年間）よりも必要年数が少ないにもかかわらず、カウンセリングの訓練しか経ていない者が「心理療法家」を自称することは、法的に制限されないのだ。

＊33　リンカーンセンターと英国心理療法家協会について述べている。

＊34　当初はＵＫＳＣＰ（United Kingdom Standing Conference for Psychotherapy）という名称だったが、一九九二年にＵＫＣＰに変更した。

＊35　今日、イギリスではいまだに誰でも個人開業の心理療法家になることができる。というのもまだ専門職が議会からの法的な認定を得ようとしている途中だからだ。それが達成されるまではこの状況は続くだろう。しかし、ＵＫＣＰやＢＰＣのような団体の信頼と知名度は増しており、公的部門での雇用はこれらの団体に所属している者に限られている。そして認定された心理療法家だけが治療機関として登録できるのだが、それでは資格を得ていない実践家が私的にクライエントを集めることを抑止できない。

＊36　このようにしてＵＫＣＰは心理療法の訓練機関や学派を傘下に収める組織となった。現在その監督下にある学派は、分析心理学、認知行動療法、催眠療法、構成主義心理療法、人間性あるいは統合的アプローチの心理療法、力動的心理療法（ここには夫婦療法やセックスセラピー、精神分析的な子どもの心理療法も含まれる）などである。それぞれの学派は多かれ少なかれ複数の訓練組織から構成されている。

＊37　伝統ある訓練機関は自分たちの歴史を誇示しようとする。すぐに確認できる例としては、精神分析インスティテュートのウェブサイトを参照のこと。http://www.psychoanalysis.org.uk（二〇〇四年六月取得）

＊38　メタノイア（Metanoia）やウエストミンスターパストラル財団（West minster Pastoral Foundation）、およびリージェンツ・カレッジ・ロンドン（Regent's College in London）などの訓練機関は、系譜的構造の外部から承認を得ようとする例である。これらはそれぞれ、ミドルセックス大学、サリー大学、シティ大学から協力を得ている。

＊39　慣例を打ち破るこうした精神は、新たな統合的学派の訓練のエートスに具現化されている。これらの学派は、訓練はある一つの学派のみにしぼって教え込まれるべきではないと考えている。つまり、心理療法の神髄は一連の異なる学派のアプローチから、多様な患者の多様なニーズに沿って方針を選ぶことができる臨床家の姿勢に宿っているのだという。

＊40　ある訓練機関の指導者は、インタビューのなかで次のように語っていた。「もともと、フロイトのビジョンの本質は、科学的であり、心理学的な理解の深まりに伴って変化し、発展する点にありました。……しかし多くの訓練機関で教えられているのは、そうした暫定的に受け入れられるべき流動的な知の体系ではなく、教義なのです」（インタビュー 2004）。

＊41　ＢＰＣの傘下には現在一二の訓練機関があるが、それらの多くは、特定の学派を好んで教える傾向にある。例えば、リンカーンセンターはクライン派を重視している。一方、ロンドンセンターはさまざまな力動系の学派の統合を進めようとしている。とはいえ、精神分析インスティテュートのようなフロイト派の分析の訓練では、統合ははっきりと拒絶されている。

＊42　等価パラドックスは、「ドードー鳥仮説」の名で知られている。これは、同じ治療時間を想定したときに、ある心理療法がそれ以外のものよりも優れているというエビデンスはないことを主張するものだ（Luborsky & Luborsky, 1975 を参照）。

＊43　より最近のメタ分析では、等価理論は条件付きだが肯定されているようだ。例えば、ユニバーシティ・カレッジ・ロンドンの心理療法研究チームによって行われたメタ研究では、心理療法の効果を説明する鍵となる要因が特定されている。この研究は、専門家に広く受け入れられている見解、つまり心理療法には効果があるという見解から出発し、なぜ効果があり、何が、誰に作用するのかについて明らかにすることがめざされている。この研究には、数十年の間にアメリカおよびヨーロッパで行われた数百の効果研究のメタ分析が含まれている。心理療法の効果に関する結論としては、理論的オリエンテーションは、治療者の受けた訓練の水準や、患者と良好な治療同盟を築く治療者の能力、治療者の熟練度や個人的資質といった要因よりも、治療の成功を左右する度合いが低かったというものである。ただし、例えばＰＴＳＤのような特定の問題に関しては、認知行動療法といった特定の心理療法がよりよい治療効果を上げているようだった。ロスとフォナギー（Roth & Fonagy, 1996）を参照。

＊44　美容薬理学 cosmetic pharmacology〔訳注：正常だが望ましくない性質の患者を、薬を用いて、正常なより望ましい性質へと変えようとする動き〕についてのさらなる議論については、ショーター（1997, pp.314–325）を参照。

*45　これらの方法は、一九二〇年に設立されたベルリン精神分析インスティテュートの訓練内容から発展したものであり（Falzeder, 2000）、今ではあらゆる精神分析的訓練の基本だとみなされている。

*46　訓練機関の序列と、その機関が求める事前訓練セラピーの週あたりの回数に相関があることから、訓練生に求める時間自体が訓練機関の差異化の手段だといえる。この章の後半で示すように、精神分析共同体がもつ神話は、より深い分析がより優れた臨床家を作ると語る。つまり、より多くの回数のセラピーを求める訓練機関は、自分たちがより優れた臨床家を生み出すと信じているのだ。

*47　この数字は多くの訓練生との非公式のインタビューに基づいている。引用した数字は、無作為に抽出した二〇人のインタビュー協力者が事前訓練セラピーに費やした時間の量から割り出したものである。

*48　これら二つはお決まりの動機である。ほかには、これらほど多くはないが、時間に融通がきいて、高度な知的・実践的要素を含む専門職になりたいという動機もある。また、自分を助けてくれた職業に何らかの恩返しをしたかった、という動機を述べた訓練生も少なくなかった。

*49　精神分析家のクレメリウスは次のように述べている。「国際精神分析協会のなかでオープン・システムを導入している協会は三つだけである。そこでは、訓練分析 training analysis のかわりに個人分析 personal analysis が求められており、当の訓練機関はそれを請け負わない。その三つとは、フランス、カナダ、スイスの精神分析協会である」（Cremerius, 1990, p.124）。これらの協会では、訓練生は、個人分析を終えておくか、かなり進めておかなければ入門が認められない。

*50　「治療の効果」（本質的に生物医学的観点から論じられる）と「治療の成功」（社会科学者が査定するもの）を区別しなければならないという指摘については、シュー（1996 b）を参照。「治療の成功」という考えは、顕著な生物医学的変化がなくとも治療は我々を楽にしうる、という考えに沿うものである（pp.65-66）。

*51　ドゥヴルー（Devereux, 1970）やキエフ（Kiev, 1964）を思い浮かべるとよいだろう。詳しくはリトルウッド（1992, p.51）を参照のこと。

*52　ダウも同様のことを述べている。「精神分析のさまざまな要素［実践の手続き］は、ほかの象徴的な治療においても見受けられる。しかし精神分析が普遍的な治療モデルを提供しているわけではない」（Dow, 1986）。

*53　フランクとフランク（Frank & Frank, 1961）やトーリー（Torrey, 1986）は、さまざまな治療システムから、多くの治療システムを特徴づける根本的な性質を抽出している。これらの要因としてマーマー（Marmor, 1971）が挙げているのは、カタルシスを通じての緊張の緩和、認知刺激を通しての認知的学習、報酬と罰による学習、

治療者との同一化、学習課程での「実践」を通しての現実検討などである（同様のことがZatzick and Johnson, 1997, p.219でも述べられている）。より包括的なリストについては、クラインマン（1991［1988］, pp.115-116）を参照。

＊54　患者は過去と現在の経験を、新たなカテゴリーシステムの観点から再評価・再構成することを学ぶ。そして、患者がひとたび新しいシステムに馴染んだならば、続けて、過去、現在、そしておそらく将来についても、ナラティブを構成するようになる。このナラティブは、病いをどのように乗り切ればよいのかの洞察を含んでいる（Hoshmand, 2001）。

＊55　この短い要約から、これらの人類学的なアイディアが生じてきたもとになった象徴人類学の伝統が分かる。象徴人類学的アプローチは、信念や儀礼行為は社会秩序に関する言明 statements として理解すべきであり、またそれらを意味あるものとして遵守することが、結果として必要な社会的機能を演じるのだと主張している（Leach, 1954, p.14）。デスジャレ（Desjarlais, 1996, p.150）が述べているように、心理療法の治癒に関するこうした理論が強調しているのは、象徴人類学的な考えの後者の機能である。この考えの起源は、ソシュール（Saussure, 1959［1916］）の仕事と、彼の記号についての理解に遡ることができる。ソシュールは、「記号」を二つの要素からなるものだと定義した。シニフィアン（意味するもの）とシニフィエ（意味されるもの）である。シニフィアンとはシニフィエを表象する言葉や図であり、シニフィエとは対象や観念、経験について私たちが抱いている心的イメージである。だから、記号というのはシニフィアンとシニフィエが結びついた結果なのである（いいかえれば、語が心的対象と結びついた結果である）。あらゆるシニフィアンは、無数のシニフィエと結びつくことが可能であるため、記号は複雑で多層的になる。ターナー（1967）はこの思想を発展させるうえで、記号と象徴は区別すべきだと主張している。記号とはシニフィアンとシニフィエの「指標的」な（単純な）関係を述べたものである。つまり、シニフィアンが世界内の対象と結びついているということだ。一方、「象徴」とはシニフィアンと内的な経験との間の「図像的」な（複雑な）関係を意味する。だからターナーは、「我々は記号を通して世界について習熟し、象徴を通して自らに習熟する」と述べる。象徴は、内的経験（シニフィエ）と、音あるいは像（シニフィアン）との結びつきを意味している。そのため、ターナーにとっての象徴の重要な性質は、**それらがつねに深い主観的あるいは情緒的な意味と結びついている**ということだった。

＊56　象徴人類学の理論から心理療法を理解しようとすると、多くの点で、力動的心理療法についてのよくある見方を前提にすることになる。つまり、心理療法とは第一に患者が新たな概念／象徴システムの視点から自己理解

を再構成する、意味論的で分析的な場だという理解だ。この紋切型の理解は、「心理療法」という用語自体にもともと含まれている意味に従うことになってしまう。つまり、ヒントンとクラインマン（1994）が述べているように、「心理療法」という用語は、行動や気分、身体症状の変化よりも心や精神の変化に特権を与えている点で、西洋の自民族中心主義の一部であるのだ。

＊57　心理療法の治癒の主要な要因を構成するものについて、象徴人類学的理解から袂を分かつうえで、私は最終的には、象徴人類学が明らかにしてきたもの以外の治癒の側面を強調してきた人類学者の学派に従うことにする。例えばカッツ（Katz, 1982）の研究では、クン族の儀礼的踊りは、キア（彼らの精神状態）が変化し始めた程度に応じて、クン（治療者の霊的エネルギー）を増幅する。キアによって、直接それを経験した者だけでなく、その周囲の者も癒やされる。こうして、患者の症状を除去したり、患者を助け保護する力を喚起したり、患者のなかのバランスを整えたりすることで、また共同体の団結を脅かす緊張を緩和したりすることで、儀礼による癒やしが起こる（1982, p.34）。儀礼は、その社会全体を神々の神聖なエネルギーと再度つなげることで再活性化するのだ。一方、シュー（1999）は、「個人間の相互作用」について研究している。彼女は、現代の中国医療における多くの儀礼的性質を強調している。そのなかの二つに、秘密と呪文の力がある。秘密の雰囲気をまとうことで、治療者には神秘的な要素が加わり、個人的資質の価値が高まる。その治療者のスタンスが治療を促進する（p. 56）。また儀礼においては、呪文を正確に発することで、その呪文が変化を引き起こす力へと変換される。治療者の力を正当化するように知識を用いたり、部分的に知識を伝えて支配したりするのではなく、こっそりと伝えられ、呪文の治療的な力を批判する可能性が排除された場合に、呪文と秘密の結合が生じる（p. 51）。秘密と呪文は、結合して機能することで治療を成功させるのだ。デスジャレは次のように述べている。「主知主義や象徴人類学は、宗教儀式の構造的論理を説明するのに有用だが、ヨルモのシャーマンの治療機序を説明するうえでは、どちらもそれほど使えない」（Desjarlais, 1996, p.49）。つまり、ヨルモの治療の成功については、象徴人類学的にも主知主義的にもその理論だけでは説明できないのだ。例えばヨルモのシャーマンは、象徴を列挙したり認知の変化を起こそうとしたりするよりも、患者の感覚的な経験を喚起することをより重要な手段としているのだ。つまり、シャーマンはその人を取り巻く感覚刺激を変化させることで、その人の感じ方に変化を起こしているのだ。写像的な詩や、触れること、触覚的イメージ、音楽、味など、多様な劇的媒体の豊かな刺激を用いることで、シャーマンは患者の感覚と想像力に新たに活力を与え、「目覚めさせる」。それが、「その人の大きな構成要素である認知や知覚の機能を改善する」ことを促進す

るのである（p. 160）。ここに挙げた、治療の宗教的／儀礼的側面を強調する理論は、治療の作用機序について象徴人類学とは異なった理解を提供するもののほんの一部である。私は心理療法の治癒を研究するうえで、ランベックとアンツェ（Lambek & Antze, 2004）、ラダーマン（Laderman, 1986）、シャルマ（Sharma, 1996）などを引用する。

＊58　この記述は、私の種々の観察と、訓練に参加した者としての経験、また心理療法のフィールドでの広範なインタビューをもとにしており、訓練で教えられるようなセッションの「理想的なアウトライン」を提供するものだ。ルイス（Lewis, G.）は、個別の治療儀礼を解釈することを通して「理念型」を明らかにしようとする際、特異なケースを典型例とみなしてしまわないように、一般原則に照らしながら個別のケースを検討することが必要だとし、次のように述べている。「強迫神経症の男性は、私的な儀式を通して恐怖を表現する。我々は、彼の儀式はこうした恐怖の表現なのだと理解するようになる。このように理解すれば、行為を行う彼の人格や経験について知ることができるが、彼が生きている社会についてはほとんど知ることはできない」（Lewis, 1980, p.22）。いいかえれば、ある共同体の「治療」的行為を規定する原則や、治療の専門職集団において広く教育され、実践されている原則を検討することで、共同体の好みや治療対象について知ることができる。つまり、典型例ではない特異な実践ではなく、共同体において望まれている実践の形式について知ることができるのだ。しかし、個別のセッションではなく理念型について記述するとはいえ、実践の要点を描写するための例は、現実の実践をもとにしている。それゆえ、私がいう「理念型」はウェーバーのいう意味ではなく、理想として志向される実践を規定するという意味であり、訓練機関において入門者が模倣すべき原型として掲げられている種類のものである。提示例の妥当性については、多くの力動的臨床家にチェックを受けているので、私がここで提示する解釈は、私の独断ではなく、相互に合意されたものである。

＊59　治療の枠に関する精神分析的理解を包括的に紹介するものとしては、グレイ（Gray, 1994）を参照のこと。

＊60　「行動化」を簡潔にまとめたものとしては、ライクロフト（Rycroft, 1995［1968］, p.1）を参照。

＊61　実際的な理由から説明される時間の逸脱（例えばバスの遅れ）も、表面的な意味で受け取るべきではないと分析家は言っていた。これは患者が分析家を欺いているということではなく、彼らの無意識が意識的な意図を妨害したということである。

＊62　調査したある訓練機関では、治療促進的なセッティングの権威とみなされていたのはストー（Storr, A.）である。面接室に外的な騒音が入らないようにすることに関しては、ストー（1979, p.4）を参照のこと。

＊63　第1章で述べたように、イギリスの精神医学領域で

は、認知行動療法のような非力動的心理療法が選ばれるようになっており、個人開業はこれまで以上に力動的心理療法家の領域となっている。

＊64　ストーはさらにこうも述べている。「もし治療者の本棚が信仰に関する書物であふれ、壁には十字架がかかっていたならば、彼が不可知論者やプロテスタントの患者を引き受けるようには思えない」（Storr, 1979, p.3）。過敏な患者なら、宗教的な話題の際、治療者を不快にさせないようにと控えめになることもあるだろう。

＊65　患者が愛着を形成するのは、治療者の人柄に対してではなく（というのも治療者の人柄を実際に知ることはほとんどない）、治療者から提供される帰属感や関心に対してだから、「患者が必要とするもの」（つまり幼少期に得られなかった世話と関心）の獲得を妨げないことは重要である。愛着の包括的な精神分析的議論についてはボウルビィ（Bowlby, 1969）を参照。

＊66　こうした分離をブレガー（Bleger, 1967, p.245）は「脱共生化 symbiotization」と呼んでいる。このプロセスを経て、患者は親子の転移関係から、より共生的でなく独立した成人の態度へと進んでいく。

＊67　例えばゲシュタルト療法においては、物品の使用は治療の過程に不可欠だと考えられている。患者は物品を使って感情を表現するように言われ、表現の意味は、ちょうど治療者が夢のイメージを分析するのと同じように分析される。

＊68　ライクロフト（1995［1968］, pp.185-186）を参照。

＊69　「分析的」心理療法家と「対人関係的」心理療法家の違いに関しては、補遺一を参照のこと〔翻訳に際し割愛〕。

＊70　フロイト（1915a）による（Rycroft, 1995［1968］, p.1）。

＊71　人間性心理療法家であり実存的心理療法家でもあるヤーロム（Yalom, 2001）は、「健康促進的」な自己開示と「非生産的」な自己開示の違いについて記述している。より詳細な議論は、同書第二六章を参照のこと。

＊72　この移行期にイギリスでおそらく最も称揚された分析家であろうクライン（Klein, 1952）は、これらの概念を、「逆転移」と「投影同一化」の差異へと組み入れた。この差異を理解するためには、少し脇道に逸れるが、彼女の仕事について述べておく必要がある。妄想分裂ポジションの理解に基づき、乳児は極度の孤独と不安に対処するために防衛機制を用いているのだとクラインは述べている。乳児は、こうした感情を全体として経験するのではなく、心に内的な「分裂」を創り出すことによって、意識することがないように分離する。「良いものから悪いものを分離する」この分裂という防衛は、結果として乳児の現実の知覚に影響を与える。乳児は「外的世界」を「内的世界」として経験し、外的世界を良い部分対象と悪い部分対象とに分けるのである。そして悪い対象は、自分に属しているのが耐えがたいので、攻撃され投

影される。クラインにとって投影同一化は、この妄想分裂ポジションの症状なのである。妄想分裂ポジションでは、自分の感情の激しい排出が意識から分離される。これらの感情は信用している他者に投影され、彼らのなかに、まさにその分裂し否認された感情が誘発されるのである（Klein, 1952）。クラインは投影同一化という現象をシゾイドの患者にのみ見出していたが、のちにはシゾイドであろうとなかろうと、あらゆる患者のなかにある程度見出されるものだと考えられるようになった。このように、投影同一化という彼女の概念は、「分析的」（転移のみをアセスメントする）極から「相互関係的」（逆転移もアセスメントする）極への移行を促進するという点で、現代の力動的実践に多大な影響を与えることになった。治療者は、自分自身の反応を、患者の主観性の表現として説明することができるようになったのだ（Casement, 1985）。

＊73　儀礼の場と家族療法の類似はこれまでいわれてきたが、ここで述べたような二者関係の場と比較されることは一般的ではない（Roberts, 2003［1988］; Whiting, 2003［1988］を参照）。

＊74　治療の場での治療者の語りは、強い情緒をコンテインするものである。このことのポピュラーだが明確な例が、映画 "*Truly, Madly, Deeply*" に見出される。劇中では、最近夫を亡くし深く苦しんでいる女性患者が、強い悲しみを表現する。彼女は絶望の極致にある一方で、治療者は落ち着いた態度を保ち、患者の深い絶望と釣り合いをとっている。

＊75　アリストテレス『形而上学』、R・ホープ訳（1952）。フロムら（1960, p.101）より引用。

＊76　「具象 embodiment」と「表象 representation」の関係における、自然主義的思考と人格主義的思考の差異についてのさらなる議論は、リトルウッドとディーン（Littlewood & Dien, 2000, pp.30-149）を参照。

＊77　フロイトとブロイアー（1895）の『ヒステリー研究』では、最初に考案されていた用語は "psychical analysis" だった。続く一九八六年三月に、"psychoanalysis"（精神分析）" という用語が初めて用いられたのである（Ferris, 1997, p.26）。

＊78　フロイトの決定論や因果論、自由意志論や、それらと当時の科学的思考との関係についてはジョーンズ（1953）の一巻一七章を参照。

＊79　第6章でより詳細に検討するが、フロイトの機械論は彼の生涯を通じて維持された一方、神経症の決定的な原因とみなされたものは変化した。例えば、早期のブロイアーとの仕事（1985）においては、神経症の第一の原因を幼児期の誘惑と外傷だと仮定していた。しかしのちの理論では、幼児性欲が過度に満足させられたり逆に満足させられなかったりすることが第一の原因だとされている（Freud, 1905）。ウィニコットやクライン、ガントリップ、ボウルビィといった、フロイトと同時代かのち

の世代の力動系の理論家は、神経症の主要な要因を別の幼少期の経験に位置づけなおしていたが、こうした原因論のシフトにもかかわらず、彼らはフロイトと同様に「自我は自分自身の家の主人ではない」(Freud, 1968 [1917], p.143) という重要な思想を信じていた。

＊80　キャンベルら (Campbell et al., 1970, pp.511-512) に引用されている。

＊81　例として、バース (Bass, 1985) やラッドニーツスキー (Rudnytsky, 1985) を参照。

＊82　ラーマンは精神医療のエスノグラフィーで、次のように但し書きを入れている。「治療者は、「なぜ」というのは本質的に知りえないことだと考えている。というのも、人の心には隠された側面がさまざまにあり、またそれを観察する者にも、無意識的な意図によって観察に歪みが生じるためだ。しかし分析家は、すべてを知ることはできないにしてもそれまでより多くを知ることはできるようになるとも考えている。したがって、自らの心を知ろうとする誠実さと、知ることを助けるという方法での他者の援助を重視するのが、精神分析のエートスである。精神科医にとって真に重要なものが「知識 knowledge」であるならば、精神分析家にとっては、それは「知るようになること coming to know」である」(Luhrmann, 2001, p.182)。

＊83　痛みの程度と疾患や怪我の重症度の相関は患者の主観によって歪められている。そのため、医者は基本的にこの指標のみに頼って診断することはなく、より「客観的」な測定基準が重視されるのである。つまり私がいいたいことは、医者は病いの性質を見極めるうえで、ほかのさまざまなバロメーターの一つとしてこの指標を用いる可能性があるということだ。

＊84　ポーターによる痛み pain に関する医療的理解の歴史を参照 (Porter & Hinnels, 1999)。

＊85　痛みに対する「古典」的態度と「近代」的態度を比較したポーターは、いかに近代の医者にとって「痛みの除去」が重要になっているか述べている。「痛みの除去を求める大衆の声に対して、医療専門職が以前よりも敏感になっていることは否定しようがない。これまでも痛みを和らげるために鎮痛剤や麻酔薬は使われてきたが、古典的な医者にとっては、痛みの除去は治療の中核的方針ではなかった」(Porter & Hinnels, 1999, p.375)。

＊86　マレー人の誕生の呪文についてのラダーマンの研究は、目下の疑問に答えようとするものだ。「もし患者が、神話の詳細についての理解をまったく持ち合わせていないとしたら、生理学的なプロセスの変化など起こりようがない」(Laderman, 1986, p.293)。

＊87　例えば、治療者は (決して自己開示しないなど) 転移を誘発するような仕方で振る舞う一方で、そうした振る舞いがどうして必要なのか患者に説明することはほとんどなく、まして、この臨床的行為の理由となる概念について説明したりすることもない。治療者の振る舞いに

ついて患者から説明を求められたときでも、このことを遵守せねばならない理由を、精神分析系のスーパーヴァイザーに聞くと、次のような回答を得た。「患者に説明することはありません。患者は不安を感じており、私の振る舞いの理由（例えば自己開示しない理由）が分からないことがつらいのだと理解しますが、それでも、私がすることには合理的な理由があるから私を信頼するように、と伝えるでしょう。このことを伝えるときに、最初にこんなふうに言うかもしれません。そのように聞くということは、どうもこの治療に不安を感じているようですね。この作業を私と一緒にやっていくことに信頼が置けないのではないかと思います、と。究極的には、メタ分析を避けることは、教師ではなく治療者にとどまることなのです……ひとたび教える側に立ってしまうと、たやすくそこにとらわれてしまいます。患者からの質問に一つ答えてしまうと、結局、さらに質問がなされるだけなのです」（スーパーヴァイザー 2005）。

＊88　本来これらは相互に排反である必要はない。デカルト的二元論を否定するならばなおさらである。

＊89　これは英国心理療法家協会の理論セミナーのプログラムの要約版である。モーガン＝ジョーンズとエイブラム（2001, p.89）を参照。

＊90　エヴァンズ＝プリチャード（1956, p.304）も、ヌアー族について分析する際、司祭と預言者の区別を用いている。彼は、司祭の権威はその職に由来するのに対し、預言者の権威は、個人的資質とカリスマに由来するとしていた。

＊91　モリス（Morris, B.）はバイデルマン（Beidelman, 1971）をパラフレーズしながら、預言者はしばしば、より安定的な権威を作り上げることで自らのカリスマを常態化しようとするが、エヴァンズ＝プリチャードはこの点についてもその逆についても理解していないと指摘している。モリス（1996［1987］, p.201）を参照。

＊92　実際、彼はさらに進めてこういっている。すなわち、役割を演じることで差異と対立を通してアイデンティティを得るというだけでなく、我々の自己というものは我々が演じるさまざまな役割の合成物でしかありえない、と。

＊93　ニーダムは、論争を巻き起こした『構造と情緒』において、類似関係を強調するような因果関係的な問いを拒絶している。片方の利益というものは、もう一方の有機体の原因にもモデルにもならないのだ（Needham, 1962, p.xxvi）。

＊94　しかし、心理療法は決して完遂しない。ほとんど終わりがないものなのだ。治療者との接触は、治療が終わったあとも維持される。クラインマンとサン（Kleinman & Sung, 1979）によって報告された台湾の土着の治療と同様、クライエントは治療者と非公式の「非臨床的」な仕方でつながりを保つのである。また同様に、心理療法家はしばしば「フォローアップ」のセッションを

行う可能性を保持したままにしておく。このフォローアップは、個人分析が終わったあとも数年間にわたって散発的に続くことがある。まさにそのような例を第8章で提示する。

＊95　アーロウは、精神分析的心理療法の訓練機関で、一部の指導者が差異化のための装置としていかに「秘密」用いてきたかについて、キルスナーにコメントするなかで、こういっている。「存在existenceの真の本質を知るための道はあるが、それはきわめて特別な者のみが、通常、極限の敬虔さと学識によってみることのできるもの、という感覚がある。併せて、秘密の知を所有することで特別な素質があるという感覚も生じる。それは一般人には分け与えられない類のものである。この秘密の知の権威は、ある代から次の代へと伝達される。この素材は、モーセにまでさかのぼることができる」（Kirsner, 2000, p.32）。

＊96　カーンバーグ（1996）は、多くの指導者が、生徒がフロイトを完璧に読み込むまでは（そして精神分析の経験と知識を十分に得るまでは）、フロイトの思想に対するいかなる批判的分析も、紹介を先延ばしにされるべきだと伝えられたことを記している。ここには、個人分析を十分な時間受けるまでは精神分析的な概念を明確に評価することはできないという想定がある。分析がとにもかくにも終わるまでは、訓練生の知覚は未完成のままなのだ。

＊97　そして、中国伝統医学とは違って、そうした秘密の知の初心者への伝達は、直接的にではなく間接的に否定されている。つまり、パーソンフッドがどのようにして得られるのかに関する信念の結果として、否定されているのである。

＊98　別の精神分析家は、自身の系譜についてこう言っていた。自分の分析家は「フェレンツィに分析を受けていて、彼を理想化していました。彼の面接室にはフェレンツィの胸像が、フロイトの像とともに置いてありました。笑ってしまうでしょう。これは最も原始的な種類のファミリー・ロマンスです。私の両親は貴族で、だから私は王族の子孫なのだ、という類のものです。自らの系譜が高貴だという、このような子どもじみた空想を抱いている人が、精神分析の内外にこんなに多くいるということは、驚きではないですか」（Malcom, 2004［1983］, p.50）。

＊99　シューはこのことを明言はしていないが、パーソナルな知をウェーバーのいう意味での伝統的権威になぞらえるときに、暗にほのめかしている。

＊100　経験がより深いほど知も深くなるという相関関係が想定されていることは、系譜的構造内の学派間の地位の不均衡にも反映されている（第1章で示したとおりである）。訓練生と指導者の間のヒエラルキー関係が、心理療法共同体の社会構造にも拡大しているのである。つまり、より深い経験という徳によって指導者が優れた

地位を得るのと同様に、訓練生に「より深く経験すること」（例えば週に五回のセッション）を求め、「輝かしい血統」を主張できるような訓練機関は、系譜的構造において自分たちが高い地位にふさわしいと信じているのだ。そうした訓練機関の卒業生は、エリート機関にとどめおかれ、より徹底した教育を受けることになるので、原理的に訓練機関の高い地位に値するようになるのだ。それらはコミュニティの階層構造の根拠として当然のものとみなされており、心理療法家たちは、いかにこの面接室での信念が心理療法機関の内外での関係を特徴づけているかについては、ほとんど注意を払っていない。

＊101　しかし、ＵＫＣＰの比較的新しい二つの力動的訓練機関では、社会的な観点が強調されている。リトルウッドらによって設立されたNafsiyat Intercultural Therapy Centreと、ドロン（Doron, G.）医師によって一九七六年に設立されたInstitute of Psychotherapy and Social Studiesがそうである。また、これらよりは控えめだが、もう二つのＵＫＣＰの訓練機関も社会的な観点を強調している。一九九七年設立のThe Site for Contemporary Psychoanalysisと、一九六五年にレインとエスターソンによって設立されたPhiladelphia Associationである。しかし、これらはいずれもＢＰＣのメンバーではない。

＊102　ゴーラーは、ここで言及している人類学者については明らかにはしていないが、ゴーラーの執筆当時において、自ら心理療法を受けたことで知られる人類学者には、ジョルジュ・ドゥブリュー、エドムンド・リーチ、マックス・グルックマンらがいる。リーチとグルックマンは別のときにも、「個人差」の影響を抑えるためにフィールドワーク前に分析を受けるよう、生徒に向けて強調している（Heald & Deluz, 1994）。

＊103　この「標準化された知」というものが最終的に意味するのは、心理療法の思想の「相対性」が考慮されていないということである。相対主義は、あらゆるシステムはその他のものと等しく優れているという見方をする。つまり、システムの真理は存在論的リアリティに合致しているわけではなく、単に当該のコミュニティにおいて正しいと認識されているに過ぎないという見方である。一部の評論家や徐々に増えつつある創造的な臨床家は、心理療法は科学的というよりむしろ解釈的な試みに近いと主張するようになってきている（Holmes, 1999; Hillman, 1983）。このことが示唆するのは、治療者は患者の苦悩の真の原因や、将来に本当に役立つ選択を発見するのではなく、ただナラティブを構成することで、心を整え、自己確実感の揺るぎない地盤となる治癒の幻想を提供するということだ（Frosh, 1999 [1987], pp.54-57）。こうした臨床家は、人間の主観性は「言語ゲーム」の網を通過し、言語の秩序によってかたち作られた語りによって構成されていると主張するだろう（p. 257）。心理療法の目的を最小化する相対主義的なスタンスは、力

動的心理療法の理解としてはセミナーでは教えられない。その理由は、単に、相対主義的な見方をする治療者が、精神分析のプロジェクトに与せず、真理へアクセスする特権のないその他多くの治療システムと精神分析を同列に数えるような治療者に多いからというだけではない。より重要な理由は、相対主義がシステムの中核部分に関する訓練生の疑念を招くためだ。それは、のちほど示すように、訓練機関としては受け入れがたいものなのだ。

＊１０４　四三歳の女性の訓練生の言葉に、このことが示されている。「セミナーで教えられることの多くは、自分にとって驚きでした。ここに来る前、私は長い期間分析を受けていましたし（週五日のクライン派の分析を四年間）、分析を通して自分自身について多くのことを学びました。けれどもなお、私の分析家のセッションでの振る舞いや介入についてよく分からないことがしばしばありました。……訓練の進展に伴い、理論についての知識が増えただけなのですが、徐々に私は、分析家の行為をひもとくためのコードをもっていることに気づいたのです。驚くべきことに、セミナーでの学習によって、私の分析家の行為の理由が明らかになったのです。理論について少し学ぶと、突如「なるほど、彼女が何を意図していたのか、どうしてそうしたのか今なら分かるわ」となることは、とてもエキサイティングでした。分析家の行為について理解していくことは今も続いています。分析の間に何が起こっていたのかをもう一度評価することを通して、二度目の分析を受けているようです」（インタビュー 2004）。

＊１０５　第2章でみたように、治療の成功を象徴人類学的に理解できるのはこの段階に至ってである。心理療法的想像力が象徴的・概念的な装いをまとうのが訓練のこの段階だからだ。

＊１０６　実際は、これは訓練期間を通して続くことになる。訓練生は卒業まで個人セラピーを継続するからだ。

＊１０７　精神分析家のフェレンツィが以下に述べていることのなかに、治療の失敗に対する精神分析的な態度が要約されている。「私は深層心理学の有効性を信じすぎていて、時折起こる治療の失敗を、患者が「治療不能 incurability」だからと考えるよりも、自分の治療技術の欠陥ゆえだと考えていた。こうした考えは必然的に、通常の技法では十分に対処できないことが分かっている深刻なケースにおいて、技法を変更する方向に私を導いた」（Malcom, 2004［1983］, p.132 からの引用）。

＊１０８　国際精神分析協会やＢＰＣに加入しようとした訓練機関（リンカーンセンターや英国心理療法家協会など）は、それらとの協力関係を強調し、それらに比べ見劣りのするＵＫＣＰから分離していくことをほのめかした。

＊１０９　余談ではあるが、このジョンの「異議」の事例は、精神分析的思想の正当性に懐疑的な訓練生を審査す

るうえでの事前訓練セラピーの有効性を示す好例でもある。この点については第2章で述べたとおりである。
＊110　ヴァレンタイン（1996, pp.174-181）を参照。
＊111　「乱暴な分析」についてのヴァレンタインの記述を引用しておこう。「ラプランシュとポンタリスの『精神分析用語辞典』では、「乱暴な分析」を次のように要約している。それは無知だったり経験が乏しかったりする臨床家による分析に限定されない。それは、「患者を超越した知識 superior knowledge」をひけらかすことで権力を正当化するような分析家の態度に基づくものであり、一種の強制的な分析で、万能感を得るためのものだ」（Valentine, 1996, p.182）。
＊112　この情報は、二〇〇四年にヤングと個人的にやりとりした際に得られたものである。
＊113　刊行されたものとしてはヤング（1996b, p.5）を参照。
＊114　これはヤングとの二〇〇四年の個人的なやりとりのなかで、彼から教えてもらったことである。
＊115　マーガレットはインタビューのなかで「訓練機関を卒業するまで、自分の関心を世に問うのを待ちました。卒業前にそうすることは危険だと思ったのです」と話していた。一方、ロバートは「私が抗議したことへの罰は、実質的には続いています。卒業以来、私の訓練機関からクライエントを紹介されたことは一度もありません」と話していた。
＊116　フロイトは精神分析の誕生を、従来の思想に対する大いなる異議申し立てにたとえている。「夢は古典古代にあっては、未来を告知するものとして重んじられていた。だが近代科学は、夢と取り組もうとはしなかった。夢は、迷信扱いされるか、たんなる「身体的」な活動、つまりふだんは休眠している心の生活におきる一種の痙攣として説明された。……しかし、夢に向けられたこうした非難弾劾をものともせず、……これまでとは違った結論にたどりついた」（Freud, 1925, p.43）。彼はその後に経験した追放についても語っている。「今度は喝采を博したけれども、それ以上はなんの反響もなかった。大権威たちが私の新発見に否定的であったようだという印象は、もはや覆らなかったのである。……どうやら私は野党的立場に押し込められたのだ。その後まもなく脳解剖学研究室から閉め出された」（Freud, 1925, pp.15-16）。彼はこう続けている。「ブロイアーと決別してから十年以上にわたって、私にはひとりの支持者もなかった。私はまったく孤立していたのである。ウィーンではみな私を避けていたし、国外でも私を知る人はなかった」（Freud, 1925, p.48）。そして最終的にはこう述べている。「私に対して嫌悪を交えた拒絶という反応を示した最初の人間がブロイアーであった。こうした反応に私は後には慣れてしまうのだが、その時はまだ、それが自分の避けがたい運命だとは認識していなかった」（Freud, 1914, p.12）。

＊117　この訓練機関は、アメリカの人類学の「文化とパーソナリティ学派」の主要メンバーと強い結びつきがあった。例えば、一九四一～四二年にかけての冬、毎月の研修会に招待された講演者のリストは印象的で、ミード（Mead, M.）、アレクサンダー（Alexander, F.）、ベネディクト（Benedict, R.）、カーディナー（Kardiner, A.）、レヴィ（Levy, D.）らがいる（Quinn, 1987, p.354）。

＊118　「異端」とされるラカンのセミナーには、最も尊敬を集めるフランスの知識人が多く出席しており、彼らに影響を与えた。サルトル（Sartre, J-P.）、ボーヴォワール（de Beauvoir, S.）、デリダ（Derida, J.）、レヴィ＝ストロース（Levi-Strauss, C.）、メルロ＝ポンティ（Merleau-Ponty, M.）、バルト（Barthes, R.）、アルチュセール（Althusser, L.）、クリステヴァ（Kristeva, J.）、イリガライ（Irigaray, L.）らである。詳しくはグロス（Grosz, 1990）を参照のこと。

＊119　その章において、シュテーケルやアドラーといった批判者に対しジョーンズが感情的に反論していることは、彼が異議を病理だとみなしていることを裏づけている。彼はアドラーについて、こういっている。「私自身はアドラーについては、気難しい、意地の悪い人間であり、その挙動は闘争好きとすねた態度の間をゆれうごいているという印象をもった。彼は明らかに非常に野心的で、自分の考えのどこが独創的な点かということについてたえず他と争っていた」（p. 147）。そして、「フロイトを専制的で、起こったことに不寛容だと非難したこと［つまり、アドラーがフロイトの思想を受け入れるのに抵抗があり、結果排除されてしまったことへの非難］の背景には、**しっかりと受け止めてもらいたいという動機があることはあまりにも明白である**」（p. 150強調筆者）。シュテーケルについてはこう述べている。「シュテーケルは、批判能力を全く持ち合わせていない。そして、彼が同僚との共同作業にはどうしても課せられるある程度の規律から一度手を切ってしまうと、彼の直観はでたらめな憶測になるのであった」（p. 152）。さらに「しかしながら、シュテーケルには、人格に深刻な欠陥があって、そのため彼はアカデミックな領域での仕事に適さなかった。彼には科学的な誠実さが全く無かったのだ。そのため、彼の治療経験の報告を信用するものは誰もいなかった。例えば、その日のトピックがどんなものであろうと、「ちょうどこの水曜日にこういう患者と会った」と言って議論を始めるのが彼の習慣だった。そのため、シュテーケルの「水曜日の患者」というのが諺のようになったほどだ」（p. 153）。「シュテーケルが、厳粛な雑誌の編者として適切でないということ、また、フロイトの文学的で科学的に誠実な仕事を極端に退屈なものにしてしまいかねない人物だということは十分明らかだろう」（p. 154）。

＊120　英国心理療法家協会はユング派の訓練を一九六三年にシラバスに導入した。この訓練は一九八二年に国際

分析心理学協会から認定を受けている（Abram & Morgan-Jones, 2001, p.87）。ほかにBPCの訓練機関でユング派をカリキュラムに再統合したものとしては、一九七三年に設立されたロンドン心理療法センター（London Centre for Psychotherapy）がある。

＊121　ウェブスター（Webster, 1995）やフェリス（Ferris, 1997）による伝記を参照のこと。

＊122　フロム（Fromm, 1959）は、フロイトの性格を心理学的に分析した著書『フロイトの使命』のなかで、これらの要因について雄弁に語っている。

＊123　*Standard Edition of Complete Works of Sigmund Freud*, Vol. 20, p.34 参照。

＊124　例えば、一九八六年にラッセル（Russell, D.）によって行われた有名な調査では、おおよそ三八％の女性が、一八歳以下の性的虐待を経験しているという。彼女の「性的虐待」の定義は、「親戚間で生ずるあらゆる搾取的な性的接触」（p. 145）とされる。そこには、アメリカの数字が示されている。

＊125　フロイトの家父長制への考えは、記録によく残っている。ウェブスター（Webster, 1995）やギャロップ（Gallop, 1985）を紹介しておく。

＊126　この一連のスーパーヴィジョンは二〇〇五年の初めに行われた。

＊127　ジョンソン（Johnson, 1994, pp.21-54）の「性格の諸スタイル」参照。「回避性」および「シゾイド」パーソナリティについて詳細に論じられている。

＊128　この仮説は、この回の逐語録ではほのめかされているだけだが（スーパーヴィジョン内では、「アーリヤの」というよりも、より一般的なマゾヒズムについて語られている）、そのセッション後に話したところでは、彼がアーリヤの服従的でマゾヒスティックな傾向を探求することが一番の重要事だと感じたことは明白だった。この確信は、のちのスーパーヴィジョンで、訓練生たちによってより明確にされ、受け入れられたのである。

＊129　関係性を「探る」ことは、精神分析的心理療法では重要な診断手段である。このケーススタディで、二つの診断的装置が働いていることに気がついた。一方は患者の資質を通じて推測すること、もう一方は彼女の対人関係スタイルを通しての推測である。

＊130　リヴァーズ（1924）は、おそらく信念と介入のさまざまな関連（原因論が臨床的介入を説明すること）について論じた最初の人物であろう。リヴァーズは、初めは実践に理論が先立つことを強調していた（行為者を理解するためには、まず認識者をみなければならない）。そしてさらには両者の間に連続性が保たれないことを嘆いていた。

＊131　ブラクスターは以下のようにいっている。「しかしながら医学的な理論と実践は必ずしもイコールではない。理論は心理社会的な部分をカバーするが、実践は通常、身体的な介入により病巣を治療することに基礎を

置いている」(Blaxter, 1979, p.160)。シューもまた、伝統的な中国医学と生物医学を比較してこう記している。「生物医学では原因となる作用体は、しばしば微生物あるいは進行性の生物学的プロセスである。伝統的中国医学は温冷、魂の喪失、堕落した行動のようなさまざまな作用体を見出し、それらは社会的、宗教的、倫理的、政治的、生態学上の環境に直結している」(Hsu, 2004, p.8)。

＊132　民俗学の記録は、この複数指向型のアプローチが広がる様を示している。ターナーのンデンブ族の医師の研究には以下のようにある。「医師たちは、ときに儀式的な厄除け(悪い魂を消し去るためのもの)と抱き合わせながら、共同体の緊張の起源を確かめるような入念な集団儀礼を行う。体内で治療と鎮静効果のあるハーブや薬を用いるのと同様である」(Turner, 1967)。

＊133　介入が方向づけられ定義されるさまざまな「領域」について記すことは重要である。例えば「身体」というカテゴリー(あるいはそれらのカテゴリーが属する分類体系)が汎用的に適用できるとは思えない。このように、いかなる体系も、我々にとって未知のものを馴染みあるものに変えてくれるテキストを翻訳したり、(あるいはエヴァンズ＝プリチャードの言葉を借りれば)執筆したりするのを促進するために用いられている。さまざまな現象学的領域が、ロックとシェパー＝ヒューズ(Lock & Scheper-Hughes, 1996)の分類――身体／心／社会――と一致している。変更点として一点だけ、メタフィジカルの領域を加えたい。

＊134　シュー(2004)の論文 Other medicines: Which wisdom do they challenge? を参照のこと。紀元前二世紀の中国の文献では、「シンクロニシティ」の考え方はすでに確立した病因によらない診断を暗に示している。このように、病因についての生物学的な見方が普遍的であると決めてかかることで、アプリオリにというよりも、作られた西洋の生物医学的イデオロギーが生きながらえているのである。

＊135　あるいは以下のシューの病因論研究にあるように、病因論を分類基準ではなく、分類手段とみなせば、外在因／内在因という概念体系は存在しないことになる。

＊136　内在因的な単一指向型アプローチの一例は、生物医学である。生物医学は、一つの内的対象、つまり身体への介入を導く。外在因的な単一指向型アプローチは、一つの外的対象(魔女や対人関係)への介入を導く。外在因的な複数指向型アプローチは、複数の外的対象(魔法使い、共同体儀礼、霊)への介入を導く。内在因的で複数指向型のアプローチは、多くの内的対象(身体、心など)への介入を導く。最後に、複数指向型で外在因／内在因的なアプローチは、さまざまな対象への介入を導く。つまり、薬やハーブを通じて身体に介入したり、集団儀礼や祈祷を行ったりするのである。そうして、厳

密な「外在因／内在因」という二分法が定義づけられる。

＊137　例えば、コマロフ（1985）の研究によると、シオニストのボディヒーリングは、圧政による社会的要請を緩和するための隠れた試みだった。クラインマン（1980）の研究は、文化大革命の余波のなかで蔓延していた「心理学的」苦悩の起源を明らかにした。そしてシャープ（1993）はついに、マダガスカルのトロンバ（霊）による憑依を、アノミーの発展と関連づけた。

＊138　例えば、明らかに組織損傷や過度のトラウマがほのめかされている。

＊139　主流派の精神分析的心理療法家は、次第にDSM-Ⅳを基盤とする診断基準に従うようになっており、そこでは伝統的な苦悩の社会学的理解は考慮されていない。

＊140　例えば、フィールドワークの途中で、「この患者に心理療法は適用だろうか」という問いをほとんど耳にしなかった。概してほかの問いのほうが好まれていた。「この患者はソーシャルワーカー（あるいは精神科医やパストラルケアのワーカー）にも会う必要があるだろうか」である。それらの支援職は、別の選択肢ではなく心理療法を補助するものとみなされていた。多くのケースで、心理療法適用の妥当性は前提となっているのである。

＊141　キャッセル（Cassel, 1987, pp.242-243）に引用されている。

＊142　このような視野の狭窄は、合理性の名のもとに「正当化」される。効果的な治療に必要とされる安心感と技量を臨床家に与えるような正当化である（Kleinman, 1988, p.160）。

＊143　もしもそのようなつながりがあるとするのであれば、それらの臨床実践が行われている社会システムについてのほかの問いを惹起することになる。理論と実践を社会的闘争に結びつけるブルデュー（1998）に従うならば、我々は以下のように問うことができる。確からしさやほかの類の教義的実践はどの程度、経済的盲目という社会的・歴史的要因に対する社会的な反応であるのだろうか。それは、希少な資源を独占しようとする学派の利益に結びつく。もし、心理療法家が情緒的苦悩を抱えた人に対してなにがしかのことができるという信念を広く植えつけることができるとするならば、それらの信念を生み出す彼らの病因論は心理療法市場を支えるような経済的・政治的なものとなっているだろう。

＊144　否定的な評価への不安は、遠回しに表現される。さらなるサインは、漠然としたストレスであり、ときに身体的に現れる。多くの女性訓練生は、「胃の不快感」や、訓練機関に行く前に胸がざわついた体験を訴えていた。またある人々は、トレーニングの週末前やワークショップ前に「眠れなくなった」と話しており、ほかにも神経質になったという訴えがあった。男性の訓練生は、これらの身体反応の訴えは少ないが、「ナーバスに

なった」とか「怖い」と感じたという経験があったことは認めている。

＊145　最後に、イントロダクションに記したとおり、ガスターソン（1996, pp.157-164）は、若手の専門家は熟練の感覚を育てることによって、次第に自らの職業に対して抱いている道徳心を克服することを示している。このことは、なぜ、かつては核軍備競争に反対し政治的にリベラルであった若手科学者が、トレーニングコースを終えると、熱心な核兵器研究者になっているかということを部分的には説明する。熟練することに伴う高揚感は、このように合理化して過去の異論を捨て去らせるのだ。

＊146　しかしながら、ケサリードが最後には信じるようになったのもまた事実である。レヴィ＝ストロースがいうように、誠実にその技能を駆使していた時期を経て、（ケサリードは）最初は彼自身が馬鹿にしていた技術を偽って用いているという視点が完全になくなっていたように思える。

＊147　実際、同じ文章のなかで、レヴィ＝ストロースはこう言っている。ケサリードが無理やりその地位を奪った魔法使いは、のちにケサリードに対して、自分の治療は偽物で、自分は病者の財産を狙う強欲者であることを認めた。その後、罪の意識と心痛でひどく苦しむことになり、恥じてコミュニティを離れ、一年後に廃人になって戻ってきた。そして三年後には亡くなった（Lévi-Strauss, 1967, p.177）。

＊148　精神分析家であるパルバーは、直面化の技法を「その人の行動や、その人が本当に気づいていない、あるいは否認している現実のある側面に対して患者の注意をひくこと」と定義している（Pulver, 1995, p.23）。

＊149　カレストロは、心理療法家の信念は、トレーニングを通じて確立されるところが大きいと正確に書いている。「治療的作用体としての自分の効能に関するセラピストの信念は、特定の心理療法学派でのトレーニングやそこへの適応に由来する。彼らは、感情的な苦悩または行動異常は、体系的で科学的な原則に適った機能として発達すると教え込まれる。また類似の原則が心理学的な異常を是正するのに援用されると教わるのだ。これらの信念は、仮説的世界と符合しており、個人的な神話の本質をなしている」（Calestro, 1972, p.97）。

＊150　読者は気づくだろう。ここでの重要な方法論は、エヴァンズ＝プリチャード（1977［1937］）が、アザンデ人の妖術についての仕事で用いたものであり、「理想」を法的な親類関係 legal and kinship systems を支えるのみならず、「未知」の不幸を説明することのできる一般的な説明モデルを提供するものとみていた。

＊151　この事実のアイロニーは、ストーによって指摘された（Storr, 1989, p.53）。

＊152　これは二〇〇五年に行われた調査である。非公式の調査だったが、テスト済みの方法に従って行った。

「メール調査」を、BPCの精神分析的心理療法家（精神分析家を含む）を対象にして行った。インタビューの対象者は、BPCの名簿からアルファベット順に選ばれた。彼らは、ロンドンかイングランド北東部のいずれかを拠点としていた。調査の質問は、二種類あった。「考えや態度」を引き出すことを意図したもの（例えば、アイデンティティや信念についての関心事など）、そして実際の「特性や行動」に焦点をあてたもの（例えば、階級、宗教、帰属政党など）である。そしてすべての質問が、「閉じられた」質問ではなく、「開かれた」質問であった。

＊153　さらには、臨床家として過ごした年数と個人分析の担当事例数の間には一貫した相関関係などないのにもかかわらず、長年の臨床経験がある人たちは、それが可能だからという理由で、より多くの事例を担当していると思われている傾向にある。

＊154　私はこの共同体にいる間に、いくつかの場面でこの逸話を耳にした。それぞれの場面で詳細は多少異なってはいたが、私としては、このバージョンが実際に起きていることをありのままにざっくり捉えていると確信している。あるバージョンは、精神分析インスティテュートの古参メンバーに対して行ったインタビュー（2004）が出所であった。

＊155　フロム（1959, p.86）は、ハンニバル、コロンブス、モーセのような偉人とのさまざまなかたちでの同一化の証拠を提示している。フロイトは晩年、その人物像について『モーセと一神教』のなかで言及している。

＊156　この広大な視野とは、抑圧という考えが前提としている「局所論的」な心の理解のことである。それによると、要するに、解離した内容は意識から無意識の基層へと追放される。このとき、フロイトにとって心は三つの要素から構成されている。自我（意識生活）、無意識（欲動が抑圧されている領域）、そして超自我（内在化された社会のルールや禁忌）である。

＊157　この解釈 reading は、ラテン語の *acheronta* と *superos* を天国と地獄と訳したほうがよいかもしれないと気づいたことによって実証される。「もし天国を変えることができないのなら、地獄を動かそう」。また我々がみてきたように、フロイトにとって天国はこの世の理想の象徴であり、ゆえに文明社会であり、社会的な領域であった。一方、地獄は無機的な状態、つまり文明不在でエスの支配下にある状態の象徴であった。この解釈は、これらの用語が彼にとって何を象徴していたのかをより捉えやすくしてくれる。ロバート・フィッツジェラルドによる最近の訳である「もし私が天国の心を動かせないとしたら、この世界を下に置こう」は、この意味合いに近づいている。この主格の単数形であるアケロンは、冥界（ハデス）の川に言及しており、（全体をその一部で置き換えるという）シネクドキの詩的な修辞がすべての地下世界に言及している。こうした考察を踏まえ

ると、*acheronta* を "hell" と訳すのは理に適っている。もちろん、バージルはカトリックではなく、彼の理解では、ハデスはダンテのいう天国よりも世俗的な場であるという注釈はつくのであるが。*superos* はどうかというと、"heaven" や "heavens" "the ones above" と訳す分には無難である。これは天国のような場所や素晴らしい力を表すような複数形なのである。しかし疑う余地がないのは、神聖な方法でアエネイスを破壊し損ねたユノが、暗闇の地下世界を操ることに頼っているため、この文脈が、バージルが善良な力や富と、悪魔、闇、禁じられた道を対比していることを明らかにしたことである。"heaven" や "hell" がこれらの概念をざっくり英語で伝えているため、提案どおりに訳すのが正しいと思われる（以上の提案をしてくれたコーネル大学のジョセフ・ヤーブローに感謝したい）。

＊158　最終章で、フロイトの社会との共鳴を強調した。一方、この章では、彼の社会変革に対する欲望を強調したい。どうしたら両者の辻褄が合うのだろうか。フロイト自身が矛盾を抱えていると考えるのが一つである。たしかにフロイトは我々の誰をも悩ませる（と彼が主張する）矛盾からまったく自由にはなれなかった。そしてより満足度の高いもう一つの道筋としては、フロイトにとっては現状が最もよく社会を表現しているために、現状はいかなる困難も脅威とみなすに違いないということに留意することである。この理解のうえにたった社会変革は、個人の神経症とみなされた破壊的社会分子の変革だった。それゆえ個人の治療は、具体化されると市民社会を脅かす表現をする神経症の人々を無能化するのである。

＊159　実際のところ、個人的なことは政治的であり、無意識は破壊的で政治的な力であるというこの見解は、フランスの思想家ドゥルーズとガタリ（Deleuze & Guattrari, 1987）の仕事のなかで理論的に正当化されている。彼らは、人間の欲望は無意識から直接的に生ずるものであり、無意識とはその性質上、本来的に革命的なものだと主張した。欲望は、体制を変革するような社会的行動を促すのである。

＊160　このグッドマン教授（オックスフォード大学社会人類学部）の反論は、私の注意を惹きつけるものだった。

＊161　これらのプロセスは、最終的にはメンバーの全体的アイデンティティを台無しにするとはいわないまでも、すでに確立されたアイデンティティの根幹に新しく影響力のあるアイデンティティを付け加える。

＊162　会計士の集団のなかでは二人のクライン派は協力しあうかもしれないが、カウンセラーとクライン派であっても同じことがいえるであろうか。あるいは不適切な相手と知り合う不安は、この文脈で両者に通じている類似点を認めることにも勝るのであろうか。トクヴィルは『アメリカのデモクラシー』のなかで、ある考えを提

示している。「外国で、二人のアメリカ人は互いがアメリカ人であるというシンプルな理由ですぐに友人になる。偏見によって拒絶することはない。彼は自分たちの国によって魅せられるのだ。二人の英国人にとっては、血統が同じなだけでは不十分である。同じ階級であることが彼らをつなぐであろう。それゆえ英国人にとっては住民であることよりも、国の憲法のほうが重要であるということが察せられる（Tocqueville, 1998［1840］, p.261）。英国人のこのアナロジーは、高度に階層化された心理療法共同体にも適用できるだろう。

＊163　第4章で言及したように、正式な訓練機関で教育を受けた人々のみが、そこで教える立場として迎え入れられるのだ。

＊164　これらの観察が、このような社会力動 social dynamics（例えば、ある種の「自由な魂 free spirit」であり、そのなかに社会の構造の起源を見出せるようなもの）の起源や存続 sustenance を個人の心理に求めるのは、必然的な結果ではない。パーキン（Parkin, 1995）が我々に示したように、そのような「再現 reemergence」は、社会文化的な文脈から漠然と生じるわけではない。否定された傾向が戻ってくるのにも、社会的な原因があるのだ。

＊165　訓練機関によって作り出されるある種の変容を定義するもう一つの方法は、ラーマンによる現代の魔女研究から始めることであろう。そのモノグラフで、彼女は、ロンドンの一般的なミドルクラスは、彼女が「解釈的漂流 interpretive drift」と呼ぶプロセスを経て、魔女を意味ある体系として受け入れるようになる。すなわち、人々はある特定の活動に熱心に打ち込むようになると、徐々にそのことを支持し、正当化する考えと矛盾しない言葉で世の中を捉えるようになる。彼女がいうように、解釈的漂流とは、ある活動に打ち込むようになったとき、その人の物事の解釈がゆるやかに変化することなのだ（Luhrmann, 1989: 312）。行動は最終的に信念を伴うという考えに、私は以下を加えたい。信念は、その活動に魅力があると訴えることによって、行動に駆り立てるインセンティブを用意するという考えである。このように相互に、行動にエンパワーされた信念と、信念にエンパワーされた行動が、それによって「（役者としての）個人」と「（信念の監視役としての）システム」が互いに支えあい、確かめあうような社会の形態を創り出すのだ。

＊166　この調査で見出された理由は、次のような表現に要約される。人間関係の問題（例えば、結婚の問題、あるいはより広範な社会生活における問題）、抑うつや不安、疲労を伴う問題（人生が思うように運ばないときの感情全般）、そしてさらには日々の暮らしや人生の意味に関する問題（これは新たな職や友人を求めることも含まれている）である。

＊167　もちろん文化人類学的な立場からは、この区別

は流動的にみえるし、「個人的な問題」が「公共の問題」になる地点は、さまざまな社会で多様に定義される。

＊168　心理療法あるいは精神分析の訓練は、ほぼ白人のミドルクラスに限定されたままだという観察に、リトルウッドは治療もまたほとんどがミドルクラスの常連クライエントに提供されているという観察を付け加えた。高い料金を支払う余裕のある人たちのみが個人開業のセラピーにしげしげと通っているだけでなく、彼によれば「アフロカリビアン・メンタルヘルス協会やブリクストンのファノンプロジェクト・デイセンターらによって組織されたような黒人コミュニティのメンタルヘルスグループは、個人開業のセラピストが実践しているような長期の深いセラピーよりもむしろ、サポートやアドバイス、カウンセリングを提供している」(Littlewood & Kareem, 1987［1982］, p.302)。リトルウッドら（1999, p.403）も参照してほしい。

＊169　訓練初日に輪になって座り、互いの人となりを自己開示しあったことは、この融合にとって象徴的であった。ここにおいて私的な面（親密さ）が公的な面（知らない者同士の交流）に浸透していく。セネットが公的な領域が崩壊することの第一条件を構成すると考えていたものである。

＊170　ウェーバーにとって官僚制や日常の合理化が広がったことは、個人的な富や安全、意味の源泉から人々を引き離し、社会的存在のスピリチュアルで、魔術的・宗教的な要素を明るみに出した。フレディは、根本的にはこの崩壊が主観的体験の理解に対する強いニーズを生み出し、心理療法はそこに反応したのだと述べている(Furedi, 2004, p.90)。

＊171　彼らはそれぞれ次のような人々だった。若いころクリスチャンであった者、訓練を受けるときにカトリック信仰から離れた者、スコットランドの教会で育った者、一四～一六歳はクリスチャンだったが現在は不可知論者、一八歳までメソジスト教だった者、三〇歳までユニテリアンだった者、六〇歳まで不可知論者で今は人道主義者、ギリシャ正教徒だったが訓練中に不可知論者になった者、「かつて英国教会系だった」と言う者、そして訓練前は無宗派だった者。

アンソロポロジー・オブ・XXX――監訳者あとがき

本書はJames Davies, *The Making of Psychotherapists: An Anthropological Analysis* (London: Karnac, 2009) の邦訳である。ただし、原書にはAppendixとして、"The distinction between analytic and interpersonal or 'object relations' therapy"、"The genealogical structure"、そして "Curricula of training institutes in the BCP" が収められているが、紙幅の都合により今回の翻訳にあたっては割愛した。

まるでアザンデ人の妖術師をみるように、現代の心理療法家をみる。

妖術によって人が死んだり癒されたりすることを、妖術師たちは霊が実在していて、それが働きかけているからだと説明する。だけど、人類学者は違う。人類学者はアザンデの言語体系、親族組織、死者儀礼などを精緻に調べ上げ、それらの社会的相互作用によって、妖術が機能していることを示す。本書において、デイビスは同じことを心理療法家に対して行っている。

心理療法と人類学。この二つの相性は悪くない。フロイトの「トーテムとタブー」やユングの自伝を挙げるまでもなく、心理療法家はこれまでも人類学から多くの知を汲み出してきたし、逆に「文化とパーソナリティ」学派がそうであったように、人類学もまた心理療法から多くを得てきた。少なくとも経済学に比べれば、人類学と心理療法は多くのものを共有しているといってよい。

しかし一方で、心理療法は本質的な部分で人類学を拒んできた。とりわけ、人類学者から「みられる」ことを拒んできた。いや、ときにはみられることもあった。同じ社会を生きているから、顔を合わせることはある。ただし、レヴィ＝ストロースの精神分析論がそうであったように、そのとき心理療法はよそ行きの服を着ていて、待ち合わせはホテルのラウンジであった。

それは人類学者に本当に「みられた」ことを意味していない。人類学者が誰かをみるとき、その誰かは普段着だったり、寝間着だったりする。ホテルのラウンジで一時間ほど話をするのではなく、相手のコミュニティに年単位で住まい、その日常に身をひたす。そうすることで、他なるものを包括的に理解しようとする。

心理療法が拒んだのは、これだ。そう、心理療法は自らのコミュニティに人類学者を迎え入れ、そこに住まわせ、細部までみられることを拒んできた。包括的なエスノグラフィーの対象となることを拒んできたのだ（その詳細はイントロダクションで記述されている）。

なぜなのか？　なぜ心理療法は人類学者にみられることを拒んできたのか？　そのようにしてみられることによって何が起きてしまうのか？

この問いの答えは、実は本書をここまで読んできた読者の心のうちにあるはずだ（胸がざわつきはしなかっただろうか）。そこにこそ、人類学のまなざしのもとで「心理療法がいかなるものであるか」の答えが存在するわけだが、ここではしばし措いておきたい。その前に、そのような稀有な（ある意味で禁じられた）試みを可能にした本書の著者デイビスについて紹介しておこう。

なぜ彼は心理療法家の世界を人類学することができたのだろうか？

著者について

本書の著者ジェイムス・デイビスは、一九七三年にイギリス北部のサウスポートで生まれた。ホームページ（https://jamesdaviesauthor.com/）をみれば分かるように、彼はとてもハンサムだ。それもそのはず、デイビスはもともとプロのバレーダンサーだった。一〇歳の頃からバレースクールに通い始め、一七歳のときには若手ダンサーの賞に輝いた。その後、ニューヨークにてバレーの専門教育を受け、一八歳でロンドンの国立劇場の舞台に上がるようになった。プロダンサーとしては輝かしいキャリアといってよいだろう。

しかし、二〇代前半にデイビスは挫折する。いくつかの「人生の問題」が重なり、デイビスは情緒的に難しくなり、精神的危機に陥る。悩み苦しむその最中に、心理療法と最初の出会いを果たす。傷ついた自分と向きあうために、精神分析、ユング派、そして人間性心理学の文献を読み漁るようになり、そして実際にセラピーを受け始めたのだ。

その帰結が、バレーダンサーとしてのキャリアの断念であった。デイビスはバレーから離れた。そして、そのかわりにロンドン大学の東洋アフリカ研究学院で人類学を学び始めることになった。人類学者として再出発することになったのだ。そのときに出会ったのがポストモダニズムの思想であり、それがデイビスのその後の仕事の基盤となった。

その後、デイビスは順調に人類学者としてのキャリアを歩んでいく。本書の基になった論文でオックスフォード大学より博士号を授与され、処女作である本書を皮切りに、立て続けに *The Importance of Suffering: The Value and Meaning of Emotional Discontent*（London: Routledge, 2012）を発表する。そして、翌年に発表した *Cracked: Why Psychiatry is Doing More Harm Than Good*（London: Icon Books, 2013）はベストセラーとなり、広く読まれるに至っている（とても挑戦的なタイトルである）。

そのほかにも、アーサー・クラインマンやタニヤ・ラーマン、ヴィンセント・クランパザーノといったスター人類学者を寄稿者に迎えた *Emotions in the Field: The Psychology and Anthropology of Fieldwork Experience*（Palo Alto: Stanford University Press, 2010）の編著者も務めるなど、デイビスは将来を担う気鋭の人類学者であり、現在はローハンプトン大学で準教授の地位にある。

しかし、それだけではない。彼にはもう一つの顔がある。そう、彼は心理療法家でもある。

本書で再三強調されていたのは、心理療法に癒された者が、心理療法家の道を志すということであった。デイビスもまた例外ではない。青年期危機を心理療法によって切り抜けた彼は、人類学の修士号を得た頃から、Westminster Pastoral Foundation にて心理療法家のトレーニングを受け始める。その後も Regents College や Metanoia Institute という統合的心理療法の訓練機関でトレーニングを続け、心理療法家の資格を得ている。現在は国民保健サービスで臨床をしながら、エビデンスベイスト精神医学協会の創設に関わるなど、心理療法界のインサイダーとして活動を続けている。

デイビスは心理療法と人類学の二つに癒された。だから、彼は人類学者であり、心理療法家でもある。しかし、当然のことではあるが、そのような二重のアイデンティティは葛藤をもたらす。しかも、人類学者であり心理療法家でもあることは、歯医者でありながらミュージシャンであることとはちょっと違う。あるいは、お笑い芸人でありながら映画監督であることともちょっと違う（そういえば、精神科医でありながらミュージシャンである偉大な先達もいる）。それらはそれらで、二足の草鞋《わらじ》を履くことへの葛藤があり、自身のアイデンティティや時間とエネルギーのやりくりについて思い悩むに違いないけど、最終的に「どっちも」であることが可能だ。歯医者をすることによって、音楽を傷つけることはないからだ。

だけど、人類学者であることと心理療法家であることは違う。それは左手がやっていることを右手で否定するようなものだ。なぜなら、左手が「本質」に基づいて仕事をしているのに、右手は「文脈」を問うてやまないからだ。そこには葛藤がある。だから、デイビスは『心理療法家の人類学』を書くことになった。そしてそれが可能だった。彼は心理療法家でもあったからだ。

そう、デイビスは右手を左手にぶつけてみた。手と手を合わせると、どんな音が鳴ったのか？

本書の内容

内容に入っていく前に、本書が「心理療法の人類学」という分野の絶好の入門書でもあることは言っておきたい。「なぜ心理療法は癒すのか?」「心理療法の理論とは一体何なのか?」「なぜ心理療法の学派は分裂を繰り返すのか?」「心理療法はいかなる社会的状況の下で発展したのか?」。そういった問いに対して、これまで人類学者や社会学者がさまざまな見解を提出してきたが、本書はその充実したレビューになっている。

本書を一読して、翻訳することを決意したのは、心理療法についての人類学的な議論が整理されており、今後「心理療法の人類学」を学びたい読者にとって、文献案内も含めて絶好の入り口になると考えたからである。このことをまず押さえておきたい。そのうえで、中身に入っていこう。

「心理療法家になるとはどういうことか?」。これが本書の問いだ。それは凡庸な問いではある。実際、「心理療法家になること」について書かれた本を、私たちは山ほどもっている。

いかなる理論を学び、いかなる技法を身につければ心理療法家になれるのか。あるいは、いかなる訓練を受ければ心理療法家になれるのか。良き心理療法家とはいかなるもので、悪しき心理療法家とはいかなるものであるのか。そういったことが書き連ねられた教科書を私たちのコミュニティはすでに多すぎるほど所有している。ただし、そこで描かれているのは、あくまで心理療法家についての心理学的な次元での理解だ。

例えば、「なぜ心理療法家になるために、自分自身が心理療法を受けなくてはならないのか?」。この問いに対して、逆転移を利用できるようになるために、自らの無意識的なありようの理解を深めておく必要がある、などと心理学的な語彙によって心理学的な文脈での説明がなされる。

しかし、本書は違う。本書は「心理療法家になること」を社会の側から説明する。心理療法家の内側にうごめく心の力動ではなく、心理療法家を取り囲む社会の力動を解き明かそうとするのである。

だから、本書が注目するのは訓練機関だ。訓練機関はいかにして心理療法家を作り出すのか？　そのとき、訓練生に対していかなる介入や、いかなる操作が行われているのか？　その結果、訓練生はいかなる変容を遂げるのか？　そして、訓練機関がそのように振る舞うことにはいかなる社会的合理性があるのか？　そのようなことが本書では問われている。

「なぜ心理療法家になるために、自分自身が心理療法を受けなくてはならないのか？」。デイビスの答えは、「そのようにして訓練生は心理療法的想像力を内面化するから」であり、「心理療法を受けてよい体験だった人のみが、その学派の心理療法家になっていくという一種の審査になるから」というものである。

デイビスは、心理療法家のことを、心理療法の世界観を自分の人生に深く浸透させた人間なのだと捉えている。心理療法家は心理療法に癒され続け、心理療法の教える生き方に従う。そうすることで、心理療法と心理療法家共同体を肯定し、未来にわたって保全していく。そこでは、心理療法家のパーソナリティの奥底にまで心理療法の「神話」が染み渡っている。

デイビスは心理療法が抱いている世界観のことを、「神話」と表現している。例えば、精神分析は「無意識」を理論の基盤に据えているわけだが、それは精神分析の「神話」だと位置づけられる。そこでは、心理療法の世界観はある種のナラティブとして受け取られている。

訓練機関は訓練生に神話を埋め込む。深く、硬く、確からしく。

そのために、訓練機関はさまざまな仕掛け・装置を用いている。デイビスはフランスの社会学者ブルデューの「ディスポジション」や「ハビトゥス」という概念を下敷きにしながら、そのような教育装置を次々と露わにしていく。「パーソンフッド」「系譜的構造」「心理療法的想像力」「疑念のマネジメント」「精神分析的病因論」などがそれに当たる。

詳細は該当部分をお読みいただきたいが、本書の面白さはそれらの教育装置によって変容し、心理療法家へとかたどられていく訓練生たちの生身の声が至るところで響いていることだ。しかも、デイビスが描いているのはロンドンの訓練生たちであるはずなのに、それは日本で私たちが体験していることと全く同じことであるから、面白い。

初めてのケースでクライエントが来なかったときの極度の不安。指導者から自分がどのように評価されているのかにまつわる困惑。心理学用語を仲間内のプライベートな場面でも使っているときの楽しさ。家では親であり、職場では責任ある役割を担っていても、研修会にいくと突然子供に戻ってしまったような気持ちがする戸惑い。自分と違う学派を批判するときに生じる有能感。自分が人格的に心理療法家に適していないのではないかという自責感。

心理療法家にかたどられようとするときの窮屈さ、不安や不満、みじめさ。そして満足や喜びをデイビスは丹念に記述する。それはロンドンの訓練生と日本の大学院生に共通する、心理療法家になろうとする人々が抱える普遍的な葛藤だ（日本では訓練前にセラピーを受けることが義務づけられていないのが大きな違いだが、それでも同じような葛藤を抱くのが面白いところだ）。

繰り返すが、本書はそれらの葛藤を心理学的に解釈したりはしない。つまり、それらを訓練生のパーソナリティの問題として心理学的次元に還元したりしない。そうではなく、それらを訓練機関や心理療法家共同体がもたらす社会的相互作用の帰結として捉える。そのようにして、心理療法の神話を内面化した主体が立ち上げられると理解する。ここが本書の真骨頂であり、同時に読者に困惑を引き起こすところだと思われる。

私自身もそうだ。例えば、「疑念のマネジメント」を論じている第5章を思い出してほしい。そこに出てくるジョンやマーガレット、ヤングといった心理療法家共同体に反抗する人たちのことを、私もまたナルシシスティックだったり、被害的だったり、エディプス葛藤が未解決だったりと一読して感じた。心理療法に対する反抗が生じたときに、私たちはつい個人のパーソナリティのほうに着目して、心理学的に理解しようとしてしまう。私もまた、そういう心理療法の神話のなかで生きているということだ（当然なのだが）。デイビスはこの点を注意深く語っている。すなわち、取り上げられた事例は、ほかの分析家、ほかの訓練機関だったなら、当然違った対応がありえた。注目すべきは、個々の対応の問題ではなく、心理療法家共同体が反逆者と直面したときに使用するロジックが、いつも同じ形をしているということだ。

キリスト教会が反逆者を「悪魔が憑いている」という霊的論理で捉えて処理していくように、心理療法は反逆者を「病理的である」という心理学的論理でマネージする。神話への疑念は神話の論理によって処理されるのである。そのようにすることで、心理療法家共同体とその神話は守られる。心理療法家はふたたび神話を生きることができる。

本書は主に精神分析を扱っているが、認知行動療法家やブリーフセラピストにあっても神話を生きていることについては同様だと思われる。認知行動療法家の集まりには認知行動療法のエートスがあり、ブリーフセラピストの集まりにはブリーフセラピーの民族性のようなものがたしかにある。認知行動療法の神話、ブリーフセラピーの神話があって、それが彼らのパーソナリティに浸透している。実際、インフォーマルな場で話をすると、彼らが自分自身の問題に対して、認知行動療法やブリーフセラピーによって対処しているのが分かる。

この点が、「心理療法家になる」ことの特異性だ。それは物理学者になったり、起業家になったりすることとは違う。彼らも彼らで独自の神話を生きているのだけど、心理療法家は扱う対象が「心」であり「パーソナリティ」であることによって、その神話を自身の「心」と「パーソナリティ」の根底の部分にまで浸透させなくてはならないのである。

まとめよう。人類学者にみられると、心理療法が神話の営みであり、心理療法家がその司祭であるようにみえてくる。そして、神話はそれが生きられているときには「現実」を提供してくれるが、「神話である」と指摘されると途端にただの「おはなし」になってしまう。

これこそがポストモダンだ。大きな物語が解体して、小さな物語が満ちあふれる。神話は複数のおはなしの一つにしか過ぎなくなる。それは不確実さをもたらす。だからこそ、心理療法は人類学者にみられることを拒んできたのである。

本書の意義

皮肉な話ではある。デイビスが最後に指摘しているように、心理療法がこれだけ栄えたのもまたポストモダニズムを背景としているからだ。

生きられている神話が複数のおはなしのうちの一つでしかないと見抜かれるとき、私たちは不安になる。だから、たしかな価値や指針を失った私たちは個人的に価値を再構築しようとする。そこに心理療法が求められる。河合隼雄が語っていたとおりだ。しかし、本書は当の心理療法が神話であることを見抜こうとする。ポストモダニズムによって育まれた心理療法を、ポストモダニズムによって不確実にしようとするのである。

本書が行ったのはそういう作業だ。訓練機関はおはなしを神話にまで高める。そのことがクライエントを癒す。それだけではない。心理療法家もその神話に癒され続ける。自己というものが形あるものに縫い合わされるからだ。しかし、その縫い糸を本書はほどく。

「そんなことして何になる」と言われてしまうかもしれない。そして、それこそ「未解決な葛藤の産物だ」と「疑念のマネジメント」の対象になってしまうかもしれない（私自身が自分にそう問いかけているほどに、私もまた心理療法の人間なのだ）。

しかし、私は意義があると思う。とても大事なことだと思っている。心理療法家は今、不確実性の危険を冒してでも、人類学者のまなざしにさらされなくてはならない。外からの視線にさらされ、そしてデイビスの言葉を用いるならば「自己肯定的」ではなく、「自己省察的」にならなくてはならない。なぜなら、心理療法家はすでに外からの視線にさらされているからだ。

無論、私は公認心理師のことを念頭に置きながらこのことを書いている。加えて、日常の隅々にまで浸透する市場原理のことを念頭に置いている。

「心理療法とは何か？」「心理療法家とは何者か？」。国家が、市場が、国民が、消費者が、私たちにそう問いかけている。外側から問いかけている。しかし、公認心理師をめぐるさまざまなプロセスが露わにしたように、私たちはその問いに対して十分に答えきれていない。これまで私たちは、専門家集団のなかで流通する自己規定としての「心理療法とは何か」の答えは練り上げてきたが、外側に対する答えを十分には練り上げてこなかった。一九九〇年代に下山晴彦が提起した臨床心理学のアカウンタビリティという問題は、十分に取り組まれてこなかったのだ。今求められているのは、心理療法家自身ではなくユーザーに向けられた答えだ。

だからこそ、本書には価値がある。本書は心理療法を外側からみる。心理療法の神話がいかなるものであるのかを示す。そのようにして得られた自己省察性は、同じように精神医療の神話を見抜くし、エビデンス神話を見抜くし、当事者運動の神話を見抜く。複数の神話がうごめく現代の多元性を直視する。私たちは今、そのような多元的現実を前提にした世界を生きているのだから、そこで流通しうる強靭なおはなしを手にしなくてはならない。

だから、心理療法は人類学のまなざしを受けることで、解体するのではなく、より深く彫琢されるはずだ、と私は思う。私たちのおはなしは、良きおはなしだからだ。それはたしかに人々に良きものをもたらすものだと私は思う（だから、この仕事をしている）。そのおはなしは外からのまなざしによって鍛えられ、より深みを増すと思うのだ。

翻訳のプロセス

最初に私が本書を手にとったのは二〇一五年の夏で、すぐに翻訳することを思い立ち、誠信書房の松山由理子氏に相談したところ、企画がスタートした。しかし、分量が多かったのもあり、学友である中藤信哉氏に協力を仰ぎ、さらに進行スピードの問題を考えて小原美樹氏にも参加してもらった。その結果、中藤氏が第2章、第3章、第5章、第5章までの原注を、小原氏が第6章、第7章、第6章以降の原注を、そして私がイントロダクション、第1章、第4章、第8章、結論を担当した。さらに私が監訳者として全体の調整を行った。よって、すべての文責は私にある。慣れない翻訳ゆえ不備もあると思うので、読者諸賢のご意見をいただけたら幸いである。

翻訳に際して、医療人類学者の磯野真穂氏にはいくどか人類学用語について意見をうかがった。そのご厚意に感謝したい。

加えて、本書に描かれていることについて確認するために、ロンドンに訪れたときに対応してくださった、現地の心理療法家に感謝したい。彼らのおかげで、私は心理療法家として生きることの素晴らしさに触れることができた（実際、それは私のその後に大きな影響を与えている）。また、企画を始めた松山氏が退職した後に、担当は同じ誠信書房の曽我翔太氏に引き継がれた。曽我氏はきわめて緻密な仕事をしてくれた（私には緻密さというものが欠如しているので、大変ありがたかった）。両氏に深く感謝したい。

ようやく、長かった翻訳も終わろうとしている。数カ月後には、本書は読者と出会っているだろう。それはどのような出会いになるのだろう？　人類学の手と心理療法の手が重なったとき、一体どういう音が鳴ったのだろうか？　そう、私は今、読者であるあなたにとって、本書との出会いがどのような体験になっただろうかと考えている。

すると、私がデイビスと出会ったときのことが思い出される。そこで彼と交わした対話は、鮮烈に記憶に残っている。最後にそれだけ書き残しておきたい。

二〇一六年の夏、ローハンプトン大学のカフェテラスで、私たちは話をしていた。目の前には緑の芝生が広がっていて、空は青かった。風が涼しくて、太陽が心地よかった。芝刈り機を操る用務員が時おり近くを通るとひどい騒音がするので、話はいくどか中断した。芝刈り機が離れていって、静かになったとき、私はふとデイビスに尋ねてみた。

「なぜこの本の副題は『人類学的分析』で、医療人類学的分析ではなかったのか？」

デイビスはしばらく考え込んでから答えた。「思うに、心理療法は医療人類学の対象ではない」

「じゃあ、一体何の人類学なのか？」と私は重ねて問うた。

「Anthropology of xxx」デイビスは若干言い淀んだので、私にはその発音が聞き取れなかった。だからもう一度尋ねた。「Sorry?」

「Religion. Anthropology of religion」今度はハッキリ、ゆっくりと言ったので、聞き取れた。そしてデイビスは付け加えた。「心理療法は医学的な意味での健康というよりも、人の生き方に関わるのだから」

しばし沈黙があった。芝刈り機が近づいてきていた。幾分心苦しかったけど、きちんと言ったほうがいいと思ったから、伝えた。

「僕も、そう思っている」

東畑 開人

索　引

文　献

Abram, J and Morgan-Jones, R. (2001). *Psychoanalytic Psychotherapy Trainings—a guide*. London: Free Association Books.

Ashurst P. (1993). Supervision of the Beginning Therapist: Privileges and Problems. *British Journal of Psychotherapy,* Vol. 10 (2):139-77.

Auchincloss, E. L. and Michels, R. (2003) A Reassessment of Psychoanalytic Education: controversies and changes. *International Journal of Psychoanalysis*. 84: 387-403.

Auden, W. H. (1950). *Collected Shorter Poems*. London: Penguin.

Bandura, A. (1977). *Social Learning Theory.* Engelwood Cliffs N.J: Prentice-Hall

Barth, F. (1971). Role Dilemmas and Father-Son Dominance in Middle Eastern Kinship Systems. In Hsu, F. L. K. (ed.) *Kinship and Culture*. Oxford: Oxford University Press.

Bass, A. (1985). On the History of Mistranslation and the Psychoanalytic Movement. In: Graham, J. F. (ed.) *Differences in Translation* Ithaca: Cornell University Press.

Bateson, G. and Mead, M. (1954). *Growth and Culture*. New York: Putman.

Bayer, R. and Spitzer, R. L. (1985) Neurosis, Psychodynamics, and DSM III. *Archives of General Psychiatry,* 42: 187-196.

Beattie, J. H. M. and Middleton, J. (1964). (eds.) *Spirit Mediumship and Society in Africa.* London: Routledge.

Becker, H. S., Geer, B., Hughes, E. C., and Strauss, A. L. (2002 [1977]). *Boys in White: student culture in medical school*. London: Transaction Publishers.

Beidelman, T. O. (1971). *The Translation of Culture : essays to E. E. Evans-Pritchard.* London: Tavistock Publications.

Benedict, R. (1934). *Patterns of Culture*. London: Routledge.

Berger, P. L. (1965). Towards an Understanding of Psychoanalysis. *Social Research,* 32(1): 26-41.

Berman, E. (2004). *Impossible Training: a relational view of psychoanalytic training. Hillsdale*: The Analytic Press.
Berne, E. (1964). *Games People Play: the psychology of human relationships.* London: Grove Press.
Blaxter, M. (1979). Concepts of Causality; lay and medical models. In: Osborne, D. J. (ed.). *Research in Psychology and Medicine.* London: Academic Press.
Bleger, J. (1967). Psycho-Analysis of the Psycho-Analytic Frame. *International Journal of Psychoanalysis*, 48: 551-519.
Bloch, M. (1998). *How We Think They Think: anthropological approaches to cognition, memory and literacy.* Boulder Colo: Westview Press.
Bourdieu, P. (1977a). *Outline of a Theory of Practice,* (trans. Nice, R.). Cambridge: Cambridge University Press.
Bourdieu, P. (1979). *Algeria 1960: Essays by Pierre Bourdieu* (trans. Nice R.) Cambridge: Cambridge University Press.
Bourdieu, P. (1990 [1980]). *The Logic of Practice.* Stanford University Press.
Bourdieu, P. (1992c). *Academic Discourse: linguistic misunderstanding and professional power* (trans R. Tesse). Cambridge: Polity Press.
Bourdieu, P. (1998). *Practical Reason.* California: Stanford University Press.
Bowlby, J. (1969). *Attachment.* London: Hograth Press and Institute of Psycho-Analysis.
Brown, B. S. (1976). The Life of Psychiatry, *AJP,* 133: 489-495.
Bruzzone, M. et al. (1985). Regression and persecution in analytic training: reflections on experience. *Int. Rev. Psychoanalysis* 12: 411-415.
Calestro, K. (1972). Psychotherapy, Faith Healing and Suggestion. *International Journal of Psychiatry,* 10:83-113.
Campbell, J. (1971). (ed.) *The Portable Jung.* New York: Viking Press.
Casement, P. (1985). *On Learning from the Patient.* London: Routledge
Cassell, J. (1987). On Control, Certitude, and the "Paranoia" of Surgeons. *Culture, Medicine and Psychiatry,* 11: 229-49.
Chaiklin, A and Lave, J. (eds.) (1993). *Understanding Practice: perspective on activity and context.* Cambridge: Cambridge University Press.

Charny, I. W. (1986). What Do Therapists Worry About: a tool for experiential supervision. In: Kaslow, F. W. (ed.) *Supervision and Training: models, dilemmas and challenges*. New York: Haworth Press.
Collingwood, R. G. (2002 [1940]). *An Essay in Metaphysics*. Oxford: Oxford University Press.
Comaroff, J. (1985). *Body of Power, Spirit of Resistance: the culture and history of a South African people*. Chicago: University of Chicago Press.
Crapanzano, V. 2000. *Serving the World: Literalism in America From the Pulpit to the Bench*. New York: New Press.
Cremerius, J. (1990). Training Analysis and Power. *Free Associations*, 20:114-38.
Crichton-Brown, Sir J. (1920). Notes of Psychoanalysis and Psychotherapy. *Lancet*, 1: 1248-9.
Cross-National Collaborative Group (1992). The Changing Rate of Major Depression: cross-cultural comparisons. *JAMA*, 268: 3098-3104.
Csordas, T. J. (1993). Somatic Modes of Attention. *Cultural Anthropology*, 8(2): 135-156.
Csordas, T. J. (2002). *Body/Healing/Meaning*. Boston: Palgrave Press.
Deleuze, G. and Guattari, F. (1987). *A Thousand Plateaux*. Minneapolis: University of Minnesota Press.
Desjarlais, R. R. (1996). Presence. In: Laderman, L. and Roseman, M. (eds.) *The Performance of Healing*. London: Routledge.
Devereux, G. (1970). The "Equus October" Ritual Reconsidered. *Mnemosyne*. Fouth Series, 23 (3), 297–301.
Diller, J. V. (1991). *Freud's Jewish Identity: a case study in the impact of ethnicity*. London: Fairleigh University Press.
Dougherty, J. W. D. (1985) (ed.) *Directions in Cognitive Anthropology*. Urbana: University of Illinois Press.
Douglass, M. (1966). An Analysis of the Concepts of Pollution and Taboo. Londres: Routledge and Kegan Paul.
Dow, J. (1986). Universal aspects of symbolic healing: a theoretical synthesis. *American Anthropologist*, 88 56-69.
Durkheim, E. (1957 [1915]). *The Elementary Forms of Religious Life*. (J. W. Swain Trans). London: George Allen and Unwin Ltd.
Durkheim, E. (1982 [1895]). *The Rules of Sociological Method*. (D. W.

Halls Trans). New York: Free Press.
Ehernwald, J. (1966). *Psychotherapy: myth and method; an integrative approach*. New York: Grune and Stratton.
Eisenstadt, S. N. (1968). *On Charisma and Institution Building: selected papers/ Max Weber*. Chicago: University of Chicago Press.
Ellenberger, H. (1970). *The Discovery of the Unconscious: the history and evolution of dynamic psychiatry*. London: Penguin Press
Evans-Pritchard, E. P. (1977 [1937]). *Witchcraft, Oracles, and Magic Among the Azande*. Oxford: Oxford University Press.
Evans-Pritchard, E. P. (1951). *Social Anthropology*. London: Cohen and West.
Evans-Pritchard, E. P. (1956). *Nuer Religion*. Oxford: Oxford University Press.
Evans-Pritchard, E. P. (1961). *Anthropology and History*. Manchester: Manchester University Press.
Ewart, E. (2000). *Living With Each Other: Selves and Others Amongst the Panari of Central Brazil*. Ph.D. thesis, London School of Economics.
Eysenck, H. J. (1952). The Effects of Psychotherapy Evaluation. *Journal of Consulting Psychology*, 16: 319-24.
Falzeder, E. (2000). Profession—Psychoanalyst: A Historical View. *Psychoanalysis and History*, 2 (1): 37-60.
Fernandez, J. and Huber, M. T. (eds.) (2001). *Irony in Action: anthropology, practice, and the moral imagination*. Chicago: University of Chicago Press.
Ferris, P. (1997). *Dr Freud: A Life*. London: Sinclair-Stevenson.
Fiedler, F. (1950). A Comparison of Therapeutic Relationships in Psychoanalytic, Nondirective and Adlerian Therapy. *Journal of Consulting Psychology*, 14:436-445.
Figlio, K. (1993). The Field of Psychotherapy: conceptual and ethical definitions. *British Journal of Psychotherapy*, 9 (3): 324-334.
Fonagy, P. and Target, M. (2003). *Psychoanalytic Theories: perspectives from developmental psychopathology*. London: Whurr.
Forrester, J. (1994). A whole Climate of Opinion: rewriting the history of psychoanalysis. In: Micale, M. S. and Porter, R. (eds.) *Discovering the History of Psychiatry*. Oxford: Oxford University Press.
Foster, G. M. and Anderson, B. G. (1978). *Medical Anthropology*.

New York: Wiley.
Fortes, M. (1945). *The Dynamics of Clanship Among the Tallensi: being the first part of an analysis of the social structure of a trans-Volta tribe.* Oxford: Oxford University Press.
Foucault, M. (1977). *Language, Counter-Memory, and Practice: selected essays and interviews*. Oxford: Blackwell.
Foucault, M. (1977b). *Discipline and Punishment*. London: Allen Lane.
Fox, R. (1957). Training for Uncertainty. In: Merton, R. Reader, G. Kendall, P. (eds.) *The Student Physician*. Cambridge: Harvard University Press.
Fox, R. (1980). The Evolution of Medical Certainty. In *Milbank Memorial Fund Quarterly*, 1: 1-49.
Frattoroli, J. (1992). Orthodoxy and Heresy in the History of Psychoanalysis. In: N. M. Szajnberg (ed.). *Educating the Emotions*. New York: Plenum Press.
Freidson, E. (1970). *Profession of Medicine: a study of the sociology of applied knowledge*. New York: Dodd and Mead
Freidson, F. (1994). *Professionalism Reborn: theory prophecy and policy*. London: Polity Press.
Frank, D. and Frank, J.B. (1993 [1961]). *Persuasion and Healing*. Baltimore: John Hopkins Press.
Freud, S. (1937). Analysis Terminable and Interminable. *The International Journal of Psychoanalysis*, 18: 373–405.
Freud, S. (1955 [1918]). *Lines of Advance in Psycho-Analytic Techinque*. Standard Edition. Vol 17. London: Hogarth Press.
Freud, S. (1955 [1920]). *Beyond the Pleasure Principle, Group Psychology, and Other Works*. London: Hogarth Press.
Freud, S. (1958 [1915a]). *Observations of Transference Love*. Standard Edition. Vol. 12. London: Hogarth Press.
Freud, S. (1968 [1917]). *A Difficulty in the Path of Psycho–Analysis*. Standard Edition. Vol. 17. London: Hogarth Press.
Freud, S. (1974 [1916–18]). *Introductory Lectures on Psychoanalysis*. Harmondsworth, Middlesex: Penguin.
Freud, S. (1975 [1917]). *Introductory Lectures*. Vol. 1. London: Penguin.
Freud, S. (1977). *Standard Edition of the Complete Works of Sigmund Freud* Vol. XX. London: Penguin.

Freud, S. (1977 [1932]). *New Introductory Lectures on Psychoanalysis*. London: Penguin.

Freud, S. (1979 [1909]). *Case Histories I: 'Dora' and 'Little Hans'*. London: Penguin.

Freud S. (1985). *The Complete Letters of Sigmund Freud to Wilhelm Fliess 1887-1904* (ed. Masson, J.). Cambridge: Belknap Press, Harvard University.

Freud, S. (1986 [1914]). *Historical and Expository Works of Psychoanalysis*. Harmondsworth, Middlesex: Penguin.

Freud, S. (1991 [1915]). *The Interpretation of Dreams*. London: Penguin.

Freud, S. (2001 [1911–1913]). *The Case of Schreber: papers on technique, and other works. Standard Edition*. Vol. 12. London: Penguin.

Freud, S. (2004 [1937]). Analysis Terminable and Interminable. In S. J. Ellman (ed.). *Freud's Technical Papers: a contemporary perspective.* Oxford: Frist Rowman.

Freud, S. and Breuer, J. (1955 [1893-5]). *Studies of Hysteria* Vol. 2. London: Hogarth Press.

Fromm, E. (1959). *Sigmund Freud's Mission.* New York: Grove Press.

Fromm, E., De Martino, R., and Suzuki, D. T. (1960). *Zen Buddhism and Psychoanalysis*. New York: Harper and Row.

Fromm, E. (1972). *Fear of Freedom*, London: Routledge.

Frosh, S. (1999 [1987]). *The Politics of Psychoanalysis*. London: Macmillan Press.

Furedi, F. (2004). *Therapy Culture: cultivating uncertainty in an uncertain age* London: Routledge.

Furedi, F. (2005). *Where Have all the Intellectuals Gone*? London: Continuum.

Gabbard, K. and Gabbard, G. O. (1987). *Psychiatry and the Cinema*. Chicago: University of Chicago Press.

Gallop, J. (1985). *The Daughter's Seduction: feminism and psychoanalysis*. Ithica: Cornell University Press.

Gardner, F. (1995). Being in the Know: thoughts on training, prestige and knowledge. *British Journal of Psychotherapy,* 11(3): 427-435.

Garza-Guerrero, C. (2002a) 'The Crisis in Psychoanalysis': what crisis are we talking about? *International Journal of Psychoanalysis*. 83: 57-83.

Garza-Guerrero, C. (2002b) Organisational and Educational Internal Impediments of Psychoanalysis: contemporary challenges. *International Journal of Psychoanalysis*. 83: 1407-33
Gellner, E. (1985). *The Psychoanalytic Movement*. London: Blackwell.
Giddens, A. (1991). *Modernity and Self-Identity: self and society in the late modern age*. Cambridge: Polity Press.
Gluckman, M. (1963). *Order and Rebellion in Tribal Africa: collected essays with an autobiographical introduction*. London: Cohen and West.
Goffman, E. (1959). *The Presentation of Self in Everyday Life*. New York: Doubleday.
Goffman, E. (1961). *Asylums: essays on the social situation of mental patients and other inmates*. New York: Doubleday.
Goffman, E. (1968). *The Moral Career of the Mental Patient*. Harmondsworth: Penguin.
Goody, J. R. (1977). Against Ritual. In: Moore, S. F. and Myerhoff, B. G. (eds.) *Secular Ritual*. Assen and Amsterdam: Van Gorcum.
Gorer, G. (1962). The Psychoanalytic Study of Society. *International Journal of Psycho-Analysis*, XLIII, Vol. 1, Parts 2-3: 188-91.
Gouldner, A. W. (1979). *The Future of Intellectuals and the Rise of the New Class*. London: Macmillan Press.
Gray, A. (1994). *An Introduction to the Therapeutic Frame*. London: Routledge.
Grosz, E. A. (1990). *Jacques Lacan: a feminist introduction*. London: Routledge.
Grunbaum, A. (1984). Epistemology Liabilities of the Universal Appraisal of Psychoanalytic Theory. *Nous*, Vol. XIV, 3.
Grunbaum, A. (1984). *The Foundations of Psychoanalysis*, New York: Harbour.
Gusterson, H. (1996). *Nuclear Rites: a weapons laboratory at the end of the Cold War*. Berkeley: University of California Press.
Halmos, P. (1973). *The Faith of Counsellors*. London: Constable.
Haynal, A. (1993). *Psychoanalysis and the Sciences: epistemology—history*. Berkeley: University of California Press.
Heald, S. and Deluz, A. (1994). *Anthropology and Psychoanalysis*. London:Routledge
Heelas, P. (1996). *The New Age Movement: the celebration of the self and the sacralisation of modernity*. Oxford: Blackwell.

Heimann, P. (1954). Problems of the Training Analysis. *Int. J. Psycho-Anal*, 35:163-8.
Heimann, P. (1949-50). On Counter-transference. *Int. J. Psycho-Anal*, 31: 81-4.
Helman, C. (1984 [1994]). *Culture, Health, and Illness*. London: Reed Educational.
Herdt, G. (1987). *The Sambia: ritual and gender in New Guinea*. New York: Holt Rinehart and Winston.
Hillman, J. (1983). *Healing Fiction*. Woodstock: Spring Publications.
Hinshelwood, R. D. (1985). Questions of Training. *Free Associations*, 2: 7-18.
Hinton, L. and Kleinman, A. (1994) Cultural Issues and International Psychiatric Diagnosis. In: Costas Silva, J. A. and Naddson, C. (eds.) *International Review of Psychiatry*. Vol. 1. Washington DC: American Psychiatric Press.
Hobart, M. (2000). *After Culture: anthropology as radical metaphysical critique*. Yogyakarta: Wacana University Press.
Holmes, J., and Roberts, G. (1999). *Healing Stories: narrative in psychiatry and psychotherapy*. Oxford: Oxford University Press.
Holmes, J. (2000). NHS Psychotherapy—Past, Future, Present. *British Journal of Psychotherapy*, 16(4): 447-57.
Horney, K. (1942). *Self Analysis*. New York: Norton.
Horton, R. (1970). African Traditional Thought and Western Science. In: Marwick, M. (ed.). *Witchcraft and Sorcery*. Harmondsworth, Middlesex: Penguin Books
Hoshmand, L. T. (2001). Psychotherapy as an Instrument of Culture. In: Slife, B. D. *et al* (eds.). *Critical issues in Psychotherapy: translating new ideas into practice*. London: Thousand Oaks.
Houseman, M. and Severi, C. (1998). *Naven or the Other Self: a relational approach to ritual*. Koln: Brill Press.
Hsu, E. (1996b). The Polyglot Practitioner: towards acceptance of different approaches in treatment evaluation. In: Olsen S. G. and Hoeg E. (eds.) *Studies in Alternative Therapy III. Communication in and about Alternative Therapies*. Odense: Odense University Press.
Hsu, E. (1999). *The Transmission of Chinese Medicine*. Cambridge: Cambridge University Press.
Hsu, E. (2004). Other Medicines—Which Wisdom do they Chal-

lenge? (Unpublished Paper).
Hubert, H. and Mauss, M. (1981 [1964]). *Sacrifice: its nature and function*. Chicago: University of Chicago Press.
Hutton, R. (1999). *The Triumph of the Moon*. Oxford: Oxford University Press.
Jackson, M. (1989). *Paths Towards a Clearing: radical empiricism and ethnographic enquiry*. Bloomington: Indiana University Press.
Jacoby, R. (1975). *Social Amnesia*. Sussex: Harvester.
Jacobs, M. (2000). Psychotherapy in the United Kingdom: past, present, and future. *British Journal of Guidance and Counselling*, 28 (4): 451-66.
Jacobs, M. (2001). Reflections (Psychodynamic Psychotherapy). In: Spinelli, E and Marshall, S. (eds.). *Embodied Theories*. London: Continuum.
Jahoda, G. (1982). *Psychology and Anthropology: a psychological perspective*. London: Academic Press.
Jenkins, R. (1992). *Pierre Bourdieu*. London: Routledge.
Johnson, S. M. (1994). *Character Styles*. London: Norton
Johnson, T. (1972). *Professions and Power*. London: Macillan.
Jones, E. (1955). *Sigmund Freud: life and work*. Vol. 1. London: Hogarth Press.
Jones, E. (1957). *Sigmund Freud: life and work*. Vol. 3. London: Hogarth Press.
Jung, C.G. (1955 [1933]). *Modern Man in Search of a Soul*. London: Mariner books.
Kapferer, B. (1983). *A Celebration of Demons: exorcism and the aesthetics of healing in Sri Lanka*. Bloomingdon: Indiana University Press.
Kardiner, A. and Linton, R. (1939). *The Individual and His Society: the psychodynamics of primitive social organization*. London: Oxford University Press, Humphrey Milford.
Katz, J. (1984). *The Silent World of Doctor and Patient*. New York: Free Press.
Katz, R. (1982). *Boiling Energy: community healing among the Kalahari Kung*. Cambridge, Mass.: Harvard University Press.
Keller, C. and Keller, J. D. (1993). Thinking and Acting with Iron. In: Chaiklin, S. and Lave, J. (eds.) *Understanding Practice: perspectives on activity and context*. Cambridge: Cambridge Uni-

versity Press.
Kernberg, O. (1986). Institutional Problems of Psychoanalytic Education. *Journal of the American Psychoanalytic Association*, vol. 34 (4): 799-834.
Kernberg, O. (1996). Thirty Methods to Destroy the Creativity of Psychoanalytic Candidates. *Int. J. Psycho-Anal*, 77: 1031-1040.
Kernberg, O. (2006) The Coming Changes in Psychoanalytic Education: Part 1. *International Journal of Psychoanalysis*. 87: 1649-73.
Kiev, A. (1964). *Magic, Faith and Healing: studies in primitive psychiatry today*. New York: The Free Press.
Kirsner, D. (2000). *Unfree Associations: inside psychoanalytic institutes*. London: Process Press.
Klein, M. (1975 [1952]). *Envy, Gratitude and Other Works*. London: Routledge.
Klienman, A. (1980). *Patients and Healers in the Context of Culture*. Berkeley: University of California Press.
Kleinman, A. (1991 [1988]). *Rethinking Psychiatry*. New York: Free Press.
Klienman, A., Das, V., and Lock, M. (eds.) (1998). *Social Suffering*. Oxford: Oxford University Press.
Kleinman, A. and Sung, L. H. (1979). Why Do Indigenous Practitioners Successfully Heal? *Social Science & Medicine*. Medical Anthropology. 13 B(1): 7–26.
Laderman, C. (1986). The Ambiguity of Symbols in the Structure of Healing. *Social Science and Medicine*, 24 (4): 293-301.
La Fontaine, J. S. (1985). *Initiation*. London: Penguin Books.
Lambek, M. and Antze, P. (2004). *Illness and Irony: on the ambiguity of suffering in culture*. Oxford: Berghahn.
Larson, M. S. (1977). *The Rise of Professionalism: a sociological analysis*. Berkeley: University of California Press.
Larson, M. S. (1990). In the Matter of Experts and Professionals, or how Impossible it is to Leave Nothing Said. In: Torstendahl, R. and Burrage, M. (eds.) *The Formation of Professions: knowledge, state, and strategy*. London: Sage.
Lasch, C. (1979). *The Culture of Narcissim American: life in an age of diminishing expectations*. New York: Warner Books.
Lave, J. and Wenger, E. (1991). *Situated Learning: legitimate peripheral learning*. Cambridge: Cambridge University Press.

Lave, J. and Chaiklin, S. (1993). *Understanding Practice*. Cambridge: Cambridge University Press.
Leach, E. R. (1954). *Political Systems of Highland Burma*. London: Routledge.
Levine, F. J. (2003) The Forbidden Quest and the Slippery Slope: roots of authoritarianism in Psychoanalysis. *International Journal of Psychoanalysis*. 85: 13-8.
Levi-Struass, C. (1967). *Structural Anthropology*. London: Basic Books.
Lewis, G. (1980). *Day of Shining Red: an essay on understanding ritual*. Cambridge: Cambridge University Press.
Lewis, I. M. (1977). *Symbols and Sentiments*. London: Academic Press.
Liberman, B. L. (1978b). The Role of Mastery in Psychotherapy: maintenance of improvement and prescriptive change. In: Frank, J. D. *et al*. *Effective Ingredients of Successful Psychotherapy*. New York: Brunner/Mazel.
Little, M. (1950). Countertransference and the Patient's Response to it. *Int. J. Psych-Anal*, 32: 32-40.
Littlewood, R. (1980). Anthropology and Psychiatry: an alternative approach. *Br. J. Med. Psychology*, 53: 213-225.
Littlewood, R. and Lipsedge, M. (1987 [1982]). *Aliens and Alienists: economic minorities and psychiatry*.. London: Routledge.
Littlewood, R. and Kareem, J. (eds.) (1992). *Intercultural Therapy: themes, Interpretations and practice*. Oxford: Blackwell Scientific Publications.
Littlewood, R., Jadhav, S., and Raguram, R. (1999) Circles of Desire: a therapeutic narrative from South Asia—translation to creolization. In: Holmes, J. and Roberts, G. (eds.) *Healing Stories: narrative in psychiatry and psychotherapy*. Oxford: Oxford University Press.
Littlewood, R. and Dien, S. (2000). *Cultural Psychiatry and Medical Anthropology: An introduction and reader*. London: Athlone Press.
Lock, M. and Scheper-Hughes, N. (1996). A Critical-Interpretive Approach in Medical Anthropology. In: Sargent, C. F. and Johnson, T. M. (eds.). *Handbook of Medical Anthropology: contemporary theory and method*. London: Greenwood Press.
Losche, D. (2001). What Makes an Anthropologist Laugh? The

Abelam, Irony, and Me'. In: Fernandez, J. and Huber, M. T. (eds.) *Irony in Action*. Chicago: University of Chicago Press.
Lousada, J. (2000). The State of Mind We Are In. *British Journal Psychotherapy*, 16 (4): 467-76.
Luborsky, L. B. and Luborsky, S. (1975). Comparative Studies of Psychotherapy. *Archives of General Psychiatry*, 32: 995-1008.
Lurhmann, T. (1989). *Persuasions of the Witch's Craft*. London: Blackwell.
Luhrmann, T. (2001). *Of 2 Minds: the growing disorder in American Psychiatry*. New York: Borzoi Books.
MacClancy, J. (2002). *Exotic No More: anthropology on the front lines*. Chicago University of Chicago Press.
Macdonald, K. M. (1995). *The Sociology of the Professions*. London: Sage
Mechanic, D. (1972). *Public Expectations and Health Care: essays on the changing organisation of health services*. New York: Wiley-interscience.
MacIntyre, A. (2001 [1981]). *After Virtue*. London: Duckworth.
Malcolm, J. (2004 [1983]). *Psychoanalysis: the impossible profession*. London: Picador.
Malinowski, B. (1971 [1926]). *Myth in Primitive Psychology*. Westport: Negro Universities Press.
Malinowski, B. (1927). *Sex and Repression in Savage Society*. London: Kegan Paul.
Marcuse, H. (1966 [1955]). *Eros and Civilisation*. Boston: Beacon Press.
Marmor, J. (1962). Psychoanalytic Therapy as an Educational Process: common Denominations in therapeutic approaches of different therapeutic "schools". In: Masserman, J. H. (ed.) *Psychoanalytic Education*. London: Grune and Stratton.
Masson J. (1984). *Against Therapy*. London: Fontana Press.
Mayer, L. (2003) Subservient Analysis. *International Journal of Psychoanalysis*. 84: 1241-62.
McDougall, W. (1908). *Introduction to Social Psychology* London: Methuen.
Mechanic, D (1972) Social Psychological Factors Affecting the Presentation of Bodily Complaints. *New England Journal of Medicine*, 286, 1132-1139.

Meed, M. (1943). *Coming of Age in Samoa: a study of adolescence and sex in primitive societies*. Harmonsworth: Penguin.
Miller, A. (1994). *The Drama of the Gifted Child*. New York: BasicBooks.
Mills, C. W. (2000 [1959]). *The Sociological Imagination*. Oxford: Oxford University Press.
Morris, B. (1996 [1987]). *Anthropological Studies of Religion*. Cambridge: Cambridge University Press.
Moskowitz, E. (1990). *In Therapy we Trust: America's obsession with self-fulfilment*. Baltimore: John Hopkins University Press.
Needham, R. (1983 [1962]). *Structure and Sentiment: a test case in social anthropology*. Chicago: Chicago University Press.
Nurge, E. (1958). Etiology of Illness in Guinhangdan. *American Anthropologist*, 60: 1158-72.
Parson, T. (1964). *Essays in Sociological Theory*. New York: Free Press.
Parkin, D. (1995) Latticed Knowledge: eradication and dispersal of the unpalatable in Islam, medicine and anthropological theory. In: Fardon, R. (ed.) *Counterworks: managing the diversity of knowledge*. London: Routledge.
Parkin, F. (1979). *Marxism and Class Theory: A Bourgeois Critique*. New York: Colombia University Press.
Peck, S. (1978). *The Road Less Travelled*. New York: Norton.
Pedder, J. R. (1986). Courses in Psychotherapy: evolution and current trends. *British Journal of Psychotherapy*, 6 (2): 203-221.
Philips, A. (1995). *Terrors and Experts*. Cambridge: Harvard University Press.
Pines, M. (1991). A History of Psychodynamic Psychiatry in Britain. In J. Holmes (ed.). *Textbook of Psychotherapy in Psychiatric Practice*. Edinburgh: Churchill Livingstone.
Porter, R. and Hinnels, J. R. (eds.) (1999). *Religion, Health, and Suffering*. London: Kegan Paul International.
Porter, R. (1996) Two Cheers for Psychiatry! The Social History of Mental Disorder in Twentieth Century Britain. In: Freeman, H and Berrios, G. E. (eds.) *150 Years of British Psychiatry Volume II: the aftermath*. London: Gaskel.
Prince, R. (1980). Variations in Psychotherapeutic Procedures. In: Draguns, H. C. (ed.) *Handbook of Cross-Cultural Psychology: Psychopathology*. Boston: allyn and Bacon.

Pulver, S. E. (1995). The Technique of Psychoanalysis Proper. In: Moore, B and Fine, B. D. (eds). *Psychoanalysis: the major concepts*. New Haven: Yale Uni. Press.

Quinn, S. (1987). *A Mind of Her Own: the life of Karen Horney*. New York: Summit Books.

Rapp, D. (1988) The Reception of Freud by the British Press: general interest in literary magazines, 1920-1925. *Journal of the History of the Behavioural Sciences*, xxix: 191-201.

Richards, A. (1956). *Chisungu: a girl's initiation ceremony in Northern Rhodesia*. London: Faber.

Rieff, P. (1966). *The Triumph of the Therapeutic: uses of faith after Freud*. London: Chatto and Windus Ltd.

Rivers, W. H. R. (1924). *Medicine, Magic and Religion*. London: Kegan Paul.

Rivière, P. (1984). *Individual and Society in Guiana: a comparative study of Amerindian social organisation*. Cambridge: Cambridge University Press.

Roberts, J. (2003 [1988]). Setting the Frame: definition, functions, and typology of rituals. In: Imber-Black, E. and Roberts, J. (eds.) *Rituals and Families in Family Therapy*. New York: W. W. Norton and Company.

Roith, E. (1987), *The Riddles of Freud: Jewish influences on his theory of female sexuality*. London: Tavistock Press.

Rose, N. (1990). *Governing the Soul: The Shaping of the Private Self*. London: Routledge.

Roseman, M. (1991). *Healing Sounds From the Malaysian Rainforest: Temiar music and medicine*. Berkeley: University of California Press.

Roth, A. and Fornagy, P. (1996). *What Works for Whom: a critical review of psychotherapy research*. London: Gilford Press.

Rudnytsky, P. L. (1987). *Freud and Oedipus*. New York: Columbia University Press.

Ruskin, M. (1985). The Social Organisation of Secrets: towards a sociology of psychoanalysis. *International Review of Psychoanalysis*,12: 143-159.

Russell, B. (1996 [1946]). *History of Western Philosophy*. London: Routledge.

Russell, D. (1986). *The Secret Trauma: incest in the lives of girls and*

women. New York: Basic Books.
Russell, D. E. H. (1983). The Incidence and Prevalence of Intrafamilial and Extrafamilial Sexual Abuse of Female Children, *Child Abuse* 7: 133-46.
Rycroft, C. (1995 [1968]). *A Critical Dictionary of Psychoanalysis*. London: Penguin.
Samuels, A. (1989) *The Plural Psyche: personality, morality and the father*. London: Routledge.
Samuels, A. (1993). *The Political Psyche*. London: Routledge.
Samuels, A. (1993) 'What is Good Training'. *British Journal of Psychotherapy* 9: 3.
Sarpong, P. (1977). *Girl's Nubility Rites in Ashanti*. Ghana: Ghana Pub. Corp.
Saussure, F. de. (1959 [1916]). *Course in General Linguistics*. New York: Philosophical Library.
Schafer, R. (1978). *Language and Insight*. New Haven: Yale University Press.
Schultz, D. P. and Schultz, S. E. (2000). *A Modern History of Psychology*. University of South Florida: Harcourt College Publishers.
Scheff, T. (1979). *Catharsis in Healing, Ritual, and Drama*. Berkeley: University of California Press.
Seeger, A. (1981). *Nature and Society in Central Brazil: the Suya Indians of Mato Grosso*. Cambridge: Harvard University Press.
Seijas, H. (1973), 'El Susto Como Categoría Etiológica'. *Acta Científica Venezolana*, 23: 176-78.
Seligman, C. G. (1924). Anthropology and Psychology: a study of some points of comparison, *Journal of the Royal Anthropological Institute*, 94: 30-43.
Selvini Palazzoli, M., Boscolo, L., Cecchin, G., and Prata, G. (1977). The Treatment of Children Through Brief Therapy of Their Parents. *Family Process*, 13 (4): 429-442.
Sennett, R. (1976). *The Fall of Public Man*. New York: Knopf.
Seymour-Smith, C. (1986). *Macmillan Dictionary of Anthropology*. London: Macmillan Press.
Sharma, U. (1996). Bringing the Body Back into the (Social) Action: techniques of the body and the (cultural) imagination. *Social Anthropology*, 4 (3): 251-263.
Sharp, L. (1993). *The Possessed and Dispossessed: spirits, identity, and*

power in a Madagascar migrant town. Berkeley: University of California Press.

Shorter, E. (1994) (ed.). The Face of Melancholy. In: *From the Mind into the Body: the cultural origins of psychosomatic symptoms*. New York: Free Press.

Shorter, E. (1997). *A History of Psychiatry*. New York: John Wiley and Sons.

Sinclair, S. (1997). *Making Doctors: an institutional apprenticeship*. Oxford: Oxford University Press.

Skorupski, J. (1976). *Symbol and Theory*. Cambridge: Cambridge University Press.

Smail, M. (2001). *The Origins of Unhappiness*: a new understanding of personal distress. London: Robinson.

Sperber, D. (1975). *Rethinking Symbolism*. Cambridge: Cambridge University Press.

Sperber, D. (2005). *An Epidemiology of Representations*. An Interview with John Brockman. Available at: www.edge.org/3rd_culture/sperber05/sperber05_ index.html. [Accessed Nov 2005].

Spitzer, R. L. *et al* (eds.) (1984). *International Perspectives on DSM III*. Washington: American Psychiatric Press.

Steiner, R. (1989). 'It is a New Kind of Diaspora…' *International Review of Psycho–Analysis*. 16: 35–72.

Straker, G., Watson, D. and Robinson, T. (2003). Trauma and Disconnection: a trans-theoretical approach. *International Journal of Psychotherapy*, 7: 145-58.

Storr, A. (1979). *The Art of Psychotherapy*. London: Heinemann Publishing.

Storr, A. (1989). *Freud*. Oxford: Oxford University Press.

Szasz, T. S. (1979). *The Myth of Psychotherapy: mental healing as religion, rhetoric and repression*. Oxford: Oxford University Press.

Tocqueville, A. de. (1998 [1840]). *Democracy in America*. Hertfordshire: Wordsworth Editions Limited.

Torrey, E. F. (1986). *Witchdoctors and Psychiatrists: the common roots of psychotherapy and its future*. New York: Harper and Row.

Turner, V. (1967). *The Forest of Symbols*. London: Cornell University Press.

Tyler, S. A. (1969). *Cognitive Anthropology*. London: Holt, Rinehart and Winston.

Valentine, M. (1996). The Abuse of Power in the Analytical Setting. *British Journal of Psychotherapy*, 19 (2): 174-181.
Van de Hart, O. (1993). *Rituals in Psychotherapy*. New York: Harper Collins.
Wallace, A. (1961). *Culture and Personality*. New York: Random House.
Webb, J., Schirato, T. and Danaher, G. (2002). *Understanding Bourdieu*. London: Sage.
Weber, M. (1947 [1922]). *The Theory of Social and Economic Organisation*. New York: Oxford University Press.
Webster, R. (1995). *Why Freud Was Wrong*. London: Harper Collins.
Wienmann, J. (1981). *An Outline of Psychology as Applied to Medicine*. Bristol: Wright.
Whan, M. (1999) Registering Psychotherapy as an Institutional Neurosis: or, Compounding the Estrangement Between Soul and World. *The European Journal of Psychotherapy and Counselling*. Vol. 2 (3).
Whiting, B. (1950). *Paiute Sorcery*. New York: Viking Bond.
Whiting, R. A. (2003 [1988]). Guidelines to Designing Therapeutic Rituals. In: Black, I. and Roberts, J. (eds.). *Rituals in Families and Family Therapy*. New York: W. W. Norton and Company.
Whitehouse, H. (1995). *Inside the Cult: religious innovation and transmission in Papa New Guinea*. Oxford: Clarendon Press.
Winnicott, D. W. (1947). Hate in the Countertransference. *Int. J. Psycho-Anal*, 30: 69-74.
Wittgenstein, L. (1946-7). *Lectures of the Philosophy of Psychology*. (Notes taken by Geach, P. T.). Oxford: Oxford University Press.
Yalom, I. D. (2001). *The Gift of Therapy*. London: Piatkus Books.
Young, A. (1983). The Relevance of Traditional Medical Cultures to Modern Primary Health Care. *Social Science and Medicine*, 17: 1205-11.
Young, R. (1996a). *The Culture of British Psychoanalysis*. Available from: http://human-nature.com/culture/paper5h.html [accessed Dec 2004].
Young, R. (1996b). *The Psychodynamics of Psychoanalytic Organisations*. Presented at the conference for the International Society for the Psychoanalytic Study of Organisations in New York City, 15 June 1996. Available at: http://www.sba.oakland.edu/

ispso/html/young.html [accessed Dec 2004].
Zatzick, D. F. and Johnson, F. A. (1997). Alternative Psychotherapeutic Practice Among Middle Class Americans: some conceptual comparisons. *Culture, Medicine, and Society,* 21: 213-246.

邦訳文献

Auden, W. H.（1950）．深瀬基寛訳（1973）『オーデン詩集　新装改訂版』せりか書房

Bandura, A.（1977）．原野広太郎監訳（1979）『社会的学習理論——人間理解と教育の基礎』金子書房

Benedict, R.（1934）．米山俊直訳（2008）『文化の型』講談社

Berne, E.（1964）．南博訳（2000）『人生ゲーム入門——人間関係の心理学』河出書房新社

Bourdieu, P.（1979）．原山哲訳（1993）『資本主義のハビトゥス——アルジェリアの矛盾』藤原書店

Bourdieu, P.（1990 [1980]）．今村仁司・港道隆・福井憲彦・塚原史訳（2001）『実践感覚』みすず書房

Bourdieu, P.（1998）．加藤晴久・石井洋二郎・三浦信孝・安田尚訳（2007）『実践理性——行動の理論について』藤原書店

Bowlby, J.（1969）．黒田実郎・大羽蓁・岡田洋子・黒田聖一訳（1991）『愛着行動』岩崎学術出版社

Casement, P.（1985）．松木邦裕訳（1991）『患者から学ぶ——ウィニコットとビオンの臨床応用』岩崎学術出版社

Charny, I. W.（1986）．岡堂哲雄・平木典子訳編（1990）『心理臨床スーパーヴィジョン』誠信書房

Deleuze, G. and Gattari, F.（1987）．宇野邦一・小沢秋広・田中敏彦・豊崎光一・宮林寛・守中高明訳（2010）『千のプラトー——資本主義と分裂症（上・中・下）』河出書房新社

Durkheim, E.（1957 [1915]）．山崎亮訳（2014）『宗教生活の基本形態——オーストラリアにおけるトーテム体系』筑摩書房

Durkheim, E.（1982 [1895]）．宮島喬訳（1978）『社会学的方法の規準』岩波書店

Ellenberger, H.（1970）．木村敏・中井久夫監訳（1980）『無意識の発見——力動精神医学発達史（上・下）』弘文堂

Evans-Pritchard, E. P.（1977 [1937]）．向井元子訳（2001）『アザンデ人の世界——妖術・託宣・呪術』みすず書房

Evans-Pritchard, E. P.（1951）．吉田禎吾訳（1970）『人類学入門』弘文堂

Evans-Pritchard, E. P.（1956）．向井元子訳（1995）『ヌアー族の宗教（上・下）』平凡社

Fonagy, P. and Target, M.（2003）．馬場禮子・青木紀久代監訳（2013）『発達精神病理学からみた精神分析理論』岩崎学術出版社

Foster, G. M. and Anderson, B. G.（1978）．中川米造監訳（1987）『医療人類学』リブロポー

ト
Foucault, M.（1977 b）．田村俶訳（1977）『監獄の誕生——監視と処罰』新潮社
Frank, D. and Frank, J. B.（1993 [1961]）．杉原保史訳（2007）『説得と治療——心理療法の共通要因』金剛出版
Freud, S.（1937 ほか）．新宮一成・鷲田清一・道籏泰三・高田珠樹・須藤訓任編集『フロイト全集』全 22 巻・別巻 1，岩波書店，2006-2012
Fromm, E., De Martino, R., and Suzuki, D. T.（1960）．佐藤幸治・小堀宗柏・豊村左知・阿部正雄訳（1960）『禅と精神分析』東京創元社
Fromm, E.（1972）．日高六郎訳（1965）『自由からの逃走 新版』東京創元社
Gallop, J.（1985）．渡部桃子訳（2000）『娘の誘惑——フェミニズムと精神分析』勁草書房
Giddens, A.（1991）．秋吉美都・安藤太郎・筒井淳也訳（2005）『モダニティと自己アイデンティティ——後期近代における自己と社会』ハーベスト社
Goffman, E.（1959）．石黒毅訳（1974）『行為と演技——日常生活における自己呈示』誠信書房
Goffman, E.（1968）．石黒毅訳（1984）『アサイラム——施設被収容者の日常世界』誠信書房
Gouldner, A. W.（1979）．原田達訳（1988）『知の資本論——知識人の未来と新しい階級』新曜社
Grunbaum, A.（1984）．村田純一・伊藤笏康・貫成人・松本展明訳（1966）『精神分析の基礎——科学哲学からの批判』産業図書
Horney, K.（1942）．霜田静志・國分康孝訳（1998）『ホーナイ全集 第 4 巻 自己分析』誠信書房
Horton, R.（1970）．山本春樹・渡辺喜勝訳（1984）『魔術師——事例と理論』未来社
Hubert, H. and Mauss, M.（1981 [1964]）．小関藤一郎訳（1990）『供犠』法政大学出版局
Jahoda, G.（1982）．野村昭訳（1992）『心理学と人類学——心理学の立場から』北大路書房
Jones, E.（1955・1957）．竹友安彦・藤井治彦訳（1964）『フロイトの生涯』紀伊國屋書店
Katz, J.（1984）．永沢哲・田野尻哲郎・稲葉大輔訳（2012）『「癒し」のダンス——「変容した意識」のフィールドワーク』講談社
Klein, M.（1975 [1952]）．小此木啓吾・岩崎徹也責任編訳，松本善男訳（1996）『メラニー・クライン著作集 5　羨望と感謝』誠信書房
Kleinman, A.（1980）．大橋英寿・遠山宜哉・作道信介・川村邦光訳（1992）『臨床人類学——文化のなかの病者と治療者』弘文堂
Kleinman, A.（1991 [1988]）．江口重幸・下地明友・松澤和正・堀有伸・五木田紳訳（2012）『精神医学を再考する——疾患カテゴリーから個人的経験へ』みすず書房
Kleinman, A., Das, V., and Lock, M.（eds.）（1998）．坂川雅子訳（2011）『他者の苦しみへの責任——ソーシャル・サファリングを知る』みすず書房
La Fontaine, J. S.（1985）．綾部真雄訳（2006）『イニシエーション——儀礼的"越境"をめぐる通文化的研究』弘文堂
Lasch, C.（1979）．石川弘義訳（1981）『ナルシシズムの時代』ナツメ社

Lave, J. and Wenger, E.（1991）．佐伯胖訳（1995）『状況に埋め込まれた学習——正統的周辺参加』産業図書
Leach, E. R.（1954）．関本照夫訳（1995）『高地ビルマの政治体系』弘文堂
Levi-Struass, C.（1967）．荒川幾男・生松敬三・川田順造・佐々木明・田島節夫訳（1972）『構造人類学』みすず書房
MacIntyre, A.（2001）．篠崎榮訳（1993）『美徳なき時代』みすず書房
Malinowski, B.（1971 [1926]）．宮武公夫・高橋巌根訳（1997）『呪術・科学・宗教・神話』人文書院
Malinowski, B.（1927）．阿部年晴・真崎義博訳（2017）『未開社会における性と抑圧』筑摩書房
Marcuse, H.（1966 [1955]）．南博訳（1958）『エロス的文明』紀伊国屋書店
Mills, C. W.（2000 [1959]）．伊奈正人・中村好孝訳（2017）『社会学的想像力』筑摩書房
Needham, R.（1983 [1962]）．三上曉子訳（1977）『構造と感情』弘文堂
Peck, S.（1978）．氏原寛・矢野隆子訳（2010）『愛すること，生きること——全訳『愛と心理療法』』創元社
Rose, N.（1990）．堀内進之介・神代健彦監修（2016）『魂を統治する——私的な自己の形成』以文社
Roseman, M.（1991）．山田陽一・井本美穂訳（2002）『癒しのうた——マレーシア熱帯雨林にひびく音と身体』昭和堂
Russell, B.（1996 [1946]）．市井三郎訳（1970）『西洋哲学史——古代より現代に至る政治的・社会的諸条件との関連における哲学史』みすず書房
Russell, D.（1986）．斎藤学監訳（2002）『シークレット・トラウマ——少女・女性の人生と近親姦』IFF 出版部ヘルスワーク協会
Rycroft, C.（1995 [1968]）．山口泰司訳（1992）『精神分析学辞典』河出書房新社
Saussure, F. de.（1959 [1916]）．町田健訳（2016）『新訳ソシュール一般言語学講義』研究社
Sennett, R.（1976）．北山克彦・高階悟訳（1991）『公共性の喪失』
Shorter, E.（1997）．木村定訳（1999）『精神医学の歴史——隔離の時代から薬物治療の時代まで』青土社
Storr, A.（1979）．佐藤淳一訳（2015）『心理面接の教科書——フロイト，ユングから学ぶ知恵と技』創元社
Storr, A.（1989）．鈴木晶訳（1994）『フロイト』講談社
Tocqueville, A. de.（1998 [1840]）．松本礼二訳（2005-2008）『アメリカのデモクラシー（全2巻）』岩波書店
Yalom, A.（1983）．岩田真理訳（2007）『ヤーロムの心理療法講義——カウンセリングの心を学ぶ 85 講』白揚社

著者紹介

ジェイムス・デイビス（James Davies）

2006 年、オックスフォード大学にて社会人類学および医療人類学の博士号を取得。現在，ローハンプトン大学で社会人類学とメンタルヘルスを教えている。現役の心理療法家でもある。2014 年に刊行された *Cracked: The unhappy truth about psychiatry* がベストセラーとなる。ほかの著書に，*The sedated society: The causes and harms of our psychiatric drug epidemic*（2017），*The importance of suffering: The value and meaning of emotional discontent*（2011），*Emotions in the field: The psychology and anthropology of fieldwork experience*（2010），そして本書 *The making of psychotherapists: An anthropological analysis*（2009）がある。

監訳者紹介

東畑開人（とうはた　かいと）

2010年　京都大学大学院教育学研究科博士課程修了
2013年　日本心理臨床学会奨励賞受賞
沖縄の精神科クリニックでの勤務を経て，
現　在　十文字学園女子大学准教授，白金高輪カウンセリングルーム，
　　　　博士（教育学），臨床心理士，公認心理師
著　書　『美と深層心理学』京都大学学術出版会 2012年
　　　　『野の医者は笑う――心の治療とは何か？』誠信書房 2015年
　　　　『日本のありふれた心理療法――ローカルな日常臨床のための心理学と医療人類学』誠信書房 2017年
　　　　『居るのはつらいよ――ケアとセラピーについての覚書』医学書院 2019年

訳者紹介

東畑開人（とうはた　かいと）

担　当　監訳，イントロダクション，第1章，第4章，第8章，第9章

中藤信哉（なかふじ　しんや）

担　当　第2章，第3章，第5章，原注1～120
2013年　京都大学大学院教育学研究科博士後期課程研究指導認定退学
現　在　京都大学学生総合支援センターカウンセリングルーム特定助教，
　　　　博士（教育学），臨床心理士，公認心理師
著　書　『心理臨床と「居場所」』創元社 2017年

小原美樹（おはら　みき）

担　当　第6章，第7章，原注121～171
2008年　早稲田大学大学院人間科学研究科修士課程修了
現　在　神田東クリニック／MPSセンターマネージャー，臨床心理士，公認心理師

ジェイムス・デイビス著

心理療法家《しんりりょうほうか》の人類学《じんるいがく》――こころの専門家《せんもんか》はいかにして作《つく》られるか

2018年6月15日　第1刷発行
2019年9月30日　第2刷発行

監訳者　東 畑 開 人
発行者　柴 田 敏 樹
印刷者　西 澤 道 祐

印行所　株式会社 誠 信 書 房
〶112-0012 東京都文京区大塚3-20-6
電話　03 (3946) 5666
http://www.seishinshobo.co.jp/

© Seishin Shobo, 2018

印刷／あづま堂印刷　製本／清水製本所

<検印省略>　落丁・乱丁本はお取り替えいたします

ISBN978-4-414-41469-1 C3011　Printed in Japan

JCOPY <(社)出版者著作権管理機構 委託出版物>
本書の無断複写は著作権法上での例外を除き禁じられています。
複写される場合は、そのつど事前に、(社) 出版者著作権管理機構
(電話 03-5244-5088, FAX 03-5244-5089, e-mail : info@jcopy.or.jp)
の許諾を得てください。

野の医者は笑う

心の治療とは何か？

東畑開人 著

ふとしたきっかけから怪しいヒーラーの世界に触れた若き臨床心理士は、「心の治療とは何か」を問うために、彼らの話を聴き，実際に治療を受けて回る。次から次へと現れる不思議な治療！　そしてなんと自身の人生も苦境に陥る……。舞台は沖縄！　ほろりとくるアカデコミカル・ノンフィクション！

目次

プロローグ：ミルミルイッテンシューチュー、6番目のオバア
1章　授賞式は肩身が狭い
2章　魔女と出会って、デトックス
3章　なぜ、沖縄には野の医者が多いのか
4章　野の医者は語る、語りすぎる
5章　スピダーリ
6章　マスターセラピストを追いかけて
7章　研究ってなんのためにある？
8章　臨床心理士、マインドブロックバスターになる
9章　野の医者は笑う
エピローグ：ミラクルストーリーは終わらない

A5判並製　定価(本体1900円+税)

日本のありふれた心理療法

ローカルな日常臨床のための心理学と医療人類学

東畑開人 著

欧米の心理療法モデルに対して現場レベルで妥協され、変形し、語り難いものとなった心理療法こそ日本のありふれた心理療法である。

目次

序章　ポストモダンのローカルな心理療法論
第Ⅰ部　心理学する治療文化
第Ⅱ部　こころの表面を取り繕うこと
——日本のありふれた説明モデル
第Ⅲ部　人類学的分析へ
——文化を考える
第Ⅳ部　方法について
複数の純金と合金そしてフロイトアヒル
——あとがきに代えて

A5判上製　定価(本体3400円＋税)